课程实施与学校革新丛书

总主编◎崔允漷

课堂观察
走向专业的听评课

沈毅　崔允漷◎主编

华东师范大学出版社
·上海·

图书在版编目（CIP）数据

　　课堂观察:走向专业的听评课/沈毅　　崔允漷主编.
上海：华东师范大学出版社,2008
　　（课程实施与学校革新丛书）
　　ISBN 978 – 7 – 5617 – 6360 – 5

　　Ⅰ.课…　Ⅱ.①沈…②崔…　Ⅲ.课堂教学 – 教学研究 –
中国　Ⅳ.G424.21

　　中国版本图书馆 CIP 数据核字（2008）第 137913 号

课程实施与学校革新丛书
课堂观察：走向专业的听评课

主　　编　沈　毅　崔允漷
责任编辑　彭呈军
责任校对　邱红穗
装帧设计　卢晓红

出版发行　华东师范大学出版社
社　　址　上海市中山北路 3663 号　邮编 200062
网　　址　www.ecnupress.com.cn
电　　话　021 – 60821666　行政传真 021 – 62572105
客服电话　021 – 62865537　门市（邮购）电话 021 – 62869887
地　　址　上海市中山北路 3663 号华东师范大学校内先锋路口
网　　店　http://hdsdcbs.tmall.com

印刷者　常熟市文化印刷有限公司
开　　本　787 毫米×1092 毫米　1/16
印　　张　15.75
字　　数　241 千字
版　　次　2008 年 10 月第 1 版
印　　次　2024 年 11 月第 51 次
书　　号　ISBN 978 – 7 – 5617 – 6360 – 5/G·3682
定　　价　48.00 元

出 版 人　王　焰

（如发现本版图书有印订质量问题，请寄回本社客服中心调换或电话 021 – 62865537 联系）

教育部哲学社会科学研究重大课题攻关项目
"素质教育课程评价体系研究"研究成果之一

教育部人文社会科学重点研究基地重大项目
"基于理论与实践对话的教学创新研究"研究成果之一

华东师范大学"985工程"二期哲学社会科学
"教师教育理论与实践"创新基地建设成果之一

课程实施与学校革新丛书编委会

主任
钟启泉
总主编
崔允漷
编委
胡惠闵　吴刚平　张　华　赵中建　周　勇　王少非　傅建明　夏雪梅
余进利　骆玲芳　卞松泉　沈　毅　沈　瑾　洪春幸

课堂观察项目组

组长
沈　毅　崔允漷
主要成员
林荣凑　吴江林　李建松　俞小平　徐晓芸　毛红燕　许义中　郭　威
马少红　吴寅静　查文华　郑　超　彭小妹　喻　融　姜　平　钟　慧
路雅琴　屠飞燕　曹晓卫　王忠华　倪丰云　盛连芬　高志远　刘桂清
褚玉良　徐卫平　洪　娟　刘　辉　徐　健　李锦亮　陈跟隆　吴天国
周玉婷　严建强　冯晓娴　唐立强　郑　萍　张海燕　方冬梅　田玉霞
陈　艳　仰　虹　俞小萍　李　瑾　徐　凡　徐一珠　陈　彤　吴亚东
葛佳行　祝明富　郑　怡　刘亚萍　陈耀清　潘观根　章小平

合作研究者
王少非　胡惠闵　周文叶　郑东辉　洪志忠　夏雪梅　何珊云　邵朝友
汪贤泽　朱伟强　秦冬梅　杨　璐　郭成英　刘　辉

目录

基于伙伴关系的学校变革(代总序) / 001
前言 / 001

第一部分 故事分享

1　课堂观察在我校 / 003
  1.1　《课堂观察手册》诞生记 / 003
  1.2　手牵手,我们一起走 / 018
  1.3　生化组,课堂观察的弄潮儿 / 030
  1.4　四份观察量表的故事 / 037
  1.5　是谁改变了我的专业生活 / 043
  1.6　菜鸟眼中的课堂观察 / 047
2　课堂观察在他校 / 050
  2.1　课堂观察在银川一中 / 050
  2.2　我们这群"课堂观察"的"粉丝" / 058
  2.3　量表,好想掀起你的"盖头"来 / 064

第二部分 问题解答

1　认识课堂观察 / 073
  1.1　何为课堂观察? / 073
  1.2　课堂观察的意义何在? / 075
  1.3　为什么需要建立一种课堂观察的合作体? / 076

1.4 为什么将课堂观察框架设计为四个维度？/ 077
1.5 何为课堂观察的程序？/ 078
1.6 课前会议着重解决哪些问题？/ 079
1.7 课后会议着重解决哪些问题？/ 080
1.8 课堂观察的类型有哪些？/ 081
1.9 课堂观察的局限性是什么？/ 082

2 开展课堂观察 / 084

2.1 教师如何利用课堂观察框架？/ 084
2.2 如何确定课堂观察点？/ 085
2.3 如何选择或自主开发课堂观察/记录工具？/ 086
2.4 进入现场观察要注意哪些问题？/ 087
2.5 课堂观察记录有哪些具体的方式？/ 088
2.6 如何处理记录的数据？/ 089
2.7 在整理数据进行必要的推论时应注意些什么？/ 090

3 展望课堂观察 / 092

3.1 课堂观察需要哪些支持或保障？/ 092
3.2 学校如何培训教师开展课堂观察？/ 093
3.3 在开展课堂观察过程中我们经历了哪几个阶段？/ 094
3.4 课堂观察需要进一步研究的问题有哪些？/ 096

第三部分 范式创新

1 课堂观察框架 / 101

1.1 课堂观察框架的开发过程 / 101
1.2 课堂观察框架(第三版) / 104

2 课堂观察工具 / 108

2.1 学生学习维度 / 108
2.2 教师教学维度 / 111
2.3 课程性质维度 / 115
2.4 课堂文化维度 / 118

第四部分 课例研究

课例一 减数分裂和受精作用(生物必修模块2)／123
课例二 化学电源的构造与原理(化学必修模块1)／164
课例三 花儿一路绽放(政治必修模块3)／197
课例四 细胞的能量"通货"——ATP(生物必修模块1)／214

建议进一步阅读的文献／229

基于伙伴关系的学校变革（代总序）

崔允漷

一

近年来，变革一直是教育领域的核心主题。在教育变革的过程中，一个观念正在变得越来越清晰：没有学校层面的变革，就不可能有真正的教育变革。

在我国，世纪之交的教育正面临着急剧的变革，特别在政策层面。从素质教育到课程改革，学校一直处在教育变革的风口浪尖，经历着变革更新的挑战。而在新一轮课程改革的背景下，学校获得了前所未有的自主权，已不能坐等变革，也不能借口不变革；与此同时，在教育的持续改革中有了自身独立利益的学校也开始产生了内发性的变革动因——变革正成为许多学校主动的追求。

变还是不变，这已不是一个问题。然而，如何实现变革？回答这个问题对于许多学校也许不是一件难事，提出一个美好的愿景，描绘一幅完美的蓝图，都不是太难的事，因此，我们看到提供现成答案的文献连篇累牍，其中就包含许多由学校填写的答卷。但是，写出来的答案并不等于"做"出来的现实，对这一问题作出实践回答绝非一件易事——实践是高度复杂的，实践的变革更有其自身的逻辑。

实际上，没有一所学校会视变革如反掌。对于变革的困难，没有人会比学校更了解且有更深切的体验。但许多学校依然知难而上。在挑战变革所遭遇的困境的过程中，许多学校正以其高度的责任感展现出巨大的创造力，探索着属于他们自己的创新之路。这既是学校主体意识觉醒的结果，更是学校校长、教师公民意识和创新勇气的体现。

但处于教育变革之风口浪尖的学校绝不能被当作变革路上的独行侠,一如骑着瘦马、拿着长矛与风车搏斗的唐·吉诃德,孤独地走在变革之路上的学校也必然遭遇失败。对于变革,良好的政策环境非常重要,但更重要的是要让变革成为一种共同体的事业,在这一轮课程改革中的政策拟订、方案设计等方面"无役不与"的学者们尤其不能置身于学校的实践变革之外。

二

在我国的教育史上,大学学者从未像在第八轮基础教育课程改革中那样发挥着如此重要的作用,作出如此重要的贡献。

大学学者在知识的生产和分配中扮演着重要的角色。而专业教育研究人员则是课程知识生产的主体,在课程知识的传播上肩负历史使命,能够在课程改革中发挥重要作用。新一轮课程改革从开始酝酿走到今天的历程充分地证明了这一点,从《基础教育课程改革纲要(试行)》的出台、课程标准的编写、教材的编制,到教师的培训、新课程的实施,大学学者在课程领导上发挥着很大的影响力。可以说,在课程改革中,大学学者"从政策的拟定,理论的阐发,到课程的设计、发展、实施和评鉴,无役不与"。① 正因如此,"专业引领"才是大学学者在课程改革中的多元化贡献的核心。

但是,课程改革推进到今天,大学学者的作用恐怕不能局限于坐而论道,激扬文字,满足于发展知识和影响政策。生产知识和支持决策依然重要,因为课程改革的知识基础还比较薄弱,课程政策也需要臻于完善。但对于大学学者而言,开辟"第二战场"——以专业知识服务于推进课程改革实践——也许与支持知识发展和决策同样重要,特别是在当前课程改革的推进已进入"森林之旅"的腹地之时。

如何服务于课程改革实践?大学学者已经做了不少工作,比如,参与国家课程改革实验区的调研和评估,深入实验区开展合作研究;开展面向教育管理人员、教研员和教师的新课程培训活动;建立课程改革的实验基地;日常的课程改革指导和咨询;课程资源的开发与建设;教材编写评审等。但

---

① 欧用生:"大学与课程改革:台湾经验",华东师范大学课程与教学研究所编:《大学在基础教育课程改革中的作用研讨会文集》,浙江杭州,2004年10月。

是,学校是课程发展之所,是理想课程的方案与学校、学生的现实进行对话、协商的地方。真正的课程就是在学校中得以发展的,课程改革的成功推进必然要求新课程在学校层面的再概念化。一种课程只有在到达学生层面时依然理想,才是一种真正理想的课程。没有学校的变革,这种理想的课程就不可能得到真正的实现。因此,在课程实施中,要在基础教育课程改革中进一步发挥作用,就必须将行动指向中小学,指向中小学的教育实践。参与学校的变革就是大学学者的一项极为重要的社会职责。

也许,从表面上看,大学学者好像一直在参与中小学教育实践,特别是改革开放以后,各种合作名义下的大学—中小学项目开始出现,并产生了较大的影响。但是,很显然这些在合作名义下开展的项目并非真正意义上的合作,因为,首先,这种关系往往是大学人员发起的,中小学并没有表现出强烈的合作愿望。其次,这种关系的目的是指向大学,为大学教育科研服务的。典型的合作方式是大学研究人员秉持着传统的研究取向,以"指导者"的身份,以"实验"的方式与中小学合作,即将预先设计好的理论框架,甚至是操作指南分发给中小学,由中小学忠实地加以实施、记录。

及至近十年,大学与中小学渐行渐近,许多大学学者开始抛弃"指导者"的角色,以平等的态度进入中小学,在中小学教育教学的实地情境中与中小学教师开展了真正意义上的合作。合作关系的目的指向产生了极大的转变,即从服务于大学转向服务于中小学,指向中小学教育教学实践的改善。

特别是在新一轮基础教育课程改革中,大学学者逐渐走向前台,在课程改革中发挥的巨大作用得到了广泛的认可。在课程改革中获得了自身独立利益、主体意识得到觉醒的学校开始主动寻求大学学者的专业支持。基于对过去种种"带着方案来,带着结果走"的"假合作"的充分认识,学校对于"合作"的需求变得更为理性、更为务实,对合作对象和合作活动的要求变得更高。在这种情形下,传统的"指导—被指导"关系已经不能满足学校的需求了,因为课程在学校层面的再概念化绝不是靠专家的身份霸权和话语霸权,或被"殖民化"的中小学教师所能实现的。大学与学校的关系需要一种全新的模式,走向有机的伙伴关系就是一种必然的选择。

三

大学—中小学伙伴关系最初在美国霍尔姆斯小组（Holmes Group）报告中作为教师教育改革的一项策略呈现，而今已在教学改革、学校发展、学业成绩提高等方面显示出强大的潜力。伙伴关系具有多种含义，从狭义理解，伙伴关系是指不同组织之间基于平等合作的正式关系，其核心特征在于伙伴之间的平等、合作和关系的持续性。从更宽泛的意义来理解，凡是出于共同的愿景，为满足伙伴各方的利益而进行互动的关系都可称为伙伴关系。

塞勒等人（W. Seller & L. Hannay）在对加拿大安大略教育研究所与多伦多大学联合实施的长达30年的大学—中小学伙伴关系地区中心模式的考察中，列举了伙伴关系的丰富内涵：关系的持续性；多侧面的项目；合作议程的建立；独特的解决方案；知识的可迁移性；平等合作等。[1] 戈麦兹（M. N. Gómez）列举了伙伴关系的一些根本特征：有共同的利益和目标、相互信任和尊重、共同决策、清晰的焦点、易控制的议程、上级领导的支持、经费资助、长期的责任、动态的性质和信息共享。[2]

伙伴关系不是一方帮助另一方，更不是建立在"指导—被指导"基础上的不平等关系，走过场式的培训，短期的服务协议不是伙伴关系，不可能对课程实践产生持久的影响的。伙伴关系跨越了大学和中小学两种不同的文化，能发展不同的可能性，能生产知识和理解，具有持久的潜力。伙伴关系就是"联合起来做事"，双方有共同的目标和愿景，但又不失去各自的利益，保持适当的张力，发挥各自的优点，努力达成共同目标。

大学—中小学伙伴关系是课程改革这一共同目标指引下的策略联盟。尽管大学与中小学同处在教育体系之中，本质上存在着千丝万缕的联系，但又是如此的不同：犹如两个世界，双方的文化、实践模式、工作方式等存在着明显的差异。伙伴关系创造了一个大学、学校之外的"第三世

---

[1] Wayne Seller & Lynne Hannay(2000), Inside-Outside Change Facilitation, in: Structural and Culture Consideration, in: *The Sharp Edge of Educational Change*, edited by Nina Bascia & Andy Hargreaves, London: New York Routledge.

[2] Manuel N. Gómez, On the Path to Democracy: The Role of Partnership in American Education, On Common Ground: Number 8, Winter 1998, http://www.yale.edu/ynhti/pubs/A21/gomez.html.

界"：有共同一致的目标,并为这一共同目标分享智识,共担责任,相互协作,同时保持各自的利益,保持适当的弹性。在一个共司的大观念的统领下,双方的差异导致的内部张力和多样性会产生建设性的成效,成为伙伴关系最重要的资源,它保证双方都能发挥自己的优势,能为共同目标的实现作出独特的贡献。

伙伴关系需要大学—中小学双方的相互尊重、相互信任。中小学教师需要在充分地发出自己的声音的同时,改变拒斥理论的心态;大学学者更必须有意识地避免以知识精英自居,避免"课程改革引领者"的自我定义,避免用话语霸权将教师研究和实践知识边缘化。

伙伴关系应当镶嵌于学校教育实践的脉络之中。课程改革的成功要求新课程在学校层面的再概念化,这意味着课程改革必须以学校为课程发展的基地,教师为课程发展的主体。因此,伙伴关系必须指向于学校的教育实践,在实践中发现问题,解决问题;在合作行动中共同创造知识;必须避免将学校作为试验场或资料提供者,避免种种使得真正的合作连带蒙羞的"假合作"。

伙伴关系是一个长期的、持续的关系,是动态发展的,也需要精心培育。伙伴关系的核心不是一纸协议,某个项目,而是一种关系,一种伙伴之间互信的、对合作具有拥有感的关系。为满足学校的某种需求而履行一个协议或完成一个项目总是容易的,但伙伴关系指向于长期的持续的合作,合作的议程是在广泛的深入的互动中生成的,合作的规范是在合作实践中形成的,合作的过程是动态地演变的。

当新课程成为教师日常生活的一部分时,当中小学教师形成了课程意识和反思意识时,课程改革必将成为持续的草根式的活动,中小学教师也就必将成为创造新的课程知识、推进课程改革的主体力量;当我们的教育结构随着课程改革逐渐变得开放时,课程意识觉醒了的教师必将发出更强的声音,不仅影响课程改革的"实际",也将对课程改革的"政策"产生影响。也就是说,中小学必将成为自我引领者、自我服务者。正因如此,如果说在课程改革初期,大学学者对课程改革的引领与服务是一种必然也是一种事实的话,那么随着课程改革的推进,大学学者就必须超越对课程改革的引领与服务,最终走向与中小学的有机的伙伴关系,共同努力协作,达致共同理想。

四

我们与多所学校的合作基本上都是借助于项目这样一个载体来开展的。在合作中,我们头脑中并没有预设的研究问题领域,学校最初在合作任务上也只有一个笼统的设想。合作研究的项目是我们与学校经由双方共同的旨趣和需求的聚焦,在双方的理智碰撞中生成的,是嵌入学校的组织情境之中的。双方在进行充分持续的沟通的基础上,充分考虑了学校原有的传统、特色与需求,以及我们自己的专长与优势,共同确立了一个项目作为合作的事务。

在合作过程中,合作研究真正镶嵌到学校的情境脉络之中,几乎所有学校成员都深度卷入我们的项目,充分体现了学校在合作中的主体地位。学校成员作为研究的主体积极地介入研究之中,以自己独特的视角、经历和体验对研究作出了贡献,并且在与大学人员的反复碰撞中,逐渐学会超越自身经验的局限,从局外人的视角来审视、反思自己的实践,并努力地改进着自己的实践。在这一过程中,教师实现了自我提升,学校也不断变革,得到进一步的发展。

在合作过程中,我们的团队始终未以"指导者"的姿态出现,而是将自己定位为"专业合作者"和"求知者",秉持"基于学校、在学校中、为了学校"的研究理念,与学校教师平等地进行协作。我们所做的是:传递知识,理解经验,分享观点,积极鼓励,引起思考,提供机会,帮助教师形成他们自己的专业灵魂,产生自己的教育智识,或者说,我们以自己的专业智识为课程实施中的学校变革提供了支持。同时,我们自己也在这一过程中得到了发展:

我们发展了我们的专业智识。实践出真知,我们在对实践的参与中形成了自己的实践智慧,生产了新的知识。而我们合作伙伴的实践知识也正是我们智识的永不枯竭的源泉,正是在与我们的伙伴的交流碰撞中,我们的专业智识得以扩展,得以提升。

我们发展了参与实践变革的能力。学校变革更多是一种实践变革,实践变革有着它独特的实践逻辑,这一方面的知识基础正是长期身处象牙塔中的我们所欠缺的。所幸的是,这种关于变革的实践逻辑能够在参与实践变革中得以生长,我们就在与学校合作的实践中获得越来越多的关于实践变革的知识基础,发展了自己参与实践变革的能力。

我们悟到了伙伴关系的"合作之道"。我们的合作伙伴有不同的类型、不同的层次、不同的传统和文化,也有不同的需求,正是与这些不同的伙伴"致力于建立兼容双边不同需求和抱负、跨越中小学和大学两个世界的有机伙伴关系"①的过程中,我们学会了合作,悟到了一些终身享用的"合作之道"。

五

改革开放以来,我国的教育研究如何对待异域经验大概经历了两个阶段:一是20世纪80年代主要介绍国外的教育制度和个别教育家系统的理论学说,经常在追问:"国外哪一个教育家最著名?"二是90年代起比较侧重关注的专题研究,如教学目标、双语教学、教师发展学校、研究性学习、校本课程开发等,问题已转变成:"国外哪一个话题最前沿、时尚?"现在,我们不应该停留在内容(制度与学说简介或个人研究结论)层面了,我们是否可以将这些内容置于异域情景来琢磨他们的"问题解决的旨趣或思考方式",来解决我们教育中的理论与实践问题?21世纪初已经到了建构本土化知识的时候了,中国的教育学者需要生产属于我们自己的教育学知识,尽管需要一段艰难而漫长的过程,但我们必须"心向往之"。

大学—中小学伙伴关系与其说是一种话题,还不如说它是一种问题解决的方式。学校变革是教育研究的出发点,也是归宿。如何基于专业的知识和研究变革我国中小学的实践是当代每一位教育学者的历史使命。本人与一批同道近年来致力于上述伙伴关系的平等合作,致力于学校脉络中的课程实践,致力于变革实践的能力提升,综合各种学校课程实施中的革新信息,汇集成这套丛书。

本套丛书努力体现三大特色:(一)以问题解决为宗旨。从当前我国课程改革的背景中发现学校层面具有普遍性的现实问题,并寻求问题解决的

---

① 杭州市安吉路实验学校"学校课程规划"项目组,课程成就学生,未公开发行,2004年9月,第11页。

策略和条件。(二)以合作研究为途径。大学—中小学的伙伴关系是学校推进课程改革过程中真实问题解决的主要依靠,也是重要途径。(三)以知识创新为核心。反映当前学校在变革面前所遇到的新问题,反映合作共同体共同解决问题的过程和最新研究成果,传播学校变革的新信息。

感谢我们的合作伙伴——校长与教师们特别是项目组的教师们,假如没有你们的努力和智慧,没有你们付出如此之多的额外休息时间,我们的伙伴关系也会成为"假合作"!感谢华东师范大学出版社王焰副社长、沈兰博士,假如没有你们的支持,我们的合作研究中的种种努力都将难以传播与分享!感谢丛书编委会的每一个人,大家都愿意将自己的强项(自留地)贡献出来,犹如"拳头"般联合出击,极大地提高了本套丛书的影响力!

前言

课程改革的失败不一定在于教师,而成功则一定在于教师。的确,理想的课程能否在到达学生层面依然理想,关键在于教师的专业发展。随着新课程的逐步推进,教师专业发展的问题越来越成为关注的焦点。

如何让教师的专业发展得更好一些?"萝卜炒萝卜还是萝卜",需要加一些别的东西才能做成可口的菜肴,我们需要一流的专业引领。我们自然把目光聚焦华东师范大学课程与教学研究所。以新课程、教师专业发展为媒,2005年3月11日,我们"喜结良缘"。

我们的合作需要寻觅切入点。在当前以校为本的教师专业发展策略中,合作因能在根本上改变教师惯常的专业生活方式而颇受推崇。在崔允漷教授组织的 FAPO 问卷调查中,我们可喜地发现我校教师的期盼:82.2%的教师愿意或非常愿意通过合作促进自身专业发展,78%的教师完全或是比较认同同事之间的专业交流,47.9%的教师选择与同事结成伙伴促进专业发展方式。那么,就从教师合作开始吧。

为此,我们通过深入的思考和调研,制订了《基于合作的教师专业发展行动纲领》,期望丰富教师的专业理解,改变由于学科本位而导致的狭隘的专业素养观,领会合作是教师专业品性的意蕴,倡导教师在日常工作中创造合作、参与合作、经历合作,在实践中体悟合作之"道",拥有合作的知识与技能,以成就自己辉煌的教育人生。

合作指向于教师专业发展,而课堂是教师专业生活之所。离开课堂教学,谈何教师专业发展!基于这一认识,课堂教学研究就成为我们最重要的关注焦点之一,而课堂观察作为教师合作实施教学研究的一种重要方式开始逐渐进入我们的视野。

在许多人眼里,课堂观察也许只是我们学校中常见的听评课活动的翻版。但作为教师日常工作一部分的听评课,为何未能为教师的专业发展提供有力的支撑?原因就在于传统的听评课活动很少具备能为教师专业发展提供支持的元素,比如研究,比如技术,又比如合作。指向于听评课范式转换的课堂观察同时具备了这样一些元素。首先,课堂观察指向于课堂教学问题的发现和解决,就是一种研究,或者说是课堂教学研究的一种重要方式。其次,课堂观察需要运用来自课堂教学的数据和信息来评判课堂教学活动,是一种由数据驱动的研究,而数据的收集需要精确的技术,因而课堂观察也就是有技术支撑的研究——它提供了传统的教师专业发展中一直缺失的技术元素。第三,课堂观察需要多方持续的合作,不仅是观察过程中的合作,更需要观察之前和之后的合作,是一种合作的研究,或为教师的合作提供了一个重要的载体。

这些元素,使得课堂观察具有强大的促进教师专业发展的潜力。尤其是合作元素,使课堂观察成为我们基于合作的教师专业发展项目的核心和突破口。当课堂观察成为我校教师日常的专业活动时,合作也就成为我校教师专业生活的常态,成为学校组织文化的一个显著特征。而课堂教学的不断改进、校本教研方式的充实丰富、教师专业的持续发展,都是因为在课堂观察中采取的真诚的合作姿态以及因为课堂观察而生长起来的合作文化!

我校的课堂观察一亮相,就得到了广泛的关注。《中国教育报》记者、《新课程周刊》主编赵小雅女士来访,《中国教育报》(2007年5月8日第五版)上介绍了"基于合作的课堂观察"。北京海淀区教师进修学校、宁夏银川一中等学校专程来我校进行课堂观察研讨。2007年底,我校成功地举办了有全国18个省市的400多名同行、专家参加的"全国普通高中课堂观察展示与研讨会",《当代教育科学》杂志、《教育信息报》、《现代教育报》等媒体成为课堂观察的强力合作者。

三年的努力,似乎成绩斐然。然而,课堂是如此复杂,对课堂之观察又是如此专业。我们自知浅薄,不敢停步。在全国普通高中课堂观察展示与研讨活动之后,我们又将课堂观察推进了一步。本书就是我们努力的成果。我们深知,课堂观察的研究要继续走向深入,需要广大同道持续的合作,这就是我们毫无保留地将自己的智识、经验乃至挫折呈现出来的初衷。

本书由四个部分构成：

第一部分"故事分享"。课堂观察的研究与实践，一路走来，我们有着太多的艰难、太多的思考和太多的喜悦。故事不仅记录了我们的旅程，也能让读者理解我们的旅程和课堂观察本身。为此，我们收录了课堂观察大区域合作体——浙江余杭、北京海淀、宁夏银川探索的若干故事，与读者分享。

第二部分"问题解答"。我们相信，专业行动不仅需要经验积累，而且需要知识基础。我们选择了20个问题，用问答的形式，简明扼要地介绍了课堂观察的概念、意义、操作技术与流程、局限性，以及需要进一步研究的问题。根据我们的经验，这对教师形成正确的观念并在这和观念指导下行动具有十分重要的意义。

第三部分"范式创新"。拆除听评课的"旧房子"是件容易的事，但重建听评课的"新房子"就不容易了。我们在崔教授团队的强有力支持下创造了一种新的听评课范式，这一部分的核心就是《课堂观察框架（第三版）》和部分观察/记录工具。这是我们做得最为艰辛的部分，也是本书的精华部分，它代表着我们的知识创新。

第四部分"课例研究"。一次课堂观察活动后，我们撰写自成一体的课例，呈现一次完整的课堂观察活动过程。也许这一活动并非课堂观察本身所必需，却是课堂观察的必要延伸，是基于课堂观察的教学研究之必需。课例的撰写对我们来说是一个更为深入的研究过程，这一研究过程改善的不只是我们的课堂观察，更重要的是，改善了我们的教学，促进了学生的学习。两年来的实践证明是有效的，值得推广的。

在本书出版之际，我们有太多感谢的话语要奉献给为此付出时间和精力、倾注经验和智慧的人们。崔允漷教授及其领衔的专家团队，教育部、浙江省各级教育行政部门及其教研室的领导和专家，北京、宁夏、广东等地的同行，各教育媒体的编辑、记者，本校课堂观察研究团队和合作体的老师们……谨让我们用最美好的祝福奉献给关心、支持、参加课堂观察本土化研究与实践的人们，谨让我们用最殷切的期盼奉献给前行于课堂观察之路上的人们！

沈 毅

第一部分　故事分享

　　一个故事就像一颗种子，经历着蕴含时的焦灼、破土时的悸动和花开一刻的欣喜。课堂观察的故事，述说着人们践行教育实践时真实的情感与体验，透露着实践者对课堂观察深层的理解和独特的阐释，还有那份感动。对课堂观察的叙事，不仅让我们触摸到课堂教学的体温，更是实践者研究课堂观察的重要方式，它有助于实践者反思自己的课堂研究，进而提升教学作为一种专业生活的品质。

　　回首向来萧瑟处，亦有风雨亦有晴。课堂观察的探索，历时三载，太多的精彩夹杂着难忘的煎熬，太多的感动伴随着难忘的痛楚。其中的故事让我们更加明了教育的应为与难为。在此，我们按不同的参与主体从中撷取了9个课堂观察故事，分属两个栏目："课堂观察在我校"与"课堂观察在他校"。前者讲述的是余杭高级中学的老师们走在课堂观察的路上发生的点点滴滴，不仅细述了研制《课堂观察手册》的心路历程，而且叙说着教研组长是如何引领组员参与课堂观察，同时以较多的篇幅来描述年轻教师是如何走近、走进课堂观察，从而改变"我"的专业生活的。后者记录了"同根同祖"的课堂观察在全国课堂观察联合体的大家庭中的精彩演绎，记录着在宁夏银川一中、北京海淀区中关村中学、杭州市余杭区实验小学所发生的一切，展现来自不同类型、不同层面的"同路人"沿途赏阅的旖旎风光。

　　走向专业的听评课范式，让我们从倾听实践者课堂观察的故事开始吧！

❶ 课堂观察在我校

1.1 《课堂观察手册》诞生记

林荣凑　浙江余杭高级中学

2006年4月18日,下午三点。我打开电子邮箱,两封来自华东师大课程与教学研究所的邮件跳入眼帘:

Good!

这是崔允漷教授的邮件。一个英语单词,一个惊叹号,没有其他的一言半语。第二封邮件则洋洋洒洒,七八百字,是胡惠闵教授的:

你们做的《课堂观察手册》很有新意,样式很"时尚"。对于《课堂观察手册》我有几个小小的建议……

距离那一天,快20个月了,但那一天的这两封电子邮件却还历历在目。两位教授的邮件,就像孩子合法降生的见证词,宣告了《课堂观察手册》的诞生!

十 年 苦 索

1991年那个暑假,正处于专业发展极为痛苦中的我,终于觅得一个机会,自费聆听了某特级教师的讲座。"特级教师就要'特',善说的尽情说,善板书的尽情板书,善表演的尽情表演"。在千人听讲的大讲堂,这个声音于我不啻是惊雷:原来,教师可以这样当!

我的长处是什么,我该如何发挥自己的长处?这个问题从此在我大脑中盘桓,挥之不去。

在若干年后,在临平一中教科室的岗位上,偶然接触到所罗门学习风格量表,使这个问题又衍生了新的问题:风格是作家成熟的标志,那么作为教师,如何诊断教学个性以形成教学风格? 在那个岗位上,我起草了《教科研工作条例》,用上了"风格诊断"一词。如何诊断风格,却一直无由叩访门径。

人事匆匆,转眼到了2004年暑假,余杭高级中学教科信息处,我拿出那份积存多年的《教科研工作条例》草稿,思考着三年任期的教科信息处主任工作。尽管对"风格诊断"还是没有深度思考,但在最后提交行政会议讨论的《余杭高级中学教科研工作条例》中,我还是固执地写上"第六章 风格诊断",并用4个条文表达了粗浅的理解,其中两条是:

第二十四条 在校本培训委员会指导下,学校教科信息处应加强教师教学个性诊断和风格形成的研究,探索风格诊断的理论和实践研究,为形成教师教书育人风格提供理论支撑。

第二十五条 学校教务处应加强常规教育教学活动和优质课、汇报课、研究课、观摩课的指导和分析,对不同年龄段教师采取不同的干预策略,帮助教师形成鲜明的教书育人风格。

当时行政会议上的争议已经记不清楚了。这一举动无疑是立下了"军令状",该怎样兑现自己的承诺? 教科信息处主任的第一年,我不敢涉足,但思考一直不断。咬咬牙,在《2005学年学校教科信息工作计划》的"工作行事历"中,我终于写下:

11月份:课题结题与课堂观察

校本培训(4):"课堂观察"理论与实践……

从"风格诊断"到"课堂观察"概念的演变,源自2005年暑期与崔允漷教授的一次简单面谈。十多年的暗中寻索,是在那次面谈中觅得一线亮光的。

那年暑假,为做2005学年校本培训方案,我在诸多的专著中寻找,发现美国教学视导与课程开发协会的课堂观察模式,"课堂观察"一词开始进入我的视野。课堂观察能否帮助教师诊断个性形成风格? 课堂观察是否值得做? 我犹豫着。感谢机会,我把思考了十多年的问题抛给了崔教授。

10秒钟后,崔教授给予我一个铿锵的答复:值得做!

遭遇尴尬

也许是自己的狂妄,那次面谈,我居然没有进一步向崔教授追问。其实,此前崔教授曾与杭州安吉路实验学校的老师研究过课堂教学,形成了《杭州市安吉路实验学校课堂教学分析框架(讨论稿)》,分析框架列了"学生学习"、"教师教学"、"学科性质"、"课堂文化"四个维度 20 个细则。

狂妄是要付出代价的。在《教科信息处教科研大事记》上清楚地写着 2005 年 11 月 15 日的行事:

与余杭区教科所方建胜老师联系"课程标准总导读"事宜,并安排吴江林老师准备《如何进行课堂观察》的讲座。

我至今还惭愧,我那时竟然以为美国教学视导与课程开发协会的课堂观察模式就是课堂观察的全部,竟然就让当时生化组教科信息员吴江林老师准备讲座。

如果当时吴江林老师也满足于此,那么……我不敢多想。所幸的是,做事严谨的吴老师拯救了"课堂观察"。他没有应付讲座,而是开始思考课堂观察的理论问题,尝试用自己擅长的思维方式建立模型。当时的我,还有些怪他小题大做,现在想来羞愧万分啊。

他思考着,寻找着……

这种思考是痛苦的,这种寻找是艰难的。不劳我一一叙述,凡是有类似经历的人都可以想象。如果缺乏足够的意志力,他就可以轻易地放弃,对我说一句:"这讲座我开不了,你另请高明吧!"

但他坚持着,始终没有放弃!

这样的坚持,一直坚持了两个月。2006 年 1 月 14 日,他把自己的痛苦思考"说"给了崔教授、崔教授的学生和学校的同事们。那天是周六,上午崔教授带着陈杨、郭成英、俞英三位研究生,与学校分管教学的领导、各教研组的教科员、新上任的青年沙龙秘书长,就校本培训和教师专业发展举行座谈。

会议记录上简要而清楚地写着吴老师的发言——

教师要从课堂观察的实践中学习。观察课堂的实际模型,怎样评,如何组织,从哪些角度去评。

作为会议主持和记录的我,没有更多的记录,也许我"陶醉"于他对问题的分析中。有趣的是,在吴老师抛出"如何观察课堂"的问题后,竟然记录着崔教授的这样一句话:"各位畅所欲言,把问题聚焦起来,把想要问的问题提出来。"

我猜想,吴老师的讲话后大约是有一段时间冷场的,要不,崔教授不会说这样的话。吴老师提出了一个大家不曾意料到难度的问题,一个令人尴尬的问题。

这个问题,又何尝不是我的尴尬呢?总以为课堂观察不就是如美国教学视导与课程开发协会提供"观察前会议、教室观察、观察后会议"模型那么简单,却不料其背后有太多的东西需要思考。

要不是吴江林老师,课堂观察就会走向简单化、庸俗化!

现在想来,我的后背还禁不住有出冷汗的感觉!

教 授 指 路

就在 2006 年 1 月 14 日的会议记录上,详细地记录着崔教授的回应性发言,请允许我摘录如下:

关于"课堂教学评价标准",崔教授说——

以前重视"事前控制",就是"管教案",学苏联的,是基于师资跟不上、学历不达标的客观条件。现在管理重心要移到"事中"和"事后"管理,就是"教学"(事中)、"评价"(事后),要关注课堂教学质量。

如何实施"事中管理",崔教授说——

谁来评?要关注两个方面:一是学生,二是同行。学生方面,要明白学生只能评什么,不能评什么,教师知识水平、学科能力不能评;学生能评的是教学态度,课堂有没有调动我们的积极性和兴趣等学生能评,从学生那里得到的信息,教师可以用来改进教学。

另一方面是同行,同行最清楚同事的学科能力。因此,要创设一个平台。

评什么?传统打分,是分等级:89、90。真正的评价,本义是改变教师的行为,提出几条建议,才有参考价值。

关于"课堂教学底线",崔教授说——

安吉路实验学校曾制订了一条底线。底线有三个思考维度:第一个维度,学生的学习,一堂课好不好,看学生的学习是否有效,看课堂教学的终端——学生学得好不好,课堂是否体现了民主平等的文化;第二个维度,教师的主要教学行为与教学文化;第三个维度,学科性质,语文课就要像语文课。可以抓住几个关键的"节点",开发出"工具"进行观察。

我向来不善于夸奖人。那天居然用"听君一席话,胜读十年书"这样老套的话,还被崔教授狠狠地抢白了——"这是废话"。

然而,在我是真心的,十年来,我苦苦寻觅的风格诊断,终于在崔教授的指点下找到入口,能不激动吗,能不表示这份感动吗?

山 重 水 复

崔教授的一番话激励着我们!

四天后,2006年1月18日晚,在临平清藤茶楼,我、吴江林老师和教科室副主任李建松老师、物理组教科员查文华老师、数学组教科员吴寅静老师、青年沙龙秘书长李瑾老师坐到了一起。

崔教授回上海后,我就着手梳理那段时间崔允漷、胡惠闵等教授在余杭参与大学—中小学合作活动,特别是1月14日在我校座谈的材料,印发给大家。六个人,边喝茶边谈问题,没有往常的东拉西扯,所谈始终聚焦于校本培训的相关事宜:如何鼓励教师研读课标,如何开发学生评教体系,如何建立余杭高级中学课堂教学底线,如何搭建同伴互导平台,如何构建青年教师沙龙活动机制,等等。

在这次名为"关于校本培训的深度讨论"的会议记录上,我写着这样的"后记",这是我过去会议记录所没有的——

从17:00到22:30,大家始终沉浸在问题的探讨中,"我们能做什么"、"我们怎么做"。智慧的碰撞,心灵的沟通,每一个人,都有着自己的收获。吴江林老师的成长故事,深深吸引着大家——原来投入地爱一次,"研究"会这么美!

有关课堂观察模型,写着这样的内容——

1. 由吴江林老师负责前期开发,在寒假完成:

开发思路:①切分为教师、学生、信息媒体等方面(或素质、职责、绩效),再发散性设计指标;②阅读课堂观察专著,再补充修正指标;③筛选、优选指标;④编制《新课程下课堂观察模型》。

功能定位:①引导课堂观察、同伴互导;②课堂教学评价;③引导教师课堂教学。——从同行角度促进教师专业发展。

2. 下学期初,教科员研讨:

①设计指标不超过15个,简便易行;②从宏观(几方面)到微观(指标层级),抓大放小;③无语言障碍,不需要借助说明即能操作;④可能的话,设计三个(新手型、胜任型、专家型)观察模型,新手型是底线,专家型体现风格。——研讨通过后,交崔教授审定。

3. 初试(下学期校本培训中):不断听取试用意见,不断完善,争取1—2年定型推广。

不撞南墙不回头。从记录看,我们没有简单演绎安吉路实验学校的分析法,我们试图寻找新的路。现在想来,当时好胜的我们,颇有些自不量力。

寒假、寒假后的时间,负责前期开发的吴江林老师陷入了困境。自1月18日到3月5日,一个多月时间,他利用了所能找到又能参考的材料,不断地思考观察的维度,一次次地建构,又一次次地推翻。

3月5日,又一个周日的上午,崔教授应邀来到学校,与学校的俞小平、马少红、许义中、李建松、吴江林、查文华等老师一起讨论课堂观察。吴江林老师提交了他前期苦苦研究的结果。密密麻麻的两大张纸,提供了关于课堂观察框架的四种设计思路:

1. 依据新课程理念,切分为师生关系、教学互动、主动探究、预设生成、回归生活、合作学习、信息技术与学科整合、多元评价等八个维度。

2. 依据课堂教学的主体、客体的互动关系,切分为教师、学生、教学信息、教学媒体等四个维度。

3. 依据课堂教学的传统执行流程,切分为教学目的、教学任务、教学过程、教学组织、教学方法、教学手段、教学评价等七个维度。

4. 以教学的基本范畴为核心,以专题形式观察,切分为教学结构与教学组织、教学理念与教学要素、教学设计与教学操作、教学预设与教学生成、静态教学与动态教学等五个维度。

从中,我们不难想象,研究者花了多少的时间和精力,毕竟我们不是专业的研究者,我们还要面对并不轻松的日常教学。

从中,我们也不难想象,我们走入了怎样的山重水复!

拨雾见日

参与3月5日讨论的都是学校教学与科研的骨干,都具有丰富的教学经验。他们反复推敲吴江林老师提供的四种思路,力图从更多的角度构建框架。也许正如崔教授所说的,课堂是复杂的系统,却又是每天都必须面对的日常工作。我们一个个"身在庐山",自然"不识庐山真面目"。

崔教授毕竟是崔教授,面对眼前的团团迷雾,他没有急躁,他带领大家从课堂观察的价值这一本源问题上思考。终于,讨论的所有参与者在课堂观察的价值上取得共识:一是基于课程标准的课堂教学;二是基于校本教研文化的建设;三是为教师个人的反思提供方向;四是改善学生的课堂学习。

讨论前,崔教授是花了不少时间思考课堂观察的。会前,他将思考的成果——《关于听课评课问题》印发给各位,简简单单一页纸,却成为日后开发《课堂观察手册》的纲领性文件。不便节录,全文引用如下——

性质:

是一种教师的日常专业生活,一种专业学习活动,一种合作研究活动。

目的:

旨在给任课教师提供一些符合他自身发展实际的建议;

旨在一起探讨一些具体的课程、教学、学习方面的问题;

旨在经历一种合作、对话、探究的专业体验;

不要赋予过多的外在价值,应尽可能追求内在价值;

不要总是以评判者的心态介入;

不要给教师分出三六九等,教师工作是一种复杂的活动;

不要希望用一种"死"的量表去套所有"活"的课。

关注点:

有效学习:全班有多少学生注意力集中的?有多少人没认真听?学生的学习投入怎样?从学生的表现与表情判断都听懂了吗?多少比例的学生达到目标了?学生清楚这节课要干什么吗?作业完成情况?学习有困难的学生参与进来了吗?

课堂文化:从教师的语气推测出什么?教师叫答的学兰说明什么?体

现民主、平等、探究、合作、自主等品质吗？师生关系说明什么？从教师和学生的语言或表现推测该课堂是什么样的课堂？学生喜欢这样的课堂、这样的老师吗？能判断出课堂体现出思考的品质吗？

教学技艺：教学基本功？导入的技巧？处理教材的技巧？教学机智？理答行为？科学性、思想性问题？对标准的理解？体现学科性质？作业布置方式？作业的质量？组织教学的能力？教学管理与驾驭课堂的能力？如何处理学习有困难的学生？教学环境的布置？教具与现代化设备运用的合理性？

如何使听课评课更专业化：

反对开课形式化，听课任务化，评课讲假话；

反对"只重听课数量，不重听课质量"的做法，减少听课的次数；

反对推门听课，随堂听课，借班上课；

要把听课评课设计成一个完整的专业活动：课前会议、课堂观察、课后会议；

提高听课评课的专业水准，不是谁都可以来乱说一通的，应该把听评课的权利交给上课人的"同行"；

可以设计一些课堂观察工具，但这些工具应该是开放的、供选择的；

不同发展阶段的教师听课评课的方式是不一样的：一是由完整记录到重点记录再到不想记录；二是由听课到观课再到思课；三是从关注自己到关注教师再到关注学生；

重点应关注学生的有效学习，因为教师所做的一切都是为了学生的学习；

评课时一定要体现"对话"理念，反对"话语霸权"、"即兴点评"。

也许是太通俗了，我和我的同事开始还没有意识到它的价值。然而，当我们四处奔突寻找出口而不得的那刻，我们才恍然大悟：哦，原来可以从本源上思考！

崔教授，他以学者的睿智，拨开了笼罩我们头上多日的迷雾，太阳投下缕缕金线！

确 定 路 径

如果说崔教授一点拨，我们就可以直奔目标，那也把《课堂观察手册》

的开发看得太简单了。如果我们按照崔教授的三个维度及两三个观察问题,那么最后我们开发的《课堂观察手册》将提供三维度的观察支架,而我们最后厘定的支架却是四维度的。

作为学者的真实研究行为,恰巧就表现在自己对自己的不断"背叛"中。

细心的读者也许已经发现,崔教授在2006年1月14日提出的三维度是学生学习、教师教学、学科性质,而3月5日提出的三维度是有效学习、课堂文化、教学技艺。在学生的"学"、教师的"教"上,崔教授是坚定的(我和我的同事们也是坚定的),但在学科性质、课堂文化上却是犹豫的。

最终确定四维度开发的,是在崔教授离开学校返回上海的一小时内。我和吴江林老师没有离开学校回家,还是在教科信息处的办公室内继续讨论着。讨论的结果,画出了这样一张框架图——

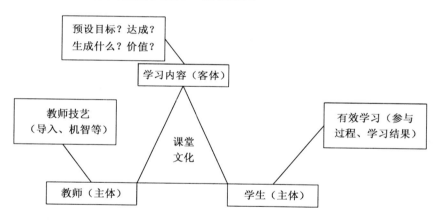

电话打给正在途中的崔教授。崔教授同意了我们的意见。于是,我们决定,就围绕这个框架图,开始我们的指标设计工作。

我们需要查阅资料,从他人的著作中寻找课堂观察的蛛丝马迹。此前,我们多次利用周末跑杭州,从新华书店采购了诸如《透视课堂》、《初任教师手册》、《新课程教学现场与教学细节》、《新课程说课、听课与评课》等书籍。

值得庆幸的是,我们还从学校图书馆找到了《发展性教师评价制度》、《学科教育学》、《学校教育评价》等书。

借助网络,借助其他的藏书,我们在找"课堂观察"的只言片语。我们利用最笨拙的办法,做摘录、扫描、电脑录入、整理,再整理。

我们需要倾听老师们的意见。我们开发的《课堂观察手册》是给一线教师用的,他们有着可供我们借鉴的丰富的素材。我们采用了问卷调查,问卷简单得不能再简单,请允许我全部引用吧——

学校自2005年9月开始,在华东师范大学崔允漷教授的指导下进行"课堂观察"工具的开发。2006年3月5日,崔教授亲临我校指导,并确定观察一节课的四个维度:学习内容、教师技艺、学生有效学习、课堂文化,现在需要进一步设计每一个维度下的具体"观察指标"。

鉴于你的专业基础和教学经验,我们选择你为调查对象,真诚希望得到你的协助。请你凭自己的经验或直觉,在每个维度下写出1—5个指标。

你的回答对我们很重要,劳驾你于周三前(3月15日前)填写并交教科信息处。谢谢!

1. 姓名＿＿＿＿＿＿＿＿ 2. 性别＿＿＿＿＿＿＿＿
3. 任教学科＿＿＿＿＿＿ 4. 参加工作时间＿＿＿＿＿

一、关于"学习内容"(学什么)的观察指标

二、关于"教师技艺"(怎么教)的观察指标

三、关于"学生有效学习"(怎么学,学得怎样)的观察指标

四、关于"课堂文化"(师生互动构成的氛围)的观察指标

问卷是2006年3月13日设计的,我们急于下发,想听听同事们的意见。我们按不同教龄段、不同学科人数的40%抽样,下发问卷60份。两天后,30人上交问卷。马不停蹄,教科信息处教科员徐凡老师就将问卷分学科、分维度录入。

7页近6000字,好大一笔财富啊,足为我们指标的话语表达提供广阔的选择余地。我们从上交问卷的30位同事中获得的岂止话语表达?我们更感受到他们对"课堂观察"的莫大支持。在我们艰难的行进中,他们默默地推着我们,我们没有理由放弃。为表示对他们的感激,在印刷《课堂观察手册(试用版)》时,我们把30位老师的姓名全都写在了"敬致谢意"一页上。

跋 山 涉 水

有了地图(框架图),有了前行的路径(文献、调查和指标设计),我们就

开始翻山越岭、趟水过河了。这样的日子,整整33天,自3月5日到4月8日。

我们的工作没有停止过一天。这不能说不辛苦,但每每想到曾经参与课堂观察深度讨论的同事,想到提交问卷关心着我们的30位同事,我们总是揉揉发酸的双眼,身体的疲累就这样被忽略了。关键的是,我们怎么统合来自文献的、调查的和我们根据自身教学经验提炼的材料,呈现给大家一个清晰的课堂观察地图!

崔教授始终牵挂和指导着我们的工作。第三稿是3月21日出来的,当天我们就将此和版面设计寄发给崔教授。崔教授第二天就回复道:

做得很细致,确实有新意。不过,从工具来考虑,一定是越"傻瓜"越有市场。

一定要简化,不要让老师一看到就拒绝。特别是注释部分,你要知道这是专业人员的工具,不是小学生用,而且我们本来就是出于反对过于繁琐而开发的工具,现在反而更繁琐。

择其要就可以了。

根据崔教授的意见,我们又进行了修改。4月4日,针对第四稿,崔教授指点:

你们开发的东西很好,我有两点想法:

一是课程维度,用"课程"两字不太妥,按现在的想法,教师、学生都是课程的一部分。

二是宏观目标不明白,从课程目标来说,主要是:(1)目标的合理性,(2)教师与学生都清楚吗?

传给你安吉路实验学校的讨论稿,供参考。

4月8日,我们拿出了第五稿,其目录如下:

一、观察概说:课堂观察是什么,不是什么,对观察者和被观察者的作用等。

二、观察维度:

1. 课程:目标、内容、资源
2. 教师:基本功、教学行为、课堂机智
3. 学生:学习习惯、课堂参与、目标达成
4. 课堂文化:师生关系、课堂氛围、探究

三、观察程序:
1. 课前会议
2. 课堂观察
3. 课后会议

上海碰撞

4月9日(周日),我们携着《课堂观察手册》第五稿,专程赶赴上海华东师大。早早乘火车赶往上海,下火车后,我们从梅陇转乘两次地铁,再从地铁站走到华东师大。从地铁站到华东师大,我们走了半个多小时,不巧的是又遇大雨,我们的鞋子、裤腿都湿了。11:30分,我们站在崔教授面前时,真不知道有多么狼狈。今日思之,却也美美的。

我们第一次走进崔教授的工作室,崔教授和他的六七位硕士、博士生已经在等候。整整一下午时间,我们推敲着,争论着,彼此之间已经跨越了中学教师和大学教授、研究生的界限。"说不说是我的事,听不听是你的事"。这是崔教授说的话。

讨论主要围绕着二级指标和观察点设置进行。我们确信,课堂是错综复杂且变化万端的,要意识到课堂里发生的每一件事是不可能的,但是如果我们不知道在找寻什么,就看不到更多的东西。激烈的争论后,课堂观察的维度、指标呈现了新的格局:

课程——教/学内容(是什么):目标、内容、方法、资源、练习

教师——教师技艺(怎么教):环节、活动、手段、机智、特色

学生——有效学习(怎么学):准备、倾听、互动、自学、达成

课堂——文化氛围(怎么样):愉悦、自主、合作、探究、特质

讨论,不,争论,让每一个参与者都富有成就感。我们感受着智慧与智慧碰撞的快乐,我们收集着理想与理想交融的幸福。华东师大一村内的利兴餐厅见证了我们的快乐和幸福!

归途,我们在崔教授特别为我们租用的Taxi上,还喋喋不休地讨论着,没有半点困倦的感觉。一路快行,一路讨论。不知不觉中又回到临平!

趁热打铁。我们拿出了《课堂观察手册》的第六稿、第七稿。在第六稿中,我们增加了每一维度的文字和坐标图说明,如"学生"维度——

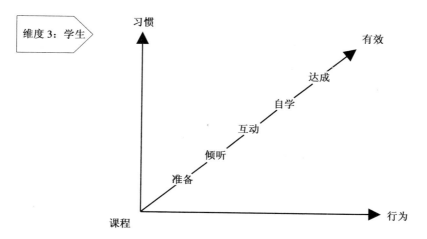

- 角色：课堂学习活动的主体
- 状态：课堂学习的积极参与者、主动建构者
- 追求：有效
- 观察方法：

1. 选点：要观察什么？聚焦哪些学生？怎么观察？
2. 习惯态度观察：某一学习活动的习惯、态度表现如何？
3. 行为程度观察：某一学习活动的表现、程度如何？
4. 达成观察：通过课堂学习是否达成学习目标？
5. 思考：学生课堂学习是否有效？

第七稿，考虑到课堂观察着眼于选择观察点，并据此提出分析意见，而非基于好课标准作出评价，我们改变了三级指标(观察点)的表述方式，由原来的"描述性/非问题性"(如"学生课前认真准备")改为"问题式"，例如：

学生课前准备了什么？是教师布置还是自己做的？

有多少学生作了准备？学困生参与进来了吗？

准备得怎么样？准备习惯怎么样？

考虑到课堂行为的复杂性，又将"三级指标"的提法改为"观察点举例"，以免使用者"以偏概全"。

大 功 告 成

到了4月17日，《课堂观察手册》已先后十二次易稿。晚上10:03，在

办公室向崔教授发出第十三稿,其中写道:

非常感谢!谢谢你的鼓励,谢谢你的接待!

是你的鼓励让我没有放弃,是吴江林的协助让我不觉孤独!

现将最后定稿发给你存档,明天我将印发并着手准备讲座。

等待着崔教授的定音"一锤"!等待中,竟出乎意料地收到两位教授——崔允漷教授、胡惠闵教授——的锤音。两位教授的两个回件一略一详,一个惜墨如金,一个泼墨如水。感谢上帝,居然那么艺术地完成了《课堂观察手册》的诞生宣告!

不愿舍弃胡惠闵教授回复全文,引用如下——

林老师:你好!

你传给崔老师的很多关于余杭高级中学的材料他都转发了一份给我,看了之后觉得很有收获。我要谢谢崔老师,当然更要谢谢林老师。

最近的关于《课堂观察手册》我觉得非常好,非常有必要。现在讲听课看课,但其实最基本的问题没有解决,有段时间我曾经提出应当在大学开设一门微型课程,就叫"如何观察课堂和学生"。你们做的《课堂观察手册》很有新意,样式很"时尚"。

对于《课堂观察手册》我有几个小小的建议:

1. 我仍然觉得太复杂了,有时全面的代价就是让人还没做就有些觉得为难。我看了其中的问题,表面看起来似乎栏目不多,但其实每一栏都包含了大量的问题,而每一个问题有时就是一个巨大的问题。以第一个目标为例:

目标:

· 预设的课时目标(学会/会学/乐学)是什么?怎么样?

· 课时目标是根据什么(课标/学科/教材/教师/学生)预设的?怎么样?

· 预设的课时目标在课堂遭遇到怎样的生成问题?生成什么?怎么样?

· 课时目标的预设和生成矛盾是什么?教师如何解决?怎么样?

其实这四个问题包含了大量的内容。

2. 我不是特别理解其中的"观察"的意思。既然是个"观察"记录,有些"观察"所不能为之的指标可能就有些困难。比如,有些关于"预设"、"推测"性的指标就值得再进一步思考。

3. 在"知识基础"部分,有两个"课堂观察"的部分,我觉得在理解上有些费劲。

4. 前面的"基础知识"部分要想传达的东西太多。是不是重点再突出一些。有时要让教师真正理解"别人来听你的课其实是对你自己有利"就已经很不容易了。我认为可以突出三个关键词:合作、改进、自主。即:基于合作、为了改进、尊重自主。

我因为不是非常了解背景及文字后面的思考,可能有些意见不是很准确,请谅解。以上意见仅供参考。

祝健康!

胡惠闵 2006 – 04 – 18

读完两封邮件,心中首先涌起的不是兴奋,而是感谢。自 2005 年暑假征求崔教授意见到《课堂观察手册》诞生,一路走来,有多少人奉献了自己的心血和智慧、关爱和支持。上海方面,有崔教授、胡教授、崔教授的学生们;临平方面,有沈毅校长、学校学术委员会成员、教研组长、教科员和 30 位参与问卷调查的老师,还有区教育局、教科所的领导们。希望你不要把这样的列举误解为"庸俗之举"。真的,我们的每一步前行,都有着那么多人不同方式的参与和鼓励。

其次涌起的是冷静。《课堂观察手册》,如同初生的孩子,她睁开眼睛的那一刻,该有怎样的阳光迎接？我们必须为她第一眼看世界而准备！胡惠闵教授的回复,适当及时地给了我们真诚的提醒!

后来的事实也证明了这一点,《课堂观察手册》的使用前路漫漫!

前 路 漫 漫

4月21日,周五下午第三、四节,在全校校本培训会议上,我们做了课堂观察的讲座,会场是安静的,安静并不表明理解和接受。会后,我们听到不同声音,不同的声音引起我们的思考。我们庆幸,没有成为鲁迅所说的"在寂寞里奔驰的猛士"。

5月12日,又一个周五下午第三、四节,语文组方巧丽老师、生化组郑超老师分别开课,全校文理科教师参与了课堂观察,所使用的是10份普适性的观察量表。感谢两位开课的老师,他们敢于勇敢地成为"被观察者";感谢我的同事们,尽管由于我们的原因,他们一头雾水,但没有人中途退出!

更要感谢学校的生化组全体老师。他们在教研组长毛红燕老师、教科员吴江林老师和余杭区化学学科带头人、教科室副主任李建松老师"三驾马车"的带领下,在学校观摩结束后,利用暑假,利用教研活动的所有时间,继续带着《课堂观察手册》前行,一路披荆斩棘。

11月9日,余杭区普通高中校本教研建设研讨会在我校举行,生化组推出屠飞燕老师、盛连芬老师的两堂观察课,课堂观察第一次公开亮相,大获成功。首次光临学校的浙江省教研室张丰老师高度评价生化组的课堂观察:

1. 有思考的、自觉的发言多,没有传统的敷衍、客套;

2. 有分工,有支架,促进分析的深入,每个老师都有观察点,课后会议有交流分享,这就等于有很多眼睛、耳朵;

3. 生成许多有价值的问题,如基于初中知识的生长、竞争机制的引入、实验操作的改进等;

4. 民主、求实的教研文化,每个成员都精心呵护教研组,进行原生态的思考;

5. 强烈的欣慰、佩服,余杭高级中学具有省新课程样本学校良好机遇,又有良好课堂观察的优秀资源。

那以后,学校走上了生化组试点、全校推广的路,遭遇了课堂观察实践操作中的诸多问题,也引起了更大范围诸多人士的关注。2007年5月8日《中国教育报》第五版上刊登了该报赵小雅记者的"基于合作的课堂观察"采访稿,2007年6月16—17日,北京市海淀区教师进修学校、宁夏银川一中来校研讨……

前面的路还在延伸。漫漫的前路,跋涉者将付出艰辛,也将收获风景!

1.2　手牵手,我们一起走

吴江林　浙江余杭高级中学

题记:2005年9月,余杭高级中学开始研制《课堂观察手册》,几易其稿,历经艰辛,本人是主创成员之一。2006年4月,学校开始课堂观察实践,本人作为生化教研组教科信息员,组建课堂观察合作体,开始探索化学与生物课堂观察。2007年8月,学校成立生物教研组,我受命担任该组组长,开始新的课堂观察旅程。在这里,我主要讲述作为一名教研组长在教研组层面引领组员推进课堂观察的真实经历。

"两年了,做中学,做中悟,思考着,成长着。"

"两年了,观察别人,被人观察,我就这样开始了一名老师的专业生活。"

"一次次观察,一道道坎,拾级而上,每次我都看到了不一样的风景。"

"课堂观察就像吃自助餐,规则定了,怎么吃,吃什么,那是自己的事。"

"说过,做过,笑过,哭过,咬牙挺过。从此,多了一份自信与坚持。"

"合作真好,要是单干,像我这样的菜鸟,不会有这样的发展。"

"说实话,有些技术我还是不太熟练,但我却越来越喜欢。"

"一路走来,彼此坚守,相互支持,我们因课堂观察而精彩。"

……

2008年4月18日,杭州市课堂观察展示活动结束后,大家照例在课后会议结束后聚在一起,你一言我一语地聊着课堂观察的感受。以这样的方式纪念《课堂观察手册(试用版)》诞生两周年,以此作为我们献给她的生日贺礼。

两年时光,携手走过,一幕一幕,掠过心头……

初试,我们摸着石头过河

两年前的同一天,《课堂观察手册(试用版)》呱呱落地。

时任学校教科信息处主任的林荣凑与我商量,观察手册研制完成后,下一步就是实践了,只有在实践中,才能发展、完善它,并发挥它应有的作用。

为稳妥起见,先选择两个学科(语文和生物)举办一次课堂观察活动,再向全校推荐。我们商定,这次活动定在2006年5月12日举行。自然,生物组的技术支持和组织协调工作,我就责无旁贷了。

可是,老师们需要哪些技术支持呢?还是先听听大家的意见吧。

"吴老师,什么是课堂观察?这个小册子,我可是看了一星期哟,不懂!好像与听课、评课也没什么区别嘛,你可是这个册子的主创人员,可要给我说说啊。"小A一如既往地,快嘴快舌地冲在前面。

"这个课堂观察的框架有点意思,吴老师,你们怎么把观察点都写成问题啦?有点深奥呵!还有这个东西怎么用呀,我也不清楚。"看得出来,小B为此郁闷了好几天。

"你说课堂观察有三性,'日常性、专业性、合作性',还是崔教授定的,教授的话太深了,你还是给我们解释一下,好不好,他们也不懂的?"小C从镜片后投来几束探究的目光。

"原来的说课与现在的课前会议,有什么区别吗?"小D还是看过的,不过,话里有话啊。

"我也说一点,课后会议就是评课嘛,课堂观察好像就是说课、听课、评课加一起,我还没有看出它们有多大的不同。"E老师照例直来直去。

"天啊,到哪里去找观察工具啊,我现在就晕了!"F老师的五官紧急集合,一脸无奈。

……

真是兵马未动,粮草先行。我接招就是了,心里盘算着这次活动的安排。

"大家的问题,我看主要集中在三个方面",我故意停顿了一下,"课堂观察的理念、课堂观察的框架、课堂观察的程序,要不——我试着解读一下?"我态度诚恳地说。

"早就等你这句话了,吴老师。"小A在这里等着我呢。

"我们先用两周的时间来解决这些问题,等大家都比较清楚了,第三周,我们研究观察主题,第四周实施课堂观察,你们看怎么样?"

大家一致"OK",还一个劲地"辛苦了"。我心里偷着乐,这下被动变主动了。

第一周,我对观察手册(试用版)的"知识基础"进行了详尽的解释。我把开发过程中,我们与观察手册开发指导者崔允漷教授的交流过程,加上我自己的思考,一点一点地展现在大家面前,让他们的思维随着我们的研讨过程不断地推进。

"课堂观察,是研究课堂教和学的一种方法。它有日常性、专业性和合作性三个特性,它们的含义是……它的目的是给被观察者一些发展性建议,而不是评价等第,比如……它的过程,重在准备,重在证据,重在研究,重在双赢,比如……"

课堂观察的理念,就这样慢慢地渗透到了他们的心田。

"为什么要设计课堂观察框架?这个问题很好。大家想想,进入课堂去观察,它的基础是什么?听课的基础是对课堂的理解,课堂是什么?只有先搞清楚这个问题,我们才能去观察课堂,了解学生的学和教师的教是怎么发生的,这就是我们开发课堂观察框架的原因。课堂观察框架,有4个维度,25个视角,83个观察点,153个问题,为什么要这样设置呢?它们分别有什么含义呢……"

"所以,观察框架'为新课程背景下的中学课堂行为研究提供一个观察、理解、描述、反省的支架',怎样利用好这个框架,是课堂观察的核心问题,也是我们今后要重点研究的问题……"

我沉醉在框架中,仿佛诉说着一个美丽动人的故事。

大家不时打断我的话,积极地思考着,都觉得颇有所悟,在思维的碰撞中,课堂观察被撕去了"陌生"的标签。

第二周,我又对课堂观察的程序进行了解读。"课堂观察与传统听评课的区别,主要体现在三个方面,课前,知道要听什么,怎么听;课中,知道要聚焦什么,记录什么;课后,知道依据什么,建议什么。要做好这一切,必须要有一个程序保障,这就是我们制订课堂观察程序的原因"。

我抬起头,梦醒后的清澈,洋溢在大家的眉宇间。无疑,这给了我莫大的信心,陡增了一份解读的激情。接下来,围绕着课堂观察三个环节中的目的、内容、时间和注意事项,一一作了详尽的解释。

研讨活动结束后,我在日志中写道:"程序文明是一种高度的制度文明,是课堂观察质量的重要保障。即便没有课堂观察框架,若能真正地按照课堂观察程序和要求开展听评课,那对改革传统听评课的陈弊、提高教师的专业化技能,也有着十分重要的意义。"

第三周,恰逢"五一"长假,我和开课的郑超老师忙碌于课堂观察。七天过去了,颇有成果,我们确定了教学设计,也确定了本次课堂观察的三个观察点:提问、理答、讲授。这样做的原因,主要考虑这三个点是年轻老师职业初期迫切需要掌握的教学技能,而且相对于其他的观察点,它们也显得更显性、更容易量化些。这些特征,都比较适合第一次课堂观察。

第四周,课前会议在开课的前三天举行了,郑超对教学设计进行了说明。按照惯例,大家各抒己见,讨论过程非常热烈,很多设计争执不下,两节课时间不知不觉地过去了。这样连续三天,我们边试教,边修改教学设计。最后一次课前会议时,我只好强行终止了对教学设计的讨论,请大家讨论事先确定的三个观察点,试图设计观察工具。热闹的场面顿时安静了下来,两节课的时间很快过去了,可我们仍然没有多少进展,大家也显得有些焦虑。不得已,我只好拿出事先准备好的,通过其他途径找到的已有的观察量表,大家才舒了一口气,开始选择自己的观察表。会议散了,暮色中弥漫着忧虑和迷茫。三天后,就要向其他教研组的教师展示我们的课堂观察。

课中观察如期而至,观察老师选择合适的观察位置,记录着自己所需要的数据、现象或话语。课间休息时,我们忙碌地整理着观察记录,得出观察结果。

课后会议一开始,6位观察教师轮流汇报着自己的观察结果和结论,一串串数据,一个个分析,显得有理有据。年轻老师有板有眼的评课,不时从他们口中跳出新课程的词汇,引起了观摩教师的好奇与赞叹。我们的第一次课堂观察,带着一份新鲜的冲动,一点成功的喜悦,一丝无奈的遗憾,落下了帷幕。尽管在我们的周围不乏质疑的声音,但我们是尝到了甜头的!

遭遇"疲态",教授和我们一起破解

初试成功,坚定了我要在组内以课堂观察取代传统听评课的决心,当我就这个想法征询组内老师的意见时,得到了大家的支持。趁热打铁,自5月12日第一次校内亮相,到11月9日余杭区课堂观察展示,我们组内又组织了多次观察活动。

11月9日的观察是成功的,但我没有陶醉在喜悦中,我隐约发现参与者的"疲态"。是啊,一路走来,只顾埋首前行,是该回头看看了。那天晚上,我翻阅着半年来课堂观察活动的资料,整理着自己的思路:

1. 课前会议时间太长了,上课老师的说课、组内的磨课耗费了大量时间,但大家的时间有限,只有缩短课前会议的时间,课堂观察才有操作性。——怎样才能缩短课前会议的时间呢?

2. 这些观察基本上都是借用别人的观察量表,由于对这些量表背后的理论和实践知识都不甚清楚,使得有些观察得到的数据,不能作出合理的解释和推论。——在现有的条件下,怎样才能避免出现这样的情况呢?

3. 评课时针对一个具体的观察点说得比较清楚了,但往往也就局限在这一点上,只见树木不见森林的现象比较严重,大家都在点上说事,没有人对一节课进行整体把握。——怎样才能由点及面,加强对整节课的把握呢?

4. 课后会议上,猛烈的批评与改进之声不绝于耳,少有肯定,被观察者常常比较狼狈。——课后会议的评课该注意些什么呢?

5. 观察点大都集中在"教师"这个维度,特别是对提问/理答/讲授的观察比较熟悉了,过于关注教师的教学行为,这与传统的听评课区别不大。——观察点的设置应有哪些考虑呢?

6. 观察结束后,撰写分析报告是观察者对课堂观察的深度反思,也是教研组校本教研非常好的资料,同时,也是促进交流的载体,但观察报告的格式和内容不统一,给交流和整理带来了很大的困难。——课堂观察分析报告该怎样写?

自从课堂观察实践以来,这些问题一直困扰着我们,我们也一直在寻求解决的办法,但始终没有找到明确的答案。专家的引领才让我们走出了山重水复的困境,迎来了新的曙光。

2006年12月19日,2007年1月11日,这两天是值得我们课堂观察合作体铭记的。这两个日子,崔允漷教授及其研究生们、余杭区教育局赵副局长、学校的沈校长和俞校长及林荣凑等参与了我们的课堂观察合作体的研讨会,与我们进行了深入的探讨。围绕着上述问题,崔教授侃侃而谈。

课前会议最好控制在30分钟内,要考虑到老师们的时间。

上课人说课,应从"面"和"点"两方面简要地说。所谓"面"就是讲清这堂课的目标预设、教学环节;所谓"点",可以是设计的创新点、关键点,或者说重点、难点的突破;所谓"简要",就是不要面面俱到,参与课前会议的都是同行,不需要作更多的解释。

教学目标的预设,要成为教学设计的重点和核心。所谓"目标"就是学生学习的结果,所有的教与学的行为都是围绕目标展开的;课堂是否"有效",其判断也就是看目标达成的情况;"预设"一般应从课程标准、课程内容、学生实际和过去的经验等四方面出发。

观察点要从上课人的说课中去找,结合具体的课来确定,先从常见的用得比较多的提问、理答、讲授开始观察,是可行的,但更重要的,应多从学生维度去观察。

记录是为了获得证据,不要为记录而记录;课后的推论,要基于证据。

课后会议首先应是上课人的自我反思,然后才是观察者的观察汇报。观察者的汇报应基于教学改进提出建议,而不是要对课评出三六九等。一定要从传统的价值判断走向事实判断,强调针对性、实效性。不要只是批评,还要有上课人的特色建议,有课的优点肯定。

课后会议结束后,撰写观察报告是必要的。要考虑必要性和精简性,应追求基本的规范,但不宜每一次都是长篇大论,关键是时间精力不允许。倡导一课一得,把课堂观察的反思、建议形成文字,以梳理思想、外化交流、积累资料。

……

我们的第一阶段课堂观察实践活动,随着2006年寒假的到来而结束了。在教研组工作年度总结中我这样写道:"课堂观察取得了初步成功,课堂观察的理念逐渐被大家理解了,课堂观察是促进教师专业发展的有效途径得到了普遍认同。但要在提升课堂教学的有效性上发挥更大的作用,课堂观察还有很长的路要走。下学期,课堂观察的重点是技术层面的探索与完善……"

观察程序,想"说"爱你不容易

在实践层面,课堂观察技术有两大核心问题:一是规范课堂观察程序,二是开发观察工具。相对来说,前者的突破更容易一些,俗话说,柿子拣软的捏,对,我就从这里开始。

七个多月的实践经验告诉我们,观察程序里最难的是课前会议和课后会议。因时间和精力的限制,一次课堂观察的战线不能拉得过长。但多长时间合适呢?通过与崔教授的多次交流,我们一致认为,课前会议15—20分钟,课后会议45—60分钟比较符合学校的现实情况。

课前会议的主角是上课人,15—20分钟的时间内,给上课人5—8分钟的时间,让他把一节课的总体情况讲明白。然后,给观察者与上课人7—10

分钟的交流时间,让观察者获得确定观察点的信息。

课后会议的主角是观察者,给上课人3—5分钟的时间,让他反思一节课的得与失;给全体观察者每人5分钟左右的时间,汇报自己的观察结果,提出适当的建议。

显然,焦点集中在两点上,上课人在课前课后"说"什么?观察者在课后如何"说"?

正在我们为上课人"说什么"左右为难的时候,又是崔教授给我们送来了及时雨。那是2007年3月8日,收到了他给我的两份外文资料,林荣凑请吕正清老师翻译后,我们看到——

课前会议应关注的问题:

1. 这节课主要讲什么内容?涉及该课程的哪一部分?
2. 这些学习活动在多大程度上"适合"该班的学习进度?
3. 简要描述该班学生情况,包括那些有特殊需要的学生。
4. 你这节课的学习结果是什么?你想让学生明白什么?
5. 你将如何让学生投入学习?你将做什么?学生将做什么?小组、个人或全班学生将如何活动?请提供学生要用的作业单或其他材料。
6. 你将如何对班上不同的个人或小组给予区别指导?
7. 你将如何、何时知道学生是否掌握了你打算让其掌握的东西?
8. 你愿意让我在课堂中具体观察什么?

课后会议应关注的问题:

1. 总的来说,这节课是怎样获得成功的?学生学到了你预期让他们学到的东西了吗?你是如何知道的?
2. 如果你能描述出好的学习行为,那么这些好的学习行为是怎样表现学生的投入程度与理解水平的?
3. 谈谈你的课堂教学程序、学生行为以及物理空间的运用,这些东西在多大程度上促进了学生学习?
4. 你偏离自己的教案了吗?如果是这样,请告诉我们有何不同?为什么?
5. 谈谈你的各种教学行为(如活动、学生分组、教材和资源等),它们的有效程度如何?
6. 如果你有机会给该班学生再上一次相同的课,你的教学会有哪些不同?

如获至宝的我,对它们进行了认真研究,这才发现这14个问题有些难度,就算是有经验的老师,要在5—8分钟内把它们都能说个明白,也是相当困难的。还是做个讲座吧,结合前期的一个课例,我详细解读了这些问题(其实我也是半桶子水)。大家听完后,顿时欢呼:怎能一个"好"字了得!我心里窃喜——上课人这下可会"说"了。

只说不练是嘴把式,接下来,我们就开始训练上课人"说什么"。

第一次训练,课前说课,花了二十几分钟,上课人与观察者的交流也花了近20分钟。课后,上课人说了10分钟,而且有几个问题也说不太清楚。我们安慰自己,这是刚开始练习还不熟悉,下次就会好的。可事实上,我们前后搞了8次,才只将上课人说课时间压缩至18分钟左右,要把课后的6个问题说明白,没有8—10分钟还真解决不了。离目标还有一半的距离哪,怎么办?

不是口才的问题,那就是内容的问题。反思一下14个问题,根据我们的教学实际,有些东西不说也罢,精简!那个时候成了我的口头禅。思虑再三,我决定做四点改变。

一是将上课人说课的内容精简为四个方面,即教学内容与教材分析;教学目标及重难点确立的原因和突破的策略;创新与困惑;观察要求。

二是将上课用的教案/课件、班级座位表及学困生和学优生的分布情况、学生学习习惯和课堂气氛等信息,在课前会议的至少前一天印发给观察者,让观察者提前研究这些信息。这样课前会议就可以少说很多内容。

三是课前上课人与观察者的交流限定在意向性的短暂交流,获得观察点的信息,不作教学设计的讨论,与课后汇报区别开来。

四是将课后的8个问题精简为三个方面,概述课是否获得了成功,证据是什么;分析这节课的教学行为(设计)的有效性,证据是什么;教案的执行情况,原因是什么。

按照新的设想,我们又尝试了两次,终于打赢了上课人"说"什么这场攻坚战。我们赢得了时间、效率和质量。爽!

相对于上课人的说,观察者的"说"要显得容易解决些,经过半年的探索,我们对观察者的"说",确立了三大原则,一是摆事实,多分析,少评价;二是注意边界,立足课堂教学情境,基于证据,适当推论;三是三分法,肯定优点,明确改进的措施,挖掘个人特色。

半年过去了,崔教授在一次参加完我们的课堂观察活动后,表扬说:你们会"说"话了!其实,我们不会"说",对一直在幕后默默指导与关注的他,我们却连一句"谢谢"都未说过。

观察工具,过了一坎又一坎

观察工具,是课堂观察中的核心问题,它贯穿于课堂观察的各个环节。搞定它可不是件容易的事,但明知山有虎偏向虎山行,这就是我们生物组的性格。

在课堂观察的前几个月,我们绝大部分人还是菜鸟,崇尚拿来主义。从书上和网上,我和林荣凑找来了各种观察量表,调查问卷……在大家的眼里,它们都是宝贝。拿着它们走进课堂,心里觉得底气特足,忙碌地记录着。课后会议上,数据海海的,说话牛牛的,与以前的听评课真的不同,那股新鲜劲甭提了!

随着课堂观察的深入,大家对使用观察工具的感觉却越来越不对劲。我们发现量表的某些项目不知道记什么;而有些数据得到后,也不知道怎么解释;由于不清楚量表各个指标间的逻辑关系,不知如何推论;别人设计的量表或问卷背后的理论不得而知。更为糟糕的是,由于观察工具的限制,我们的观察点只能被动地限制在已有的工具上。也就是说,那时候,常常是先有观察工具后有观察点,而此时的合作也仅仅体现在课后会议的交流上。新奇与冲动没了,剩下的是困惑与思考,何去何从呢?

"地上本没有路,走的人多了,也便成了路"。看来,只有走自主开发这条路了,自己的东西用起来才顺手啊。可刚试一次,我们就知道,开发工具这事儿,水太深!呛了几口水,大家都爬上了岸,看着我,似乎在说:头,你说怎么办?看着眼前那一堆观察工具,我不禁陷入了深思……

是啊,一口气吃不成胖子,看来,课堂观察这事儿,循序渐进是硬道理,那就从现有量表的改造开始吧。教研组会议上,我说:"对于专家开发的观察工具,我们先删除其中搞不太明白的指标。然后,根据观察框架和自己的教学经验,加入新的观察指标,有点错误也没关系,破坏了原有工具的结构体系也无所谓,只要你能自圆其说,为己所用就行了"。几次观察下来,我发现,课前关于观察工具的争论多了,这可是我盼望已久的啊！课后会议上,观察者能说会说的多了,重点更突出了,亮点也多了。最出彩的地方,往往就是原有观察工具中改动的地方。而伴随着改造的进行,我们在观察点的选择上,机会也越来越多,合作的层次也在提升。

  一晃又过了半年多。不知不觉中,大家的改造能力又提高了不少。但是,不满足却一直如影随形。虽说使用改造后的观察工具,不乏亮点和特色,但整体思维框架却仍受制于人,影响着大家的判断,残缺的也往往是遗憾的,毕竟,谁都不喜欢食不甘味的感觉。该是向自主开发观察工具发起进攻的时候了,我心里正想着,契机来了。

  那是2007年9月的一天,沈校长对我说,学校将在全校推进课堂观察,生物组准备一下,10月份面向全校老师举行一次课堂观察展示活动,将你们两年多的研究成果展示出来。我有一丝紧张,也有一点欣慰,风风雨雨两年多了,处于漩涡中心的我,个中滋味,甘苦自知。我决心利用好这次机会,将课堂观察再向前推进一步,重点就在观察工具的突破！

  国庆节,我把自己关在家里,思考怎样指导开发观察工具的问题,我想,方法和程序是解决这个问题的关键,教研组只有把握好这两个关键,才有可能保证观察工具的质量。节日过去了,我的思考也颇有成果,国庆后的教研组会议上,我与大家交流了我的想法,并结合实例做了如下讲解——

  开发观察工具的基本方法:明确观察主题(研究的问题)——利用课堂观察框架,结合自己的教学实践,分析观察点的要素——根据可观察、可记录、可解释三原则,确立观察点的观察指标——统一格式,规范呈现观察工具。

  开发观察工具的基本程序:观察者(个人或合作人)自主开发初稿——课堂观察合作体初次审议——观察者开发二稿,试用——课堂观察合作体二审——观察者定稿。

  有了想法就先干起来。于是,我们提前一个星期就做起来了,边研讨教学设计,边按照我们的设想开发观察工具。一星期过去了,面向全校教师的课堂观察如期举行,这些工具一亮相就引起了观摩人员的极大兴趣,崔教授也说:你们开发的量表连我都找不出什么大毛病,很不错。教授的话,尤如给我们打了一针兴奋剂。今天,当我再次拿起这些量表,望着那些刺眼的漏洞,才体会到了他的良苦用心,他是在鼓励我们,期待着我们走得更好、走得更远。

特别让我高兴的是,从此,我们完全可以针对教学设计中的创新与困惑,按照自己的想法选择观察点了。而我梦寐已久的主题式观察,也闪亮登场了。课前关于课的争论,关于观察指标的争论,关于新课程理念的争论,不绝于耳,脸红脖子粗是常见的场面,我们的合作从课前就紧锣密鼓地开始了,这一切都是开发观察工具"惹的祸"。

不管怎么说,这次试水,我们倒是揭开了开发观察工具的神秘面纱。此后,我们再也没有停止探索的步伐,围绕观察指标的客观性、学科性、整体性等问题展开了新的研究。2007年12月20日,余杭高级中学举办"全国课堂观察研讨与展示活动",生物组作了现场展示,我们开发的观察工具,再次引起了来自全国各地观摩人员的广泛关注。

正当我们沉浸在成功的喜悦中,华东师大的胡惠闵教授给我发来邮件:"观察指标的行为化问题。如果仔细看观察量表的话,有些指标存在一个很大的问题,即无法观察。观察一定是指向行为的,理念、思路、内心思考是无法观察的"。教授一针见血,让我意识到了自己的浅薄与孤陋,开发观察工具还任重而道远!

观察工具的变迁,反映了我们成长的历程。感谢华东师大的教授们,感谢林荣凑,正是因为你们的深切关注,倾心指导,我们才越过了一道道坎。一路走来,我们收获的不仅是开发观察工具的技能,更为重要的是,增强了专业发展的信心与热情。

前方的路,我们怎么走

现在,很多人问我,课堂观察接下去怎么做?

2008年4月20日,生物组课堂观察实践两周年纪念日。合作体全体成员聚集一堂,审议我的"课堂观察发展规划",共商生物课堂观察合作体日后的发展大计。

"现有的观察程序,在保证观察质量上发挥了重要作用。但实践告诉我们,时间仍是个制约因素。我们需要分析的三个环节中,哪些是必须做的,哪些是可以变通的,哪些是可以精简的。要让课堂观察发挥更大的作用,探索一种更加简便的课堂观察,显得十分必要"。

"观察工具的开发存在两大问题。一是对观察框架的利用还不够,过于依赖主观经验设计观察指标,这往往导致设计的观察工具,逻辑性差,以偏概全的现象突出。二是死套观察框架,由于平时很少自觉地利用它来思考课堂教学,个人的教学实践疏于反思,这常常会在开发的工具中出现一些既不好观察,也不好记录,更不好推论的指标"。

"课堂观察的学科化还未真正落实。这主要体现在两个方面,一是观察工具的学科化,我们开发的工具目前还处于'点'状,尚未形成学科化、系列化的观察工具。二是观察框架的学科化,在现有的观察框架中,需要适当加入学科元素。我们应以课堂观察学科化为载体,探索学科教学的表现性标准和评价标准,探索学科教学底线"。

……

散会时,已是暮色茫茫。远处传来阵阵歌声,"手牵手,跟我一起走,创造幸福生活……"仰望天空,繁星点点,明天又是一个艳阳天!

1.3　生化组,课堂观察的弄潮儿

毛红燕　浙江余杭高级中学

"这次活动太有效了,虽然时间长了点,不过值!"

"下次,我想上课,你们来观察我吧,给我提点建议啊。"

作为教研组长,没有比听到这样的话更让我开心的了。

是啊,曾几何时,教研活动更多还是"迫"于学校的规定,硬"拉"人上一堂公开课,课后还是那番可以 N 次重复的"外交辞令"……一次次,我们"重复昨天的故事",我们以那张"旧船票"登上教研活动的"客船"。

然而,经历了两年的课堂观察,我们惊讶地发现,教研活动的"清泉"流淌在我们彼此之间,我们需要为每一次教研活动"购买"新的"船票",登上教师专业发展的"新客船"。

组长,今天听谁的课?

照例,周四是我最忙的一天。根据学校规定,下午第三、四节是理科教研活动,作为生化教研组长的我,要应付这差事,总让我心焦!

上课、听课、评课,这样的教研活动流程,十几年,几十年如此,本该是驾轻就熟的。然而,教研组长何曾轻松过。为了周四的活动,周四前我就得操心。让谁上课,上什么课,活动重点是什么,诸如此类的问题,总让我不得安心。尽管在具体操作过程中我们也做了一些改进,如根据授课的内容开设了探究课、复习课、概念课、练习讲评课,根据授课教师的经验和水平开设示范课、研讨课、亮相课等。一学期下来,其中不乏给人以激动、感动的好课,但总体来讲,老师们在激动、感动之后缺少行动。

上午,我忙着给同办公室的人传达,不同办公室的还要打电话,告诉他们下午活动的时间、地点、内容。有趣的是,即使我通知了一遍,还有人临上课还问:

组长,今天听谁的课?

晕!谁让每个人埋头备课、批改作业,通知时连头也不抬,"噢"的一声,又怎能听清我的通知?其实,问"听谁的课"无非不跑错教室,听课前要做些什么,也是大可不必考虑的。人去了,带上椅子和本子就可以了。

第三节,上课老师忙碌着,1、2、3之①、②、③,有条有理。学生忙碌着,记、写、练……听课的人呢?有写听课笔记的,有交头接耳的,有东张西望的,还有闭目养神的。

第四节,评课。上课老师脸红红地说课和反思,听课老师就开始评课,我照例是鼓励"大家对这堂课有什么看法,好的、不好的都可以讲"。尽管让"大家"说,其实更多的还是几个"元老级"侃侃而谈,"新秀级"大多只有听的份。教师们有听的,有记的,有批作业的,有小声说话的,有玩电脑的……在我,见惯不怪了。

三十分钟后,教研活动结束。

作为组长的我,填写了《教研组手册》的一页,挺有"收获"的。

不就是听课吗,搞得这么复杂干什么?

2006年4月,学校教科信息处印发了《课堂观察手册(试用版)》,人手一本。

自林荣凑做了教科信息处主任,学校里常发这种小册子,说实话,还是很有内容的。我粗略翻看了一遍，一头雾水，不太看得懂，放在了一边。听说，有的刚发下来就被扔到了废纸篓里。这种情况，在我们组倒是没看见。

星期五下午，林荣凑对《课堂观察手册》做了专门的解读，并要求下周五文理科各开一节校级公开课进行观察尝试，文科语文，理科生物。可能是讲解的时间太少，我也没有用心听讲，还是一知半解。散会时，有老师在议论："不就是听课吗，搞得这么复杂干什么？"

又一个周五下午，拿着学校发的观察量表，走进了生物课堂。那天，郑超上的是《种群特征》。生物课本来就不太听得懂，只知道学生活动还是比较热闹的，课件做得也漂亮。不过我手里的观察量表却一个字也没写，因为根本不知道填什么，相信很多人和我一样。

这次课后，校内对课堂观察的质疑、反对之声更是不绝于耳，课堂观察似乎刚诞生就被判了"死刑"。我不知道该怎样面对？

让我们第一个吃这只螃蟹吧

然而教科信息处似乎不罢休，要让各教研组制订校本研修行动框架。

制订框架，这是个新鲜事，我知道它的价值。教研活动的弊端，如效率不高、针对性不强、参与度不高等，确乎让我觉得再也不能这样下去了。制订框架，也许是一个改变的契机！

然而，要克服多年来形成的惯性，又谈何容易！幸亏，教科信息员吴江林老师、学科带头人李建松老师是那么坚决地支持了我。两位都是《课堂观察手册》的制订人，他们明白课堂观察在改革教研组文化中的作用。2006年暑期前的两个月，一方面集中全组力量，制订《基于问题小组的研修模式》；另一方面，吴江林老师对《课堂观察手册》做了进一步的解读。

暑假前的最后一次教研活动，生化组的同仁，包括学校聘任的业已退休特级教师吕治中老师，齐聚青藤茶楼。在悠悠的茶香中，全组讨论确定了《基于问题小组的研修模式（初稿）》，我们要让课堂观察成为研修的重要手段。

有一个声音在我们心底涌起：生化组要率先吃课堂观察这只螃蟹！

这是我见过的最好的教研活动

暑假,我们没有闲着,大家对照《课堂观察手册》,都在反思自己的教学!

暑假结束,我们分享彼此的反思,我们一次次地组织课堂观察。寻找观察点,寻找和改编观察量表,运用观察三步程序,我们如蹒跚学步的孩子,一步步往前走着。生化组原有的"没大没小",在课堂观察的最初推进中,发挥了意想不到的作用!

但课堂观察前面会有怎样的风景,我们不知道!机会总是给有准备的人。余杭区普通高中校本教研研讨会要在我校举行,学校把展示校本教研的任务交给了我们。

晒出真实的自己,让太阳检验!11月9日,我们推出化学洪娟老师、生物屠飞燕老师两堂公开课,生化组集体亮相课堂观察,在区教育局、教研室领导面前,在区内各高中的分管校长、教务主任面前,在省教研室张丰老师面前!

这一天,让我津津乐道。年轻的高志远老师,昔日很少吭声,这一天手持观察数据,头头是道,语惊全场!还有人抢起了话筒,与"元老级"的李锦亮老师争论课程标准,这是过去从来没有的!课后会议开了一小时,彼此还意犹未尽。观察结束后,同事们灿烂的笑脸、兴奋的面庞、激动的表情、跳跃的脚步,我还记忆犹新!

这一天,让我激动不已,首次光临余杭高级中学的省教研室张丰老师作出这样的评价:

这是我见过的最好的教研活动。有思考的、自觉的发言多,没有传统的敷衍、客套;有分工,有支架,促进分析的深入,每个老师都有观察点,课后会议有交流分享,这就等于有很多眼睛、耳朵;生成许多有价值的问题,如基于初中知识的生长、竞争机制的引入、实验操作的改进等;民主、求实的教研文化,每个成员都精心呵护教研组,进行原生态的思考;强烈的欣慰、佩服,余杭高级中学具有省新课程样本学校良好机遇,又有良好课堂观察的优秀资源。

为我们喝彩的,不仅仅是张丰老师,教科信息处主任林荣凑,当天就在学校博客写道:

生化组的老师太可爱了,特别是年轻教师们。近十位老师,各有各的观察点,毛红燕、陈跟图老师的"课堂实验中的学生行为",徐健(与洪娟老师一样的化学硕士生)的"学生回答行为",刘桂清老师的"知识技能掌握",盛连芬、高志远老师的"教师提问行为",倪丰云老师的"教师教学手段"等等。他们课前都准备了"观察工具",课堂中都作了细致的记录,因此课后会议都能做到"基于观察记录"、"进行客观分析"、"提出理性建议"——太热闹了!没有空话,没有套话,没有大话,有的是倾听,有的是争论,有的是微笑(心领神会)——太精彩了!

课堂观察,原来可以这样美!

大胆地往前走,莫回头

继11月9日课堂观察首次亮相后,11月23日我们又接待了杭州师范学院第52期干训班学员,化学老师盛连芬开课,课堂观察又一次得到了外界的高度评价。生化组内外的课堂观察活动已不下数十次,我们似乎接受了课堂观察。

然而,我们之间关于课堂观察的争论,也开始多起来了——

观察精品课和随堂课,哪个更有效?

统计一节课提问、齐答、个别答等次数,是不是太细了?

课堂观察动辄全组,是否分小组进行更有效?

每次观察都需要开发量表吗?

课堂观察,能否直接提高教学质量(考试成绩)?……

作为组长的我,看到这种现象也很迷茫。最困难的时刻,学校、专家给了我们极大的帮助和鼓励,给了我们走下去的信心和勇气。说起来,在生化组的课堂观察之旅中,华东师范大学课程与教学研究所崔允漷教授和他的研究团队始终在关注、帮助、鼓励我们,仅是参加我们组的观察活动及教研活动,就有三次。2006年12月19日晚,崔教授和他的团队首次参加了生化组教研活动,先是听了高志远老师的说课与生化组的课前会议,接着解答组内老师的各种困惑。

关于课堂观察,崔教授说:

课堂观察的目的是什么?这个一定要明确。课堂观察点、面结合,需要过程;不要走向纯技术分析,不要离开目标去分析;课堂观察的收获是多方面的,有实用的,还有理念上的。

关于分析课堂,崔教授说:

分析一堂课,也可以抓大放小,引导教师创造出自己的风格,首先要关注教师是如何处理教材的,关注学生的学习结果。

关于量表运用,崔教授说:

量表的作用是便于观察,开始的时候先使用别人的量表,然后提出改进,带着研究的眼光去用它;要开发学科化的量表;分析报告不要太正式,有感即发,要落实在有针对、有实效的建议上。

关于教研组工作,崔教授说:

你到外边去看看、听听,在同龄人中去比一比,就知道你的手下有多么好了;放慢节奏,为他们(老师们)的需求提供平台;各种形式都是好东西,如同伴互导、问题小组等;做的过程中要有研究的心态、反思的意识;不要唯课堂观察,不参加课堂观察也能发展。

那一晚,崔教授从大到小,从宏观到微观,从虚到实,为我们做了全面的解答,也为我们下一阶段的观察指明了方向。2007年元旦过后,崔教授又第二次、第三次走进生化组,拨开笼罩在我们眼前的迷雾。大家那个兴奋啊,就不多说了,你瞧郑超的博客写道——

昨天1月11日,崔教授来参加我们生化组的教研活动了。能够与这样的大腕对话真是极好的机会!在课堂观察的回顾与展望中,崔教授迅速给我们回应,几个关键词给我很深的印象……欢迎都来争论,尤其希望当时在座的吴老师、林荣凑等来指导、讨论!

我们是幸运的!在我们前行的路上,崔教授一直鼓励我们:大胆地往前走,莫回头!

虽然时间长了点,不过值

2007年我们的教研活动,除了常规的事务,我们基本上把时间奉献给了课堂观察,从年初崔教授帮助我们解决疑惑,到年末在全国普通高中课堂观察研讨会上展示!这期间,虽然我们教研组有了一些变动,2007年8月一分为二:化学教研组与生物教研组,我继任化学组组长,但我们对课堂观察的探索与热情却未发生丝毫的变化。

我们探索着,也困惑着;我们困惑着,也热爱着。我们不再满足于全教研组的大课堂观察了,教研组内各合作体成员间的观察也已经依次展开。就如全国会议的展示,化学组进行"化学电源的构造与原理"一课的观察展示,我们也不再举行全组运动式的活动,而是交由备课组、合作体开始运作。

最后的合成,还是在青藤茶楼举行的,距展示活动只有一周多时间,组内还没有磨课,量表也只是各小组内部讨论过,由于临时将课堂实验取消,陈跟图他们小组的观察点还没有定下来,当时我心中没底,毕竟是全国会议啊。

但青藤之行是高效率的。先由忠华阐述自己的教学设计过程与理念,我们一环环地讨论、修改,大家找问题,出点子,边吃边聊,味道好极了。

而后各观察小组对自己的观察量表进行说明,叙述量表设计过程中的困惑,使用中的问题,大家对量表的格式、内容逐一分析、梳理,为某个词语的使用各抒己见。热闹啊,整个楼层就听见我们争吵的声音,门外的服务小姐偷偷在笑。那晚我们完成了五个观察量表的开发:徐卫平的学生活动有效性观察量表、我的情景创设的有效性观察量表、陈跟图的教材二度开发观察量表、高志远的教师提问与理答观察量表,还有刘辉的教师讲解行为观察量表。

当我们离开青藤茶楼时,已是晚上十点多了,没有领导要求我们这样做。这一年来,每次课堂观察、每一次课后会议,我们总是那么兴奋。正如有位老师所说的:"虽然时间长了点,不过值!"

怀着激情与思考上路

作为第一个吃螃蟹的教研组,走上课堂观察之路,经历了两年的风风雨雨,虽然困惑、迷茫、怀疑、反对、探索一直伴随着我们,但我们还是坚持下来了。回头看看走过的路,我们从课堂观察中收获了信心与希望,不仅改变了教研方式,而且成就了我们的专业生活。那么,我们是否就此满足了呢?我想,弄潮儿是不愿、也不会浅尝辄止的,况且我们还远没有进入课堂观察的"自由王国",仍有许多新的问题等着去解决。

我们知道了如何观察,学着从数据看其背后隐匿的东西,尝试着自主开发观察量表,从随意观察到诊断性观察再到主题式观察,似乎已经走完了所有的流程,听评课从传统中走出来,似乎又走入了另一个胡同。在不少人已没有当初的激情后,化学组的课堂观察还要不要走下去呢?如果继续,下一步该如何走?又如何走好呢?

课堂观察的跟进工作非常重要,观察过了,意见有了,结论有了,但如何将意见、结论应用、落实在教学实践中,如何在实践中不断改进、完善,仍是我们课堂观察所面临的重要课题。也就是说,在时间与空间均有限的情况下,如何进行递进式的观察以有效地改善教学?

每一次大型的观察活动耗时较多,教研组没有精力也没有时间经常组织,而以问题小组为单位进行观察又时常感到力量不足,许多问题无法解决,观察活动难以持久。在教师教学任务繁重的情况下,如何使课堂观察活动常态化,使观察融入教师的教学生活,成为摆在我们面前的又一道难题。

问题在不断涌现,我们将怀着激情与思考上路。

1.4 四份观察量表的故事

郑 超 浙江余杭高级中学

课堂观察的实践已悄悄地过去了两年多,回想起来,开发观察量表是最令人忘不了的。摆在我面前的几十份观察量表,就是我们几十次开展课堂观察活动留下的印记,它们记录了我们的观察,也见证了我们的成长。就让我为你讲述关于它们的故事……

用别人量表,我们蹒跚起步

我要说的第一份量表,是《观察教师提问效度检测表》,这是我们课堂观察最初使用的量表之一。

2006年5月,课堂观察在我们教研组拉开帷幕。观察需要量表,而一开始,我们所能见到的量表少得可怜,就是那几份教师讲授、学生应答、教师理答、教学时间分配等,也都是教育书籍上常见的那些量表。

我这么说丝毫没有否定这些量表的意思,毕竟运用这些量表,可以发现我们习以为常、熟视无睹的课堂教学行为，使我们跨进课堂观察的门槛，在做中体验，我们逐渐了解了课堂观察，通过量表搭建起了观察——记录——分析的框架。

但使用了几次，我们的苦恼也就来了。课堂观察总不能让听课老师记时间、数提问、数理答啊。"我这次观察什么呢？"这是每次课前的议论中心，也是年轻教师犯愁的时候——

课堂时间分配就归我了，大家不要跟我抢啊。

上次我观察了教师的讲授，这次就观察教师的提问好了。

我还是观察学生的回答好了，换张量表还不会用呢。

于是，我们想着法子找量表。这不，《观察教师提问效度检测表》就是好不容易从网络上找来的。它将观察内容分为下面八类，进行观察、统计：

1. 使个别学生注意参与；
2. 检测学生主题知识；
3. 检查对主题的理解；
4. 诊断学生的不足；
5. 激励学生；
6. 激发独特的思维；
7. 树立学生自信心，当教师相信学生会作出正确的回答时；
8. 控制特殊学生或整个班级行为。

找到这份量表，颇有如获至宝的感觉，以前真的没有想到教师的提问还有这么多讲究。然而，用《观察教师提问效度检测表》观察，就发现教师的提问行为，有时很难判断属于哪一类。不仅记录难，分析也难。比如《教学内容的预设与生成观察表》，我们就很难说清楚什么叫预设、生成，尽管理论上能接受，但在记录、分析上常常左右为难。

我们能够仿照别人的量表来自己开发吗？自己的量表一定知道为什么这样分类，可能就好观察、好分析了。

思考促进行动，我们的量表就开始悄悄地变脸了⋯⋯

大胆改编，累并快乐着

第二份量表是《教师对学生错误的处理观察表》，这可是我"呕心沥血"

改编的作品。

那是2006年10月,余杭区校本教研现场观摩在我校举行,我们要展示课堂观察。既然展示给别人看,我们总要尽力维护自己的脸面啊。课堂观察,量表是关键,我多希望自己能够驾驭好一份量表,体现出一点专业水准来啊。课前我们照例"瓜分"了手头现成的量表,我开始也挑了一张专家量表,可是我反复思考还是理解不了,无法理解就无法使用。

我能观察什么呢?回想课前会议,我认为屠飞燕老师《基因工程的操作步骤》预设的学习任务很有思维难度,学生是不可能一下子都做对的。学生错了以后老师会怎么做?这里该很有看头,我决定观察"教师对学生错误的处理"了。

但没有现成的量表,别无他途,只有依照专家的量表自己改编一个。我想起弗兰德斯《语言互动分类分析体系表》,决定研究"如果学生出错,教师可能会怎么样"。"可能会怎么样"还需要描述,我试图从"教师的反应"和"教师的行为"两方面着眼。于是,我凭自己的课堂经验预想可能出现的情况——

"教师的反应"列举了五种情况:

1. 赞许(如虽然错误但有想法的情况);
2. 接纳(微笑,偏肯定性语气);
3. 中性(指令);
4. 尴尬(不知如何应对);
5. 气愤。

"教师的行为"列举了九种情况:

1. 鼓励;
2. 引导;
3. 换其他学生回答;
4. 教师自己指正;
5. 教师进行解释和说明;
6. 由学生评价;
7. 由同伴补充完善(合作学习时);
8. 最终明确正确解答;
9. 忽视或视而不见。

按照弗兰德斯《语言互动分类分析体系表》，试图观察出现的"频次"，通过计算"百分比"、"排序"来判断屠老师的教学机智。横栏直栏，观察表很快地画了出来。

我得意地交给同事。同事一看，不对呀，教师对错误的处理将会因学生的不同错误而不同啊。对，我还要记录学生错误的类型呢！

课堂上，学生的错误有哪些类型呢？用列举的方法，我将"学生的错误"分为：

1. 知识性错误；
2. 表达的错误（文字表述、图形等）；
3. 不合理的错误（甚至引起学生哄笑）；
4. 思考不全面；
5. 教师无法判断正误（如异想天开型）；
6. 未把握问题的指向。

就这样到深夜，参照《语言互动分类分析体系表》改编的第一张观察量表终于诞生了，又累又困！但我们真正体验了一回当"专家"的感觉，好有成就感啊！

第二天课堂观察时，我在观察记录和课后分析上的反应都很快，因为这些问题都已经充分考虑过了。这一次的课后会议交流，同伴们给了我很多的肯定，开心啊！而且，更幸运的是，这次课堂观察后来被《中国教育报》报道，还引用了我的数据分析，真的好开心啊！

观察框架，引导自主开发

这份《教师对学生错误的处理观察表》，让我牛了一把。但在写观察报告时，需要对观察数据做详细分析，我发现这份量表的分类比较混乱，逻辑上还是经不起推敲的。想着改编量表这么累，质量又很成问题。

开心之后，"困惑"找上我的门：怎样才能提高开发量表的专业水平呢？

2006年末2007年初，崔教授两次来参加我们的课堂观察活动。在大专家的面前，我道出了自己的困惑。崔教授说，观察的视角要多元，注重从整体上把握一堂课，不妨从《课堂观察框架》去思考问题，开发量表。

观察伊始，开发参与者吴江林老师花了不少时间给我们解读《课堂观察框架》,我们也是用心领会的。只是后来,我们就渐渐地把它丢在一边。我们又一次研读,再回味先前盲目的苦思,终于找到了破解的途径:从《课堂观察框架》出发,开发观察量表!

我要说的第三份量表——《情境创设的有效性观察表》,就是我们自主开发的量表。

建构主义学习理论特别强调"情境创设",在生物学科教学中,如何让学生理解抽象的生物概念和原理,让学生有序地实现"意义建构",创设情境看作是成功的必要前提。观察课堂教学中的情境创设,对于教学改进有着重要意义。就研究"创设什么情境,是否有效"吧,但怎么开发观察表呢?

"应该研究《课堂观察框架》!"吴老师对我们说。

于是,循着吴老师的指点,我们一起分析《课堂观察框架》。框架中哪些观察点是与情境创设的效度有关的呢?我们要在《课堂观察框架》中逐一寻找。"学生学习"维度中的预设目标达成的证据,正是检测效度的指标;"教师教学"维度中的是否围绕教学目标、时间如何分配也是情境必须考虑的;还有"课程性质"维度的实施、"课堂文化"维度的思考等,都是与"创设什么情境,是否有效"有关。

但一次观察不可能面面俱到,崔教授曾经说过"要抓大放小"。"创设什么情境"是课前会议就可以了解到的,我们只要聚焦"是否有效",而"有效"可以从"学生兴趣"、"师生是否充分利用"、"与学习目标的适合度"三方面去思考,每一方面根据观察点"可观察、可记录、可分析"的要求,可以从学生的表现(观点/作业/表情/板演/演示)去观察。

不断的推敲,并在课堂多次试观察,我们的观察表就具备了这些观察项目——

创设的情境能否引起学生学习的兴趣并保持关注
- 学习表情(兴奋/一般/无所谓)
- 学习行为(观察/制作/讨论/比较/非学习)
- 学习人数(学困生/学优生)

师生能否充分利用情境达成学习目标
- 问题及其有效性的证据(学生表现/问题的认知层次)
- 学生制作(学困生/学优生)
- 学生回答(学困生/学优生)

情境创设与学习目标的适合度
- 情境耗时
- 学习目标及地位
- 问题或问题链是否关注高级认知技能(解释/解决/迁移/综合/评价)

这份量表,后来在2007年底全国普通高中课堂观察研讨与展示活动中投入使用,反响很不错。崔教授和林荣凑老师都说:"看生物组开发的观察表,就知道这观察不再是低水平的!"

是的,用好《课堂观察框架》,使量表的开发这个活儿,既有专业水准又有研究乐趣,还大大提高了工作效率。我们领受了《课堂观察框架》的诸多好处!

合作的深入,无尽的探索

自主开发量表并投入使用一段时间后,我们又遇上了新的问题——

这样的量表对观察者的要求可是高强度的,观察点繁多,既要看教师又要看学生,还要对现象作出快速判断,怎样避免顾此失彼?

课后会议,我们发觉理性数据不够,感性分析偏多,推论依据不足,此类问题,影响课后的推论,该怎样解决?

讨论中,我们想到了合作观察:设立AB双表,两人观察,数据共享,彼此印证。从单干到合作是一种进步,其实合作我们很早就尝试过,几个人一起观察同一个视角,可以激发更多的思维碰撞,但是现在这样有明确分工的合作显然是更深入的合作。

这第四份表《情境创设的有效性观察AB表》,就是第三份《情境创设的有效性观察表》的升级版,在2008年4月杭州市生物校本教研研讨活动的课堂观察展示时,这升级版派上了用场!

《情境创设的有效性观察表A》用来观察教师,需要记录学习目标、情境的预设、情境的利用。情境的预设包括情境内容、呈现形式、预设问题、设问目的等,对情境本身的分析更加细化了;情境的利用包括指导学生、结构性陈述、情境的利用率等,明确指向了教师在各教学环节中能否充分利用情境。

而要从学生维度观察是否有效,这个问题专门留给了《情境创设的有效性观察表 B》,运用座位表法,从学习表情、学习行为、学习人数、回答情况等角度对学生进行统计、跟踪观察,能够获得更客观的数据。

这次观察喻融老师的《种群是生物进化的基本单位》一课,我们 8 名观察者观察四个点,采用的就是类似于《情境创设的有效性观察 AB 表》。果然,我们享受了合作观察的好处,观察时,我们不再顾此失彼了。

但推论问题还是没有解决。由于观察介入的时机有早有晚,AB 双表的使用者个体有差异,观察得到的数据及其反映的问题就有了不同。如何使获得的数据更能反映真实问题,如何使合作数据的分析更好地配合起来,还需要我们作进一步的探索。

冷静反思,我们的观察量表由简而繁,这是我们的视野从关注单一教学技术到聚焦课堂教学整体的进展。但如何让观察表更为简明易行,用最精练的方式抓住问题的要害,又容易记录,就如弗兰德斯《语言互动分类分析体系表》,也是我们需要思考和探索的。

课堂观察,观察量表。哎,还正如屈原《离骚》中名句所咏叹的——

路漫漫其修远兮,吾将上下而求索!

1.5　是谁改变了我的专业生活

彭小妹　浙江余杭高级中学

课堂观察给我们带来的,除了对教学问题的探讨以外,更给了我们研究的态度,要以研究的态度去对待自己的教学。

以前听课时,我没有写课后反思的习惯。听过就听过了,听课的印象很快淡出记忆,包括一些曾经被感动的好课,时间久了,也只留下一丝曾经的感动,无法回忆和思考到底好在哪里了。

2006 年的那个秋天,课堂观察走进了我们的专业生活。经过最初的学习后,我们有了点认识,开始了课堂观察的实践探索。10 月 30 日,姜平上《植物的水分代谢》,全组进行课堂观察。观察都按照我们学习到的观察程序进行,课后交流也还是有收获的,但是没有撰写课后交流报告,觉得都已经交流过了,再写也是浪费时间。当时,吴江林老师就说了,大家不把课堂中鲜活的教学片段记录下来,以后就不会再分析研究了,就算想分析研究,细节都淡忘了也无法研究了。确实如此,这一次课堂观察的内容,我们都不太回忆得起来了,第一次的课堂观察就这样过去了。

到了第二次的课堂观察,我们就开始学着撰写课后交流报告。

通过几次课堂观察及认真整理课后交流,我发现当把详细的课堂片段记录下来,再加上自己和别人的分析,对某些问题的理解更加深入完善了,而且为自己以后研究与这一观察点相关的专题提供了很好的例子,也为后续的研究积累了素材和经验。

11月9日,我们组决定观察屠飞燕的《基因工程的操作步骤》,我观察"教师对学生自主学习活动的指导是否有效",撰写的课堂观察交流报告比较详细,摘下一段记录:

观察角度2:对学生阅读文字资料的指导

教师在教学设计时安排了学生的自主学习活动——阅读课本,我观察了教师对学生阅读活动的指导,从以下三个方面观察:

1. 阅读前,教师是否提出明确的阅读目的,使学生带着问题阅读;教师是否对学生的阅读方法给予指导,包括指明阅读范围及重点关注对象;

2. 阅读时,教师是否了解学生的阅读进程,给学生充分的阅读时间;

3. 阅读后,教师是否进行有针对性的检测,让学生用自己的话表述相关内容、解决相关问题及变式问题。

师生活动片段:

师:"同学们阅读课本52页1—3段,看看获得目的基因的方法。"

生:阅读课本。(同时教师板书:直接分离法和人工合成法流程图。)

师(板书完):"同学们,阅读完成了吧!黑板上两个过程,分别是什么方法?"

生(集体):判断正确。

师:简单讲解直接分离法流程图,问:"用直接分离法获得的胰岛素基因导入大肠杆菌内能成功表达吗?为什么?"

生:"不能。"解释错误。

师:分析解释了为什么不能表达。

师:"用人工合成法获得的胰岛素基因导入大肠杆菌内能成功表达吗?为什么?"

生(2人):"不能。"解释错误。

师:分析解释了为什么不能及怎样解决。

分析与反思:

1. 屠老师提出的阅读目的是"看看获得目的基因的方法"。阅读目的是提出了,但有些笼统。如果提出的阅读目的更有针对性一些,将更有利于学生把握阅读的重点。例如,可以提出阅读目的是"请同学们阅读后找出直接分离法和人工合成法的流程和各自的特点",这样,学生就能针对两种方法的流程和特点重点阅读,提高了阅读效率,有利于解决相关问题。

2. 屠老师指明了学生阅读的范围,这样有利于提高阅读效率。如果屠老师还能对阅读方法进行指导将更有利于学生获得重要信息以解决相关问题。例如,可以提示学生进行比较阅读,比较不同方法的优缺点。

3. 学生在阅读时,老师背对学生板书流程图,教师完成自己的板书以后即宣布阅读结束进入下一教学环节,而没有观察学生的阅读是否真的已经完成。这样不利于控制阅读时间,也反映了教师在教学过程中没有很好地关注学生的学习或感受。

4. 屠老师通过学生集体判断两个流程图来检测学生的阅读效果,这是了解层次的简单检测,学生容易解决;后面两个变式问题是应用层次的检测,学生就难以解决;原因是前后两个检测跨度太大,缺少针对重难点的理解层次的检测手段。如果屠老师能沿着判断了解过程、设问突破难点、比较落实重点的思路检测学生的阅读效果,学生就容易应用获得的知识来解决后面两个变式问题。

现在翻开那些详细的记录,课堂的点滴又历历在目,如果有需要,就可以拿出来继续研讨。

有了这样的经历后,我每次观察其他老师的课,我都会写一些课堂观察后的反思,记录一些有价值的细节,权当一种练笔吧。

12月27日,我观察了吴老师一堂家常课,那是高三复习课《物质循环》,我的观察点是"教师的感染力"。我记下了一个细节:

上课之初,吴老师问了一个女同学4个问题,该同学4个问题都答得不全面或答错了。在这个女同学回答这些问题的过程中,吴老师始终保持微笑,继续问,没有指出答错与否。这些问题的设计是为了检测同学们对高二学习内容的掌握情况,然后吴老师就以这4个问题为线索复习了该节内容。我在后面听课时就想,这位女同学4个问题都答错了,她知道后心里肯定不好受,会觉得很丢面子的,以后可能害怕或不愿回答生物问题。这节课内容讲完了后,吴老师又微笑着问这位女同学"你满意吗?"该同学不好意思地说:"满意。"吴老师接着又问:"在刚才的讲解过程中你派生出新的问题了吗?"该同学又问了一个问题,吴老师解答完毕后,继续微笑着问:"现在你满意了吗?还有问题吗?"该同学终于说:"满意了,没有了。"吴老师笑着对她说:"你的满意是我最大的幸福!"这位女同学和同学们都笑了。

现在看着纸上的这个细节,我依然感到我仍坐在那个教室里,吴老师的追问、那位女同学的表情……历历在目,印象还是那么深刻。当时,我在课后就把这一细节及反思记录了下来:

在上课时,应注意一些教学细节:

有意识地始终面带微笑,用饱含激情的眼光关注学生;

关注学生的学习情绪,有意识地跟学生开玩笑活跃气氛;

多用表情、眼神、手势和肢体语言辅助课堂教学;

有意识地注意讲课时语调高低变化、语速快慢变化、使用重音,通过这些变化达到强调重点、提醒注意、吸引兴趣的目的;

多用黑板画辅助讲解,黑板画注意色彩丰富,保留一定时间给学生留下深刻印象;

讲解知识点时注意语言准确,通过打比喻、举例子帮助学生理解;

指导看图时注意说明关注重点,用问题链引导学生逐步深入分析图形;

学生答错问题时,教师应微笑,态度和蔼,还应考虑如何弥补学生的挫折感,让其以后不惧怕回答问题。

我会经常读读自己的课堂观察笔记,想想自己当时的思考。每次读的时候,脑海里总是浮现出那情那景,这些反思、这些情景好像有一种无形的力量,总是时时地、点滴地改变着我撰写教案、课堂教学、批改作业,也改变着我与学生的交流、与同伴的讨论,甚至我的整个专业生活。

我还会想下去、写下去……

1.6 菜鸟眼中的课堂观察

喻　融　浙江余杭高级中学

我是2006年8月加入余杭高级中学的新老师,也就是人们常说的菜鸟。一年多来,在生物组这个"炼丹炉"中,我经历了各种课堂观察活动十几次。课堂观察成了我"偷师学艺"的重要渠道,是让我走向成熟的"导航系统"。

虽然现在的我还是个菜鸟,但与一年前的自己相比,我很有些成就感,每当看到同入行的菜鸟们投来略带羡慕的眼光,我的脑海中便勾起了那课堂观察的一幕幕……

记得我的第一次课堂观察是2006年9月30日,课前会议确定观察点时,同组的老师拿着《课堂观察手册》,热烈地讨论着,"预设、生成、达成、结构性陈述、对话、自主、互动、讲授的效度……"不时从大家嘴巴里冒出的这些专业术语,当时就让我晕菜了,我听不懂啊!那时的郁闷就别提了,最后轮到我说观察点时,我怯怯地说我想观察"提问"。当时,教研组长还问我,有困难没有,我说没有,心想提问不就是一问一答嘛。

观察点确定后,也没做什么准备,只是粗略地想了想要记录提问的次数,提问的难度之类的东西,第二天就拿张白纸直奔教室去了。课中观察时,我可忙坏了,手和耳就没有停过,把上课老师的每一个提问都记了下来。我在记录上课老师的提问难度时,突然发现上课老师比较多地采取从多个角度问同一个问题,直到学生完全掌握为止,这让我十分为难,提问频次如何计算?算一个还是算三个?无奈,我只能决定造一个词——"问题组"来解决这个困难。

课后会议交流的时候,我对自己的记录做了适当的整理后,进行了简要的汇报:一是以问题组的形式进行追问有助于学生对问题的深入理解;二是提的问题应该具有明确的任务指向;三是提问应该注意语速与重复。

说完后,我怀着忐忑不安的心情看着大家,没想到得到了生化教研组教科信息员吴江林老师的充分肯定,我心里的那个高兴就别提了。更让我开心的是,我生造的"问题组"一词,吴老师说有一个所指相同的词——"问题链"。嗨,居然有"问题链"一说,这不就是"英雄所见略同"吗?

但是,当我听完其他老师的汇报时,我才知道什么是菜鸟,什么是专业水平,他们每个人围绕着自己的观察点说开去,有理有据,有点有面,太好了。显然,他们的观察是在课前就作了精心准备的,因而才能娴熟地运用那些观察表,才让我听到了许多我没注意到的东西。原来,课堂观察可以让参与观察的人都受益啊!

第一次课堂观察结束后,我在教学设计时尽可能地以问题链的形式组织教学环节,问题的指向也尽可能做到明确而具体,让学生一看就懂问什么。上课时我也常常提醒自己尽可能多地以追问的形式指导学生的学习。

付出总有回报,在随后的新教师汇报课中,我不仅顺利过关,还受到了前辈和领导的肯定。在以后的几次课堂观察中,我一直将提问作为自己的观察点。我认为提问是课堂中最常用的几种教学方法之一,对我这个菜鸟来说,是必须掌握的技巧。经过这几次观察我逐渐认识到,问题链的设计很能体现课堂教学的逻辑性和层次性,一个或一组好的问题能有效激发学生思考,对培养学生的高级认知能力是非常有好处的。随着我对提问的研究和观察的深入,我的提问技巧也有了比较明显的进步。

转眼间,到了2006年11月,余杭区校本教研现场会在我校召开,我们组代表我校作"汇报演出"。这次玩点什么呢?我决定换个话题。我觉得年轻教师还有一项教学技能也是十分重要的,那就是讲授。

于是,在我的第五次观察中,我选择了观察教师的讲授。有了前几次的经验,这次在观察前,我查阅了一些资料和文献,对讲授进行了一些研究。虽然没有开发出观察表,但对组里提供给我的那张观察表有了比较深入的理解,这让我在观察时比较得心应手,课前做到了有备而来,那么课中的观察就能比较聚焦了,对一些行为也比较理解了。在课后会议上,面对省教研室的专家和全区的各教研组长,我能娓娓道来,着实风光了一把,自信心差点爆棚啦!

这次观察之后,让我在讲授的方法上有了一些改进,例如,在讲授重点、难点时,我会有意地采用重复等强调方式,并且在重复的形式上也注意到了变换花样,会用提问、板书、老师再一次请学生讲等重复形式。注意到了讲授与板书的结合,注意到了讲授时语气的抑扬顿挫,并追求风趣幽默的效果。注意到了讲授的逻辑性和层次性,帮助学生构建知识体系……这次课堂观察让我感触最深的是：如果不是刻意地去观察教师的这些教学技巧，作为菜鸟的我，去听同行的课时，无非知识点是怎么落实的，重点难点是怎么突破的，可课堂观察不仅让我关注了教学内容，更让我有意识地去关注了教师的专业技能。

2007年10月，由于我们组的课堂观察取得了一定的成功，学校决定在全校推广课堂观察，我们组又承担了展示的任务。这次玩点什么呢？玩了一年多别人的观察表，我总有点食不甘味的感觉。对，这次玩点大的——充当"专家"开发一个我自己的观察表！

于是我和同为菜鸟的姜平老师合作，查阅资料、请教老教师、互相争论……搞了三天三夜，终于做出了我们的第二张观察表。课中观察时，我是那样的顺手，快速地记录着课堂中的"活动"，对各种信息能进行有效的取舍。课后会议说得很是顺溜，也颇有"真知灼见"。

会后我们的组长对我大加赞赏，并转达了崔允漷教授的肯定："我的眼光还算是比较挑剔的吧，可这两个年轻老师设计的观察表，连我都没看出多少毛病，真不错！"真没想到，我这个菜鸟的工作竟然得到了著名教授的表扬，我真是高兴极了。

唔，课堂观察成长着，我也成长着。每一次课堂观察我都有新的收获和感悟，它已经渗透到了我专业生活的方方面面。前不久，我们对修订后的《课堂观察框架》进行了认真的学习，我们组长对课堂观察框架的变迁作了说明，并说我们一年多的课堂观察实践对这次观察框架的修改提供了很多实践上的支持！

我真高兴，那也有我一份功劳啊！我相信只要利用好"课堂观察"这个教师专业发展的载体，以研究的心态对待课堂观察，我这个菜鸟总有一天会变成展翅翱翔的雄鹰。

你就拭目以待吧！

❷ 课堂观察在他校

2.1 课堂观察在银川一中

韩继宏　王力争·宁夏银川一中

引　入

2002年,我校开始在课堂教学中采用"叙事研究"、"案例研究",撰写反思性研究案例,在校本教研中发挥了很好的作用。但时间一长,我们发现新的问题又出现了:教师们每次上公开课、听公开课、写"自我反思"的激情在渐渐消退。定期上公开课、听公开课、提交叙事案例几乎成了例行公事。原因在于:教师的困惑未能及时得到回应,个性经验未能得到认同与发展,说来说去,问题还是那个问题,课堂还是那个课堂。

我们认识到要真正实现以"个人反思、同伴互助、专家引领"为核心的校本教研,让教师的教学反思能力得到进一步的提升,教师同行间的专业切磋、彼此支持尤为重要。在一线教师中建立"平等对话"的机制,由教研组组织与实施以"关注课堂、提高效率"为主线的学科教研活动,让教师展开真正的对话与交流的想法由此萌生。

我们苦苦探索着,终于觅得一个机会。2007年3月,戴校长从华东师大学习归来,带回一本小册子:余杭高级中学《课堂观察手册》。在校长的引导下,我们学习研讨这本小册子,我们感到这是一个比较好的研究课堂教学的"把手"。

随后我们与余杭高级中学联系，2007年6月16日，由教学副校长带领教科研主任和5位教研组长赶赴杭州，与余杭高级中学、北京海淀教师进修学校等进行研讨，华东师大课程与教学研究所崔允漷教授也参与研讨，我们第一次亲自体验了课堂观察研究方法。

回到学校后，我们向校长汇报了我们的听课收获和学习情况。校长同意首先在生化组和政史地组进行探索实践。6月28日，政史地组首先观察青年优秀教师张晓英的一节课，反应效果很好，感到这是课堂研究的好方法，是一种"课堂教学观察的行动研究"方法，是教师观察同伴的课堂教学、反思和研究自己教学行为的一种方式。

规　　划

2007学年第一学期开学后，我校在各教研组，重点在生化组、政史地组开展利用"课堂观察"来研究"课堂教学"的教研活动。我们使用余杭高级中学的《课堂观察手册》，努力为教师寻找一个适合的"视点"，试图擦亮教师们的"慧眼"，发现课堂教学的"亮光"，找出课堂教学的"瑕疵"，尝试促进教师自我反思、分享经验、共同成长，开展回归真实课堂的观察研究活动。我们制订了初步的课堂观察研究试验方案，分三步走：

组织试行阶段（2007年9月—2007年12月）：生化组、政史地组试行"课堂观察"活动，在活动中初步确立"观察课堂研究"的基本操作流程，明确以校本研究课题"新课程背景下课堂教学有效性的研究"为引领，以《课堂观察手册》为研究"支架"，全面提高教师课堂教学自我反思意识和水平为目的的理念。

完善实施阶段（2008年1月—2008年7月）：尝试以教研组为单元开展课堂观察活动，本阶段要求各组每次课堂观察活动结束后，观察教师写出观察分析案例，上课教师写出教学反思，上交教科研室。教科研室适时组织开展课例展示交流活动，总结推广。

研究推进阶段（2008年8月—2009年7月）：积极发挥教研组长、备课组长和学科骨干教师的主动性及引领作用，把"课堂观察研究"活动作为"教研组活动"的常规活动，进行常态研究渗透。展示成果，深化研究。

探　索

通过第一个阶段的研究实践,我们探索了"课堂观察"活动的基本步骤以及实施策略。在这里,引用一些真实的案例,展示我们的探索历程。

2007年7月,从余杭高级中学回来,政史地组先行一步,开展"课堂教学观察"活动。实施步骤按照《课堂观察手册》进行:课前会议→课中观察→课后会议。

1. 课前策划诊断、组织学习手册,寻找一个适合的"视点"

为落实"课堂观察式"听课,政史地组、生化组教师用一周的时间自我培训,学习《课堂观察手册》,并学会对教学行为进行记录和反思,着手设计"课堂观察"记录量表。一张"记录量表"的设计花了一个星期,内容一减再减。在反复的修改中,大家体会到,应该把记录课堂上教师做了什么、学生学得怎样作为重点,但我们每个观察者在一节课里一定要有观察重点。通过讨论,把量表的项目定位为三大块:教学环节、实施过程及教学策略、评议意见(目标落实情况)及建议。把目标落实与评议意见进行整合,把对学生学习情况的关注,即评议教学过程的实施是否有效,作为观察、思考、分析的重点。简单来说,以学生学得如何来反思教师设计了什么、做了些什么、效果如何。

2. 实施课堂观察,课后对话交流

本学期开始进入课堂,各教研组根据本组情况以4人至6人为一组,分成"课程"、"教师"、"学生"和"课堂文化"四个小组分别对课堂进行观察。课后会议集中评议时,听课教师有备而来,汇报交流既有对课堂的"亮点"的肯定,也指出了不足,还提出下一步改进的建议。被观察的教师对观察者提出的疑问可以随时做出解释或提出自己的想法。随后,教师们将活动中感触最深的一件事或片段,通过叙事或案例的形式撰写出来。

【案例1】　历史老师张晓英的《世界经济的全球一体化进程》

上课时间:2007年7月5日第七节,观察者:全组教师

马建云一组确立的观察点是"课程资源利用",观察内容分四大项:资源类型、资源来源、利用方式、目标达成。比如,马老师在"资源类型"中的

"图片类"的记录,使用12次,使用比率45%,他分析道:"使用频率过高,占了课程资源的近一半,对部分图片缺乏深层次的解读。其中,有一幅图片资源利用有错误。"而在"图表(TB)类"的记录,使用3次,使用比率11%,又分析道:"图表适读性强,能较好地说明相关观点,将抽象的问题用形象化的方法解决,学生容易理解。"

杨学萍老师的观察点是"教师的教学环节设计与教学目标的达成度",如导入新课环节,利用多媒体展示百事可乐公司,引导学生了解跨国公司,然后引出"经济全球化"的定义,学生自读教材,把握"经济全球化趋势产生的原因"。在"教学目标达成情况"中分析道:"教师展示符合学生实际、贴近学生生活的图片资料,调动了学生学习参与的积极性。在此基础上,了解与经济全球化相关的基本知识,基本实现了'教学目标一'的要求。"在紧跟的"意见或建议"栏中指出:"(1)环节一的3个小环节联系紧密,做到了由感性上升到理性的思维要求;(2)学生自读教材环节,培养了学生的自学能力;(3)教师应教给学生概括定义的方法,即找关键词法。"

亢燕老师的观察点是"教师的教学环节与学生参与",反映的是"促进全体学生学习情况"。同样以导入新课为例,亢老师的记录是"持续时间:5分钟";"效果"分"无效、有效、高效",记录为"有效";"促进全体学生学习情况"栏中写道:"关注学生兴趣,起到引领本课的作用。"亢燕老师在观察后,还对课堂观察提出了自己的看法:"我们对课堂观察的操作还停留在感性的实验层面,建议在课前会议上,要议定观察的重点,譬如:教学资源的使用、学生课堂表现、教师课堂表现等。因为本次观察活动是针对张老师参加全国优质课大赛做准备,所以本次观察的重点应是教师课堂的表现,但课前会议没有就此形成共识,观察点过多,不能形成权威性的意见,影响了对被观察课堂进行分析的信度和效度。如果能够针对一堂课,可抓住一个主要的观察点,并使观察者明确本次观察重点要解决的问题,将会更好地发挥观课活动的作用。"

【案例2】 历史老师蒋生福的《古代希腊民主政治》

上课时间:2007年9月18日,观察者:全组教师

以"课程资源利用"观察点为例,记录"资源来源"(共四项):教师22次占比率72%、学生1次占比率3%、教材9次占25%、其他0。分析:(1)教师掌握和利用的资源占了绝对数量,易形成话语霸权,不利于教学民主的发

扬;(2)学生发掘资源和运用资源的能力没有得到充分的发挥;(3)教材资源的质量应该是最高的,但课堂上利用得最少。

通过政史地组的两次观察活动,我们发现了存在的问题,并提出新的要求,希望在课堂观察过程中,教师要反思课堂教学的核心问题:我们的课堂教学是否适应学生的需要?是不是学生渴望的?学生在课堂上有认知的收获和积极的体验吗?与此同时,教研组长、教科研室主任对我们的教研活动也要思考:我们的活动是有效的吗?我们的"观察"是教师需要的吗?哪些才是教师理解和认同的?

之后,课堂观察活动在其他各组开展起来——

生化组有3位教师的课堂被观察,黄文燕的《乙炔的实验室制备及性质》、陈治华的《苯酚》、赵莉的《孟德尔的豌豆杂交实验》;

数学组有2位教师的课堂被观察:蔡伟的《基本不等式的应用》、兰继林的《函数的奇偶性》;

语文组武科的《作文:联想与想象》一课被观察。

经过第一阶段的初试牛刀和第二阶段的逐步推进,我们看到老师们探索实践的积极性很高,积累了一些经验,也尝到了一些甜头。

收　　获

探索之旅充满艰辛,却带给我们意想不到的收获,收获的成就散落在每个参与课堂观察的教师身上。

1. 课堂观察为一线教师研究课堂提供了一个思考的"支架"

反观我们的小组交流活动,《课堂观察手册》给每位教师提供了充分交流的平台,也给教师观察课堂、思考课堂、研究课堂搭起了一个"支架",围绕一些问题开展对话,让听者和说者都能有比较深入的思考。亢燕老师在课后的听课笔记中写道:"通过观课、课后分析,以往公开课流于形式的现象得到了纠正。在活动的过程中,每个人都能通过这种全'新'的视角了解课堂教学,获得反思性认识,对每位参与活动的人都能起到启迪教学智慧的作用。从这个意义上说,课堂教学观察活动是值得提倡的。"

2. 课堂观察有利于教研组活动内容更贴近教师的教学实际,有利于促进教师专业的发展过去的教研组活动,学校教科研室每次都要确立活动重点,教研组长组织实施。这样久而久之,教师的这种被动教研使教研活动变成一种会议,变成了教研组长传达学校教科研室工作的会议。教研组活动距离教研越来越远,距离课堂教学研究越来越远。通过这一学期的试验,课堂观察活动能够让教研围绕教育教学这一重点"转",让教师的"慧眼"始终盯着课堂,让教师的议论离不开教学,让教师的反思紧紧抓住教学。杨学萍老师观察教学环节"评价经济全球化"时,有如下记录与分析:

师 生 活 动	观 察 分 析	观 察 评 价
(1)学生阅读教材,结合前面的教学内容分析说明全球化对发达国家、发展中国家以及整个世界的影响,进而分析经济全球化的实质; (问题全部由学生回答) (2)教师归纳指出学生回答过程中的缺点,提升问题的质量。	这一环节是对第一和第二环节的延伸,是由现象到本质的过程,教师只是引导,主要内容都是由学生通过归纳前面的知识、阅读教材提炼出来的,实现了教学目标"(1)探讨全球化进程中的问题"这一要求。	这一环节由于有前述知识作铺垫,教师在这一环节中主要发挥了引导作用,学生的积极性和主动性被充分调动起来,教师从提出问题到组织学生思考、回答,环环相扣,实现了高效教学。建议在今后的教学中继续发挥。但要注意引导的时机,不要随意打断学生的思维。

语文教师武科在课后教学反思中,对听课教师的评课有一段精彩的记述:

"一次善意的批评是一朵花,一次及时提醒是一朵花,一句劝慰的良言是一朵花。能为别人开花的心是善良的心,能为别人生活绚丽而付出的人是不寻常的人"。我理解、欣赏并认可这样的话。

一次善意的批评是一朵花。对于"多媒体事件"、"课程资源的出处"、"老师喧宾夺主的角色"、"少数学生还是被冷落、遗忘了"的批评很中肯,建议也及时,这种提醒和鼓舞将会使我意识里的废墟和态度上的荒漠开花并结果,以铺满我教坛的"漫山遍野"。

一句劝慰的良言是一朵花。针对课堂上教与学及课程资源等诸多的不和谐和不如意,老师们的慰藉让我感动、给我信心,诸如"环节清晰,逻辑严谨","教师的亲和力、感染力让我入境","老师的语文涵养,特别是那一段'口头下水'太精彩了","没关系,这点遗憾你会补回来的"……一朵朵或具体或泛泛的语言之花在昭示着我"弃小暗"、"投大明"。

总之,这一次被个别老师视为"检查课"、"批斗课"的活动"检"得真、

"批"得准,也来得及时,有助我"亡羊补牢",也使我原有的教学性格更多向、更丰富。人说"善纳者,昌;拒纳者,亡",我欲"昌",故我"善纳",渴盼着下一次"观察课"的到来!

这两位教师,前者是观课者,后者是被观课者,从他们的分析、反思中我们可以看到教师专业发展的"影子",教师前进的"步子"。我们有理由相信,如果坚持下去,教师的教学与教研水平就会逐步提高的。

3. 课堂观察改变了过去评课活动中的话语霸权,还每位教师以"话语权"

首先,以平等、耐心的态度营造了一个对话的氛围。其次,找出共同感兴趣的话题是展开交流的关键。课堂观察活动的课前会议,梳理教学问题,确立观察重点,具体分工观察,给予大家一个清晰的研究思路,不给予某个问题的一个明确的答案,相反不断给予大家进一步学习、思考和行动的期望。也就是说,教给教师一些观察和研究的方法。最后,要提高同伴互助的质量,其关键的因素是每一位教师都有自己的话语权。每一位教师都有了"话语权",那么同伴之间的互助才会关注操作层面,也关注观念层面,产生更大的能量,发出更夺目的光彩。语文组长郭凤虎老师在组织语文学科课堂观察活动中感到:"余杭高级中学的这个《课堂观察手册》,理论上很系统,较为超前。它从课程、教师、学生和课堂文化四个方面较为全面地设计了课堂观察点,为课堂观察者提供了不同角度、不同层次的观察目标,使观察者目标明确具体,任务分工合作,较为可靠地反馈课堂教学信息,而且确实防止了课堂观察一言堂的评课现象。"

余 音

回首我们一年多的课堂观察实践,不仅有丰富的收获,徘徊、困惑、迷茫也常伴随左右,至今仍有不少问题困扰着我们。

1. 我们观察到的课堂是真实的吗?如何让教师展现真实课堂?

反思我们的"课堂观察",出发点是让学校教研更贴近教学实践,更好地为教师服务,以课堂教学为平台检视自己、反省自己、改进自己。但是"课堂观察式的听课"一开始却遭受到一些教师的质疑。首先是我们观察的课堂教学是否真实?是不是原生态式的?在教师们都去听课的时间里,学习状态与平常是一样的吗？教师的状态与平常一样吗？在教研组研讨会议上，虽然我们多次重申了活动目的：课堂观察活动不是展示课、评优课，不是为了评价，而是为了了解常规课堂教学现状，帮助教师观察、发现、提炼出教学中迫切需要解决的问题；而且也提醒教师防止将教师的课堂行为划分成若干等级，给教师分出三六九等，互相攀比，应该为上课教师的课堂教学提出改进的建议。但是，仍有不少教师的观察与上课教师的思维局限于过去的听课、观课、议课，仍有一些教师在怀疑课堂上教师教学的真诚与学生学习的真实。

2. 如何改变传统评课为现在的讨论课？如何让被观察教师坦然面对问题而不陷于尴尬状态？

《课堂观察手册》虽然给教师观察课堂、思考课堂、研究课堂搭起一个"支架"，围绕一些问题开展对话，让听者和说者都能有一个深入思考的重点。但是，一开始实际上大家都是按照说课、评课的程序进行的。教师们还是在评，而不是讨论。这样的结果，使被观察教师很容易陷于尴尬状态，从而影响教师自信，可能事与愿违。教师的教学得不到改观，反而没有了主见，邯郸学步，亦步亦趋。假如按照"观察"的方式来记录、分析，或许能获取尽可能多的信息，保证观察和判断的客观，我们的老师们也可以在开放性问题中轻松思考并分析问题。但是，这又很难一下子做到。张晓英老师深有感触地说："这种评课对讲课人打击很大，特别是将要参赛的课程，最好不要观察。"郭凤虎老师认为：

这样的观察在打破笼统的同时，又把问题搞得支离破碎。犹如各个单位实行的量化考评一样，它在打破传统的模糊评价的同时，把人搞得机械化了。同样，课堂观察在摒弃了宏观观察的同时，又难以回避微观上的细枝末节。因此，我们还要在行动中研究，边走边看，边看边改，不能顾此失彼，邯郸学步。这样的评价打破了"评霸"的格局，让观察者"普遍开花"，人人都有言语权。但是，观察者的注意点，认识水平各人不同，如果一人去观察某一个点，势必有挂一漏万之不足。因此，我们把传统的宏观听课与微观的"课堂观察"结合起来，可能要更加理想。

3. 如何克服观察者因过于注重琐碎细节而忽视有机整体，以至于陷入"盲人摸象"的境地？

通过这一学期的实践，教师评课有话可说了，设计的观察量表也细致了,观察点也更加趋于微观,但问题也随之而来。观察的教师们记录了许多数据,但这些数据的意义、价值是什么?这些数据能够说明本质问题吗?如何让观察者克服因过于注重琐碎细节而忽视有机整体,以至于陷入"盲人摸象"的境地?譬如,有人统计了一堂课提问多少次,多的三十多个问题,少的十几个问题,是问题多的课堂好呢,还是问题少的课堂好呢?还有"教学资源的利用","图片12次、图表3次、地图1次、视频资料1次、文字资料8次",这些数据的多少与教学评价的关系是什么?问题已原原本本地呈现在我们面前,它既是我们前进的绊脚石,也是我们行进的指南针。既然课堂观察已经在我校开花,就不能让它凋谢,我们要带着对这些问题的思考开始下一阶段的课堂观察之旅,让课堂观察之花开得更加绚丽多彩,结出更加丰硕的果实。

2.2 我们这群"课堂观察"的"粉丝"

潘新豫·北京海淀区中关村中学

俗话说"不成魔不成活",我们高一语文备课组的六位同行从初识、走近到走进"课堂观察"的过程是一个"成魔"的过程,而我们就是一群"课堂观察"的"疯魔者",是一群地道的"粉丝"。

丑小鸭的步履:艰难之始

初识课堂观察是在2007年7月,学校接受海淀区的"课堂观察"课题,建议我们在暑假期间查阅资料,了解课堂观察的相关情况,撰写学习心得、体会和认识,对课题研究做初步准备。

9月初,我们以学校"青年教师展示课"主题活动为载体,观察王巍老师的高一绪论课"请让我们一起走进语文的天地!"进行第一次观察实践。备课时,大家都参与了讨论,整节课由四个问题支撑:"(1)什么是语文?(2)语文的天地有多宽广?(3)语文素养主要包括哪几个方面?(4)如何学好高中语文?"

课后会议时,大家有一个共同感受:这次观课跟以往的听课不同,观课者对教学过程中的每个细节都想关注,结果是耳不暇听、目不暇接、手不暇记,完全没有那种"赏课"的享受,观课者与活生生的课堂有很大一段距离;看看手里的观察记录,发现还是一种"开放式观察"。我们深知,从理论学习、掌握到操作层面的落实,中间还有很长的一段路要走。对此,大家提出了一些改进的建议和对策:(1) 变"开放式观察"为"聚焦式观察",要抓"小"放"大",抓"点"放"面";(2) "工欲善其事,必先利其器",所以要尽快开发、设计出不同观察点的"观察量表",对所观之课不但能做描述性的定性研究,还能做结构化的定量分析。

初尝甜头:摸索之途

经过一段时间的再学习和反思之后,10月中旬,我们又分别观察了钱爱华和王巍两位老师的《小狗包弟》和《记梁任公先生的一次演讲》,进行"同一课题、同一教师、不同班级"的纵向对比分析,以"课堂提问的有效性"这个研究重点来做听评课的依据。

课后会议时,大家充分肯定了两人的设计亮点:钱爱华老师的《小狗包弟》先让学生借助预习卡来提出疑难问题,老师将所有问题分类整合之后再来组织教学,所有问题均来自学生,难点问题也是在教师点拨启发、学生讨论交流之后自己解决的。王巍老师的《记梁任公先生的一次演讲》课堂提问设计既符合学情又具有开放性,以两个大问题统领整堂课,为学生搭建了一个很好的自由表达与交流的平台。两人教学风格各异:王巍老师抑扬顿挫,激情洋溢;钱爱华老师娓娓道来,含蓄隽永,但都巧妙地利用了自己的优势,圆满地完成了教学任务,展示了青年教师的风采。

但两个课也存在共同的不足:教师理答时,对学生的个人创见,激励性的评价不够,不能让学生充分享受成功的喜悦。另外,还建议王巍老师在灵活应变能力方面多琢磨琢磨,钱爱华老师在课堂追问的有效性上要再下功夫。之后在平行班的第二次执教,两位老师在这些方面都有很大的改观。

完整地走完了这次"课堂观察"的全程,大家都感觉这样上课、听评课太辛苦,除了花费大量的时间、精力外,观课者听课时精神高度紧张,对整堂课的感觉还是"只见树木,不见森林",但我们也初次品尝到了"观察"的甘甜:观察者从被观察者的教学设计和理答中找到了自己的影子,被观察者也更加明确了今后的努力方向。王巍老师在课后反思中就这样写道:"经过这次青年教师展示课,我看到了自己的成功,也清楚地认识到自己的不足,虽然这些不足之处几天来都让我耿耿于怀,但我相信有了这次的经验,我会在今后的教学中进一步培养自己的课堂掌控能力,提高教学机智,让课堂更灵活,让我更自如。"

当然,我们也想出了化解"只见树木,不见森林"感觉的方法,即课前要与授课者进行充分的交流沟通,全面了解授课者的课堂教学内容和策略;每位观课者都要进一步熟悉观察量表,学会用一些自己能理解的符号进行速记。

且行且思:快乐之旅

尝到甜头后,从10月下旬开始,我们每周都对两位被观察者进行常态课的观察,采用"同一老师、同一班级、不同课题","同一课题、不同班级、不同老师"的研究方法,文体涉及写景抒情散文、写人叙事散文、文言文、小说等。

每周两次"课堂观察"活动使得原本就较浓厚的教研氛围更加浓郁,教学研讨已不是特定时间的特定话题,而是任何时候、所有场合都津津乐道的焦点。一段时间以来,我们六人几乎每节课之后都碰头,随时将自己在课堂教学中的体会拿来与大家交流和分享。日常的教学任务本来就很繁重,我们只能挤出休息时间进行充分地交流和沟通;不但享受精神盛宴,还自掏腰包会餐,在犒劳自己、释放压力的同时,把教学研讨延伸到课间、做操时、饭桌上,拓展到家庭(发动家人一块写对联,工作到很晚有家属买来美食)。早来晚走是家常便饭,也时常因兴之所至而饿着肚子研讨到夜幕降临、华灯初上。在外人看来,我们就是一群不可思议的"疯子","疯魔"到可以不吃饭、不顾家,但我们自己却沉醉其中,自得其乐:我们体味着只有我们自己才能品尝到的喜悦,我们享受着只有我们自己才能感受到的幸福;每天上班就是带着问题、思考和期盼来,下班就是带着温暖、收获和满足归,真是"何其快哉"!

课堂观察时,大家常因执教者对学生的一处精彩点评而回味良久,也会因点评失当而不断思考,教学方面的进步也就在这一次次回味与一次次思考中逐步取得。课后会议时总是你一言我一语、说不完道不尽,大家彼此赞叹着闪光点、唏嘘着遗憾处,又彼此碰撞着思想的火花,一步步将我们对课堂教学的思考引向深入。

首先,活动之初,我们重点关注教师的预设提问,认为预设问题要巧思妙设,要"眼里有学生",符合教材和学情,针对性强、科学、合理、有梯度。因为好的预设问题要求教师必须吃透教材与学情,所提问题应在新旧知识的交接处、学生知识发展的临近区、理论的转折处以及学生的疑难处、朦胧处、关键处,有助于学生感悟问题。提问力求表述明确,角度新颖,有启发性。还可交替使用正问与反问、直问与曲问、明问与暗问、实问与虚问、激问、引问和追问等。

其次,追求课堂调度的从容自然,教学活动能充分激发学生的学习积极性、挖掘潜能。教学过程中教师要对预设问题进行灵活处理,根据课堂生成的问题和学生的实际情况,充分利用自己的教学机智,有针对性地提出问题或改变问题,多用一些疏导性、铺垫性的问题,以适应学情的变化,或降低问题难度、变换问题方式,或要求学生重新阅读文本,或请其他学生进行补充,必要时还可安排小组讨论。

第三,关注教师的理答。虽说理答在整个教学过程中是一个细节问题,但忽视不得。理答恰当,可激发学生的学习兴趣,调动学生思维的积极性,为学生营造积极探索、求知创造的氛围,建立愉快和谐、心理相融的师生关系;理答不当,就会严重地损害学生的自尊心和学习的积极性,熄灭学生求知、思维的火花,甚至使学生彻底失去对这门学科的学习兴趣。因此对学生的回答,教师要有精当的点评,切中要害的分析,在教师的精彩点评中,在师生的互动中让学生获得快乐和进步。要做到反馈矫正与激励相结合,反馈矫正要始终贯穿教学的全过程,教师要善于抓住各种反馈信息,对自己的教学作必要的修改、补充。同时根据信息,对学生给予帮助,使问题得到及时矫正。

悄然绽放:幸福之获

2008年3月15日,海淀区"课堂观察现场展示会"如期在我校召开,刘艳老师的观摩课《林黛玉进贾府》获得了极大的成功,这完全在我们的意料之中。这节观摩课集中地展示出我们进行课堂观察研讨的成果,无论是来自教师业务素质能力、学生的自主探索学习还是来自课堂文化建设方面的成绩,都证明着我们的辛苦没有白费,我们的付出取得了实效。华东师范大学崔允漷教授的赞赏又给我们以莫大的鼓舞和激励,也坚定了我们继续走下去的信心和决心,因为崔教授介绍说,"课堂观察"研究在语文学科上是最难操作的,也很少有人做,但我们——中关村中学高中语文组做了,并且做得很好。

"课堂观察"研究使大家深刻全面地反思自己的教学,更关注学情,更贴近文本,把一种无意识的自然行为转变为一种有意识的自觉锤炼,无论是观察者还是被观察者,都在反思与实践中深切地感受到自己在专业上的成长,为教科研积累了很多丰富而鲜活的素材。同时在进行课题的研究过程中,合作体的所有成员也都收获了同事们的支持与友谊,形成了一种浓厚的"互相信任、开诚布公、团结进取、同甘共苦、平等开放"的合作文化氛围。课堂中充溢着对话的智慧,无论是教师还是学生,都开阔了视野,交流了思想,点燃了激情,细腻了情感,涵养了心灵。

做个幸福的人:我之心曲

不记得是什么时候、由于什么原因,柳琦曾开玩笑说:"老潘,你看看咱们组,你能比得过谁:带班当班主任,你比不上赵磊;教学理论水平,你赶不上刘艳;论气质风度,你比不上钱爱华;论口才能力,你赶不上王巍;我吧,虽然上述方面也不如人家,但'手快'是你赶不上的。"的确,我们组其他五个人,不是北大本科、北师大硕士,就是北京语言大学、首都师范大学、南京师范大学硕士,还有上研究生进修班的。他们执教年限都没我长,但在个人修养、综合素质、专业学识、才情能力等方面都堪称佼佼者,相对于他们,我确实差距很大,但这并不影响我热爱我们的备课组。他们越是比我强,说明我要向他们学习的东西越多,我也越能直接从他们身上学到更好的东西。认识到自身的不足,也使我更加钟爱"课堂观察",因为它给我提供了一个学习、借鉴的平台,依托它也已经形成了我们自己的备课组文化。

在这样的组工作着,真是一种幸福。你没想到的问题有人及时提醒你,并积极提出建设性的建议;你没做到的事情有人主动默默地帮你去做,并总是谦虚地说这是小事一桩不值得"言谢";更有甚者,当你有了一种想法却苦于找不到合适的言辞时,有人已经把它变成了流畅优美的文字帮你传情达意。假如有什么特殊的事情一天没与大家交流、讨论,就会有"山中方一日,世上已三年"的恍如隔世之感,好像自己已经落后了几个世纪。毫不夸张地说,过去的一个学期,是我执教 21 年来思考问题最多、工作最复杂、最辛苦、收获又最大的学期。当这个组的备课组长,对学校分配的各项工作我都不畏惧,心里很踏实,因为全组每个组员都"不待扬鞭自奋蹄",更是一个"互相信任、开诚布公、团结奉献、积极进取"、肯钻研、能"战斗"的优秀团队。忝列备课组长,我是幸运的,因为学校配备了这样一个备课组;我是幸福的,因为有幸与这样的合作伙伴共同生活、工作和学习,而且被"裹挟着"进步,我所有的除了深深的紧迫感、危机感和压力之外,就是充溢心中的满足、幸福和自豪。

长路漫漫:我之思考

经过一个多学期的"观察"实践及思考,我们备课组在与文本深入对话、课堂教学的预设提问和课堂追问能力方面都有长足的进步,我们在欣喜地享受着自己专业成长的同时,也产生了一些困惑:

当初我们是从阅读课入手来实施"课堂观察"研究的,在积累了一定的实践经验之后,如何将这项研究拓展到其他课型还没有比较成熟的思路。另外,课堂教学是鲜活而多样的,即使是同样的授课内容和教学思路,不同的学生也会有不同的课堂生成,如何对千变万化的学生回答做出精彩、适当的点评,仍需要我们高度关注,教学的灵活和机智还需进一步锤炼。前期的实践,我们重点是从"教师教学"这个维度来操作的,我们也深知"学生学习"这个维度是最重要的,但鉴于语文学科的特殊性,我们很难、也不太会做那些定量的科学分析,这是我们"课堂观察"研究走到今天面临的最大困惑。

当然,有困惑就会有压力,有压力也会产生新的动力,这些动力会支持着我们在"课堂观察"研究这条路上继续坚定地走下去。我们有理由相信,有崔教授的理论引领,有余杭高级中学的开拓先行,有我们自己不甘现状、敢于积极进取的团队精神,我们定会走出困境,迎来新的曙光。

2.3 量表,好想掀起你的"盖头"来

范红良·杭州市余杭区实验小学

似乎一直都是这样的:拿着一本统一的本子一支笔就进课堂听课;听课就是记一点教学的环节、教师的言行,或自己的即兴感想;评课就是想说就说,不想说就不说,要说就捡好的说;记下的与说的也没多大关系。

与听评课相处了十几年,我真的有点疲惫、无奈、迷惘,甚至不瞒你说,还"开溜"过几次。

量表,你打动了我的心

正在备课,突然传来"嘀嘀"的呼叫声,原来又有 QQ 群发消息来了。自从学校开发了校内 QQ 软件,每次听到这声音,我都会不由自主地看一下电脑屏幕。

"请五年级数学老师下午一点到会议室开会。校长室。"

"数学老师开会,怎么会校长室发通知呢?"我疑惑地嘀咕着。

"大概是制订这学期的校本教研计划吧? 谁让你上次提了不少建议啊?"对面的陈老师说。

"听说学校搞课堂观察了,你们教研组可能是实验组哦!"办公室的消息灵通人士及时通报。

"课堂观察?"我嘟哝着,"前几天不是刚刚听过余杭高级中学吴江林老师作过这方面的报告吗? 好像还谈到什么量表之类的。"

"是啊,小学请高中教研组长讲如何听评课,这可是破天荒的!"高老师说,"不过,我听得晕乎乎的,感觉太专业了。"

我放下正在批改的作业,带上笔记本就直奔会议室。我扫视了一下,会议室里已经坐满了人,发现到会的除了我们五年级数学组的老师和二年级语文组的老师外,还有几张陌生的面孔。

洪校长首先致辞:"今天,我们非常荣幸地请到了华东师范大学的崔允漷教授,给我们作关于课堂观察的培训……"

果然是课堂观察！竟然邀请了这么重量级的人物,应该有一点名堂!我一下子来了兴趣。

崔教授很快切入正题,明确地提出这学期要在我们两个组开展课堂观察的尝试,并对课堂观察作了讲解……

我边听边在笔记本上记下了——

课堂观察,改变传统的听评课范式,以一种全新的专业视角观察课堂,改进我们的教学。关键是确定观察点,制订合理的观察量表。操作的基本步骤是课前会议—开发量表—课中观察并记录数据—课后会议—分析数据—作出推论。其中量表是关键,它的水平决定着课堂观察的技术水平,也决定着教师的专业水平。

看来,要进行课堂观察,量表要先行,开发量表是整个课堂观察的核心技术,是突破口,是新玩意,是竞争力,我一听就喜欢上了,比较符合我的个性。

仿佛,我要与量表一起走向美好的明天。

量表,最恨的居然是你

心动不如行动。

会后我们同组的几个老师马上开了个短会。汪组长可是一个精明能干的人,她马上就布置了任务:"上课嘛,就交给最年轻的小高吧,其他三人作为课堂的观察者。"

"本周五,高老师最好能拿出教案,我们可以据此确定观察点,制作观察量表,怎么样?"我迫不及待地补充道。

"好,双休日大家准备一下,下周一课堂观察。"

会议在一片干脆的"好!"声中结束,我们就这样怀着美好的心情开始行动了。

很快到了周五,高老师把教案发给了我们,内容定的是《体积与容积》。体积与容积既是学生在已经学了长方体和正方体的特点、表面积计算的基础上进行的,又是进一步学习体积的计算方法等知识的基础,也是发展学生空间观念的重要载体。

整个双休日我都在琢磨课堂观察那点事。说实话,学校把尝试的任务交给我们教研组,还是给我们不少压力的,我们总要尽力做得好一点。我反复地看教案,想在其中找到一个合适的观察点,奇怪的是竟然怎么也想不出来。

我苦苦地思索着……

有了!崔教授不是给我们带来了余杭高级中学的一些观察点和观察量表吗?其中就有观察老师走动路线的,有观察学生应答方式的,还有观察情景创设效度的……看来定下一个观察点后,再好好利用兄弟学校开发的量表,就可以大功告成了!

反复琢磨后,我决定观察学生小组讨论的有效性。毕竟小组讨论是新课程所倡导的,在数学课上还是比较典型的学习活动,可以从小组活动的人数、时间、教师的指导、活动的效果等几个方面来进行观察,应该有东西可以观察的。另外,还可以从余杭高级中学老大哥那儿找到现成的观察量表。于是,我把"余杭高级中学课堂观察量表"几个字改成"实验小学课堂观察量表",并修改了量表上的一些内容,还特意上网去搜集了一些关于数学课小组活动有效性的文章,打算关键时刻派上用场,积累一些理论方面的知识。

很快到了周一,开始上课了,来听课的除了我们组里的四位,洪校长也来了。

这次听课让我产生不同的感觉,以往听课要记录老师上课的具体环节,看老师如何导入,如何讲解,如何在重点难点上突破等,这次不一样了,我有观察点,有量表,只需等待小组活动的出现,原来课堂观察是如此轻松啊……

在我的期待中,小组活动终于出现了。高老师提出"这里有一个土豆和一个芋艿,哪个比较大?哪个比较小?你能想办法解决吗?"学生四人小组讨论解决。

同学们开始进行小组活动,老师也在小组之间巡视,我也急忙开始记录。一动笔就遇到麻烦了,小组活动的人数、时间还是比较好记录的,关于教师的指导我不知道记录些什么,是记录教师指导的方式呢,还是记录教师参与小组讨论的其他什么?我一下子不知所措。还有小组活动的效果,我也不知道该记录些什么,只写下"积极参与,效果比较好"几个字。

40分钟的课很快结束了,看看小组活动时间一栏:3分钟。我的观察量表中记录下来的文字也才几行,难道就这么些数据能说明问题了?我不禁有些茫然,意识到我的量表存在很大的问题。就像当头一棒,先前高涨的情绪在瞬间跌入谷底!

和我同病相怜的还有陈老师,她的量表也同样遭遇了"滑铁卢",也没能记录下多少有价值的资料,更让她想不明白的是她的量表可是完全借鉴余杭高级中学吴老师设计的观察点和观察量表的啊,到底是哪里出了问题呢?

在接下来的课后会议上,我们对各自的量表都进行了汇报说明,汪老师、雷老师、陈老师他们的量表好像也存在一定的问题,记录的数据空洞,缺乏说服力,对记录的数据也说不出个所以然来,我更不用说了。

我们一下子都沉默了,大家都意识到了观察的失败。

还是洪校长打破了这种尴尬的气氛:"第一次,能够这样已经不错了,大家慢慢来,可能我们还没有完全理解课堂观察,我看我们的最大问题出在观察点和量表上,大家回头再好好商量商量,看能不能在量表上再下点功夫,在原先的基础上进行修改。"

"我想量表开发前一定要做大量的准备工作,特别是要想明白为什么要记录、记录什么、记录后有什么用。这次的量表开发最大的问题是对量表内在的东西了解太少,思考不够,处理太草率。"我好像有不吐不快的感觉。

这一次的失败让我真正体会到,量表,相见容易,相处有多难。

量表,牵挂你的人还是我

第一次的经历总是最难忘的,它引出了我对量表的新的思考——

观察点的确定有些随意,没有结合这堂课;观察量表缺乏针对性,没有考虑到本节课的目标、重点、难点,更没有意识到观察点与量表的来源与依据,只是简单地为了量表而量表,有点舍本逐末的味道;同时,观察量表的操作性也不强,不适合观察和记录;最重要的一点是余杭高级中学老师做的观察量表并不完全适合在小学课堂上使用,毕竟不同的课堂具有不同的情景,简单复制不是出路,必须开发适合小学课堂教学特点的观察量表,只有适合的才是最好的。因此,当务之急就是要结合具体的课以及本人的特点开发观察量表。

又一次课堂观察活动。

又是课前会议。我做了充分的准备。高老师详细地说明了她的设计意图。之前,我们每个人都认真阅读了教材和教参,查阅了课程标准。教学内容还是《体积和容积》,高老师说完课后,我第一个发言:

"我觉得这是一节概念教学的课。既然是概念课,就应该是关注学生形成概念的过程,学生形成概念的过程是不是就是我们可以观察和关注的呢?"我的发言好像一下子触发了大家的灵感。

"我们四个人是不是都可以围绕概念的形成,从不同的维度确定几个观察点、设计量表呢?"陈老师接着说。

"体积、容积这两个概念是比较抽象的,又不能直接揭示答案,重在形成的过程,我看在这里老师的精心设问起着至关重要的作用。"我突然有了灵感,"不如围绕问题的设计是否有效促进学生形成正确的概念来设计量表。"

我说出了自己的想法,得到了大家的肯定。雷老师打算观察"练习题的设计是否有利于促进学生概念的形成",汪老师则观察"教师的讲解对概念形成的影响"。

一下子我们有了共识,有了很清晰的目标指向,心里豁然开朗了许多。我马上把量表结构的草图亮了出来,大家看后点头赞同。组长要我们趁热打铁,会后马上着手设计出量表,两天后邀请全校的数学老师参加我们组的活动。还说到时候我们再拿不出什么东西来,就有些丢脸了。

量表,我仿佛见到你的笑容

两天后,大家都拿出了充分酝酿的量表,趁中午休息时间又碰了下头。

课开始了,我们各自选择了合适的观察位置,开始忙碌地观察和记录。最忙的要算我了,我一边记录老师的提问,一边记录学生的回答,还要做简单的效果评价,真是忙得不亦乐乎。我想,应该吸取第一次的教训,只有记录的数据多了,可分析的材料才会充分,才可能作出基于事实和数据的推论,这叫先苦后甜!

旁边其他教研组的老师看着我,逗我说:"你呀,设计这么个量表,看你一直不停地记,多累啊,为什么不设计个轻松点的呢?"我只能以笑作答。

我仔细地观察和记录着……

师："为什么乌鸦能喝到水？"

生："因为乌鸦把石头放进了瓶里，水往上升了。"

在"效果评价"栏，我写下"联系学生原有知识"。

……

就这样，我差不多40分钟都在记录，最后的战果是记录下38个问题，用了4页纸，记录了1800多字。

我对这些数据进行了整理：整堂课有认知价值的问题14个，占36.8%，而63.2%的问题并不能有效地促进概念的形成；老师的教学进度显得过于仓促，有些问题没有给学生足够的思考时间和空间……

基于这些数据，我的分析是：这节课问题密度大，有认知价值的不多，结构比较松散，启发性、递进性的提问相对比较少，而简单的设问比较多……建议老师预设时要根据目标展开问题的设计，要把握整堂课的问题结构，不要太拘泥细节，还要关注课堂生成的问题。

课后会议，我把这些想法和教研组的老师们一起分享，大家觉得有理有据。上课的高老师也颇有感触，情绪激动地说："在这次活动中，我想收获最大的是我了，以前的课后评课，大家都会说些客套话，但这次提出了好多事实、数据，分析也有理有据，特别是范老师给我提的问题，有些平时自己发现不了，但在数据面前清楚地暴露出来了。"

是啊，以前的评课很少听到这样发自肺腑的话，看来好的量表还真是有用的！

量表，这一次，我仿佛见到了你那深沉而迷人的笑容。

量表，我能掀起你的"盖头"来？

体验了第二次的得意后，我竟然对教师提问的观察有些着迷，不停地翻阅有关图书资料、上网查阅大量相关的文献，不断地修改自己的观察量表。我发现，观察量表的修改是一个无底洞，竟然越修改越不满意。

我把我的困惑说给同组的其他老师听，他们颇有同感。

"本来想完善一下的，结果却觉得更不完善了。"陈老师说。

"我认真地学习了余杭高级中学的《课堂观察框架》，听说，这是决定观察点与开发观察与记录量表的依据。但是,一结合自己的量表,心里还是没底。"高老师好像有点抱怨。

"你们觉得,观察量表到底是什么呢?"汪老师问,我们一下子都说不出话了。

是啊,观察量表到底是什么呢？我沉思着……

仅仅是听课时的记录表吗？肯定不是。是解剖课堂教学的一把手术刀吗？可能是。是关于课堂教学的结构性思考吗？也许吧。

洪校长在一次关于课堂观察的讲话中说:"如果一个老师能开发出一张有学科特点又便于操作的观察量表,那么就是一个善于思考的老师;如果一个老师能用这张观察量表持续观察一年,那么就能成为这一方面的专家;如果一个老师能每个学期或每年更换一张观察量表,进行持续的观察,那么就一定能成为这门学科的专家。"

是呀,量表这么重要,是否存在最好的量表,还是只有更好的量表？它是否有"生命",是否有着内在的基因结构与循环系统？它是否有"活力"？面对不同的任务、学科、教师、课堂,在不同的时间,会不会露出不同的"蒙娜丽莎式"的神秘微笑？

量表,我能掀起你的"盖头"来吗？

第二部分　问题解答

作为一种科学研究的方法,课堂观察源自西方,在我国早已有所介绍,也有零星的学校或教师开展了一些尝试性的课堂观察的研究工作。令人可喜的是,最近几年课堂观察受到了学者和一线教师越来越多的关注,并呈现出良好的研究与实践势头。然而,作为一种他乡经验,课堂观察如何在我国本土扎根与发展,仍然有许多理论和实践上的问题值得更深入的研究。

我们相信,专业行动不仅需要积累经验,而且需要夯实知识基础。我们在系统梳理前人相关研究的基础上,整合我国中小学听评课的一些重要经验,对课堂观察进行了彻底的本土化改造,重新设计了课堂观察的概念框架。据此框架,我们精心设计了关于课堂观察的20个问题,用问答的形式,简明扼要地介绍了课堂观察的概念、意义、操作技术与流程、局限性,并提出了需要进一步研究的问题,权当课堂观察的知识基础。

无疑,这些问题与解答,对课堂观察者形成正确的观念并在正确观念的指导下行动,具有十分重要的意义。已有的经验告诉我们,脱离知识基础的贸然行动,将会舍本逐末、徒有虚表,这无异于丧失课堂观察的灵魂。因此,我们只有通过组织培训和自主学习等方式,才能将课堂观察的理念和技术化为可行的实践,也才能将课堂观察的专业性和实效性持续地向前推进。

❶ 认识课堂观察[①]

1.1 何为课堂观察？

自从有了课堂教学以来，观察课堂的行为就一直存在。但是，作为一种科学研究方法的课堂观察至今仍然是"一项被遗漏的教师专业能力"。

课堂观察源于西方的科学主义思潮，作为一种研究课堂的方法，发展于20世纪五六十年代。典型代表为美国社会心理学家贝尔思（R. F. Bales）于1950年提出的"互动过程分析"理论，其开发了人际互动的12类行为编码，并以此作为课堂中小组讨论的人际互动过程的研究框架。在某种程度上，贝尔思的研究拉开了比较系统的课堂量化研究的序幕。而美国课堂研究专家弗兰德斯（N. A. Flanders）于1960年提出，后经他自己不断修正的研究成果"互动分类系统"，即运用一套编码系统，记录课堂中的师生语言互动，分析、改进教学行为，则标志着现代意义的课堂观察的开始。

随着科学研究方法尤其是教育科学研究方法的不断完善，编码表、项目清单等科学、量化研究工具的引入，录音机、录像机等媒体技术的发展，丰富了课堂观察手段与技术，使课堂观察更具可操作性。但是，量化的课堂观察在加深对课堂教学的描述和认识的同时，也无法掩饰其纯技术的缺陷。从70年代开始，人种志研究等质性研究方法开始走入课堂观察。完整的文字

[①] 第二部分的内容是大家合作研究的成果，由崔允漷、沈毅统稿。参与讨论与撰写的有林荣凑、吴江林、周文叶、郑东辉、俞小平、洪志忠、王少非、朱伟强、夏雪梅、李建松、许义中、徐晓芸、马少红、毛红燕、何珊云、秦冬梅、杨璐、邵朝友、郭威。

描述呈现了课堂全貌,使原本被剥离出来的课堂事件、课堂行为回归情境本身,研究者利用个人经验可以更好地理解、诠释课堂。今天,人们探索、追求着质性研究与量化研究的融合。两种性质不同的研究取向,从不同层面和不同方向丰富和充实了课堂观察的知识。

那么,到底什么是课堂观察呢?课堂观察,顾名思义,就是通过观察对课堂的运行状况进行记录、分析和研究,并在此基础上谋求学生课堂学习的改善、促进教师发展的专业活动。作为专业活动的观察与一般的观察活动相比,它要求观察者带着明确的目的,凭借自身感官及有关辅助工具(观察表、录音录像设备),直接(或间接)从课堂上收集资料,并依据资料做相应的分析、研究。它是教师日常专业生活必不可少的组成部分,是教师专业学习的重要内容。

课堂观察是一种行为系统。它由明确观察目的、选择观察对象、确定观察行为、记录观察情况、处理观察数据、呈现观察结果等一系列不同阶段的不同行为构成。

课堂观察是一种研究方法。它将研究问题具体化为观察点,将课堂中连续性事件拆解为一个个时间单元,将课堂中复杂性情境拆解为一个个空间单元,透过观察点对一个个单元进行定格、扫描,搜集、描述与记录相关的详细信息,再对观察结果进行反思、分析、推论,以此改善教师的教学,促进学生的学习。

课堂观察是一种工作流程。它包括课前会议、课中观察与课后会议三个阶段。从课前会议的讨论与确定,课堂中的观察与记录,到课后会议的分析与反馈,构成了确定问题——收集信息——解决问题的工作流程。基于课堂观察,教师认识、理解、把握课堂教学事件,澄清教学实践的焦点问题,并在数据分析的基础之上反思教学行为,寻求新的教学改进策略与方式。

课堂观察是一种团队合作,它由既彼此分工又相互合作的团队进行。在课堂观察的整个过程中,每一个阶段都是教师之间多向互动的过程。教师借助于课堂观察共同体,探究、应对具体的课程、教学、学习、管理上的问题,开展自我反思和专业对话,在改进课堂教学的同时,促使该合作体的每一位成员都得到应有的发展。

1.2 课堂观察的意义何在？

课堂观察对改善学生课堂学习、促进教师专业发展和形成学校合作文化等都有着极其重要的意义。

首先，课堂观察的起点和归宿都是指向学生课堂学习的改善。无论是教师行为的改进、课程资源的利用，还是课堂文化的创设，都是以学生课堂的有效学习为落脚点。课堂观察主要关注学生是如何学习、会不会学习，以及学得怎样，这与传统的听评课主要关注教师单方的行为有很大的不同；即使所确定的观察点不是学生，其最终还是需要通过学生是否学得有效得到检验。因此，课堂观察的过程是合作体关注学习、研究学习和促进学习的过程，始终紧紧围绕着学生课堂学习的改善而运转的。

其次，课堂观察是促进教师专业发展的重要途径之一。一方面是由于课堂观察的专业品性：它不是为了评价教学，面向过去，在观察之后将被观察者评出三六九等；而是为了改进课堂学习，追求内在价值，面向未来，在观察的整个过程中进行平等对话、思想碰撞，探讨课堂学习的专业问题。另一方面是由于课堂观察即教师参与研究：教师参与研究是教师专业发展的最重要且最有效途径之一，而课堂作为教师教学的主阵地是教师从事研究的宝贵资源；课堂观察促使教师由观察他人课堂而反思自己的教育理念和教学行为，感悟和提升自己的教育教学能力；无论是观察者还是被观察者，无论是处在哪个发展阶段的老师，都可以根据自己的实际需要，有针对性地进行课堂观察，从而获得实践知识，汲取他人的经验，改进自己教学的技能，提升自己的专业素养；比较有质量的课堂观察就是一种研究活动，它在教学实践和教学理论之间架起一座桥梁，为教师的专业发展提供了一条很好的途径。

再次，课堂观察作为一种合作的专业研究活动，有助于学校合作文化的形成。课堂观察是互惠性的，它不是行政命令，也不是规定性的任务，而是出于自愿和协商的专业学习活动，观察者和被观察者都能受益。而课堂观察合作体的形成与活动的开展营造了一种合作的学校文化，增进了教师的责任感和对学校的归属感。

1.3 为什么需要建立一种课堂观察的合作体?

课堂观察不同于传统的听评课活动,它需要观察者、被观察者、学生之间开展合作,才能顺利地完成整个观察活动。然而,这种合作不是形式化的,而是基于主体的意愿、可分解的任务、共享的规则、互惠的效益等四元素的真实合作。开展课堂观察就要建立一种基于四元素的专业合作共同体(即合作体)。具体而言,有以下三方面的理由可以验证建立课堂观察合作体之必需。

第一,建立合作体,有助于改变教师传统的单兵作战的听评课方式。面对复杂的课堂教学中的问题,仅凭教师个体的力量难以胜任,需要群体的智慧参与,需要教师在日常工作中积极寻找并创造听评课的合作机会,抱着求同存异、尊重多元的心态,通过对话、倾听、讨论等交流方式,开展多样化的课堂行为的合作研究。

第二,以合作体为组织依托,可以使课堂观察专业化。课堂观察合作体作为一种组织,不管是正式的,还是非正式的,都会对备课组、教研组的运作赋予新的意义,要求备课组、教研组成为合作体的示范性组织,并要求参与者基于课堂观察的目标、任务和规则开展专业性的日常观察活动。每个合作体成员默认合作体的组织属性,认领各自的任务,承担相应的职责,规范而有序地开展课堂观察的专业活动,避免听评课活动流于形式、趋于业余。

第三,有固定的合作群体,使课堂观察更加有动力,更加持续。课堂观察对于观察者与被观察者而言,不是"突击战",而是"持久战",不要期望通过一两次的观察就能实现双方的各自需求,它需要双方保持一种长期的合作关系,才能获得双赢。依据群体动力学原理,组织对个体的压力与情感维系会促使个体的工作更加有动力。一般来说,在一段时期(一个学期或一个学年),参与课堂观察合作体的人员基本是固定的,群体中个体的需求差异就会带来开展观察活动的动力,如某观察者可以持续地观察一个点,也可以不断更换观察点;观察目的可以"为我自己",也可以"为群体中的他人";可以一个人观察,也可以一个小组合作观察;这种需求的多样性会形成持续而有效的观察活动。

1.4 为什么将课堂观察框架设计为四个维度?

要观察课堂,首先必须解构课堂。课堂涉及的因素很多,需要有一个简明、科学的观察框架作为具体观察的"抓手"或"支架",否则将使观察陷入随意、散乱。我们尝试从四个维度(学生学习、教师教学、课程性质和课堂文化)构建一个课堂观察框架(详见本书第三部分)。

这样一个四维框架的形成,既有理论依据,又有实践依据。

理论依据主要是对课堂构成要素的认识,即课堂主要由学生、教师、课程及课堂文化构成。四者既各有所指,又相互关联。学生学习维度主要关注怎么学或学得怎样的问题,学生是课堂学习活动的主体,他们是课堂学习的积极参与者、主动建构者,学生的有效学习是课堂成败的决定性因素。教师教学维度主要关注怎么教的问题,教师是课堂教学的组织者、引导者、促进者,教师灵活运用各种教学资源、教学方式等教学行为在很大程度上影响着课堂教学的有效性。课程性质维度主要指的是教和学的内容是什么的问题,它是师生在课堂中共同面对的教与学的客体。三者之间,学生学习和教师教学通过课程发生联系;在整个互动、对话、交往的过程中形成了课堂文化。因此,课堂文化具有整体性,关注的是整个课堂怎么样的问题,是课堂中各要素多重对话、互相交织、彼此渗透形成的一个场域。

四维框架的实践依据则是"我观察什么课"这一问题的提出。这是每一个课堂观察都必然要面对的问题。由这个问题我们可推导出:(1)学生在课堂中是怎样学习的? 是否有效? (2)教师是如何教的? 哪些主要行为是适当的? (3)这堂课是什么课? 学科性表现在哪里? (4)我在该课堂呆了40或45分钟,我的整体感受如何? 这四个问题恰可通过课堂观察的四维框架的使用得到回答。

1.5 何为课堂观察的程序？

课堂观察本身是一个行为系统工程，类型多样，观察点多元。另外，开展课堂观察需要一定时间的投入、教师的广泛参与，因此一套基本的程序对保证课堂观察的日常化和规范化、减少观察成本、提高观察效率来说尤为重要。总体而言，课堂观察的程序主要包括课前会议、课中观察、课后会议等主要步骤。

课前会议指在课堂观察之前，观察者和被观察者集中一段时间进行有效的商讨，确定课堂观察的目的、重点、量表制作等相关事项。其目的在于给参与人员提供沟通交流的平台，便于观察者确认自己的观察点，为后续的行为奠定基础。课前会议最好是在开课的前一天举行，持续时间视具体情况而定，一般至少需要15分钟。需要注意的是，课堂观察追求的是在自然状态下的教学研究，"磨课"不属于课前会议的范畴。课前会议作为课堂观察的起点，整体规划的作用十分重要，准备越是充分，观察者就越能从课堂情境中收集到更多有用且详尽的资料。

课中观察指进入研究情境，在课堂中依照事先的计划及所选择的记录方式，对所需的信息进行记录。观察者进入现场之后，要按照一定的观察技术要求，根据课前会议制订的观察量表，选择恰当的观察位置、观察角度，迅速进入观察状态，通过不同的记录方式，采用录音、摄像、笔录等技术手段，将定量和定性方法结合起来，记录观察到的典型行为，做好课堂实录，记下自己的思考。课中观察是整个观察系统的主体部分，所采集到的信息资料，是课后会议分析的信息基础。课中观察的科学性、可靠性关系到研究的信度和效度问题以及针对行动改进的课后分析报告的质量。

课后会议指在观察结束之后，观察者和被观察者针对上课的情况进行探讨、分析、总结，在平等对话的基础上达成共识，制定后续行动跟进方案的过程。课后会议一般分为自我反思、分析观察结果、思考和对话、提出改进建议。持续时间视情况而定，一般至少需要30分钟。被观察者结合课堂教学的具体情况，对课前会议所制定的目标的达成度进行自我反思。每位观察者围绕课前会议确立的观察点,根据自己所采集的课堂观察的信息,提出基于有效教学的改进建议和对策。在课后会议的基础上,观察者提供一份自我反思报告,观察者对观察资料进行分析、整理,形成观察报告。课后会议旨在使观察者与被观察者进行有效的专业探讨,通过多视角、多方位寻找有效教学的策略,实现课堂观察的目的。

1.6 课前会议着重解决哪些问题?

课前会议作为课堂观察的程序之一,其目的是为观察者和被观察者、观察者与观察者之间提供一个交流沟通的平台,让观察者对被观察者的课情有所了解,以便确定观察点,而不是具体教学内容的研讨。因此,课前会议着重要解决以下三个问题。

一是被观察者说课。主要围绕下列五个方面的问题展开:(1)本课的内容主题是什么?在该课程中的关系与地位是什么?被观察者首先应向观察者介绍本课的主题和内容,然后应说明本课的内容所对应的课程标准之内容标准或学科教学指导意见的规定与说明,最后对教材进行分析说明,简要说明该节内容在本课程或模块中的地位,与前后内容的关联,教材知识的呈现方式,教材的二次开发与处理,使用哪些课程资源等。(2)介绍一下本班学生的情况,包括学优生与学困生座位在哪里?本班学生的情况主要是指学生的思维特征、学习习惯和课堂氛围等。被观察者提供本班学生的座位表,并标明学困生和学优生的分布位置,为观察者确定观察点和选择观察位置提供帮助。(3)"我"想让学生明白什么?重点、难点在哪里?我准备如何解决?简要说明本课的学习目标,最好能表述成表现标准,若与学科教学指导意见不一致,应解释说明与本班学生的适切性;指出本课的重点、难点,具体说出解决的策略。(4)本课的大致结构是什么?有哪些创新和/或困惑?主要介绍本课的教学设计,让观察者对教学环节和流程有个大致的了解。说明创新与困惑之处,以便观察者的观察有针对性。(5)我将如何、何时知道学生是否掌握了我打算让其掌握的东西?被观察者应向观察者介绍对学习过程的监控,重点介绍监控的措施与时间,为观察者观察学习目标的达成、结构性陈述等提供帮助。

二是观察者提问与被观察者的进一步阐述。观察者基于被观察者的说课,根据被观察者的要求、教研组任务或自己感兴趣的方面与被观察者进行简短的交流,被观察者作扼要的解释,目的是让观察者对本课有更深入的理解,为确定自己的观察点和开发观察工具提供必要的帮助。

三是双方商议,确定观察点。经过观察者与被观察者的商议,观察者最终确定观察点,若观察点需要合作观察,则观察者之间再进行商议,明确合作观察的分工。

1.7 课后会议着重解决哪些问题?

课后会议着重完成以下三个方面的任务:

一是被观察者进行课后反思,主要围绕下列问题展开。(1)这节课的学习目标达成了吗?被观察者围绕着每个学习目标,就自己所看到的现象逐一分析学习目标的达成情况。分析时应基于学生的表现,基于证据说明。(2)谈谈各种主要教学行为的有效性?一般来说,课堂教学中教师的主要行为有以下几种:活动,如小组合作学习、同伴讨论、动手制作、实验、看听视频录像等;讲解;对话,如提问、理答等;学习指导,如指导文本的阅读,指导图形的阅读,指导书面和口头表达等;以及资源利用。被观察者最好以教学环节为主线,围绕上述几种主要教学行为逐次说明每个教学环节自己采用了哪些教学行为,这些行为对促成教学目标的达成起了什么作用,自己做出判断。(3)谈谈有无偏离自己的教案。如有,请继续说说有何不同?为什么?这个问题实质是谈预设与生成的问题。在教学实施过程中,偏离教学预设,按照课堂生成的资源改变既定的教学程序、教学策略甚至教学内容,是常常出现的,被观察者有必要向观察者说明改变的原因。

二是观察者简要报告观察结果。由于课后会议时间有限,这个阶段应遵循四个原则:一要简明,观察者的报告应有全景式说明,但应杜绝漫谈式发言,应抓住核心说明几个主要的结论。二要有证据,观察者发言必须立足于观察到的证据,再作必要的推论,杜绝即席式发挥。三要有回应,被观察者与观察者,或观察者与观察者间的必要回应是必需的。四要避免重复,各观察者的发言要避免重复性的阐述。

三是形成几点结论和行为改进的具体建议。结论主要体现三个方面:一是成功之处,即本课中值得肯定的做法;二是个人特色,即基于被观察者本人的实际情况,挖掘个人特色,逐步澄清该教师自己的教学风格;三是存在问题,即根据本课的主要问题,基于被观察者的特征和现有的教学资源,提出几点明确的改进建议。然后,如有可能,再进行递进式跟踪观察。

1.8 课堂观察的类型有哪些?

根据不同的分类标准可将课堂观察进行不同的分类:

根据资料收集的方式以及资料本身的属性来划分,课堂观察可分为定量观察和定性观察。前者指观察者运用一套定量的、结构化的记录方式进行观察;一般有一定的分类体系或具体的观察工具,对预先设置的分类下的行为进行记录,这种观察记录的结果一般是一些规范的数据。后者指观察者依据粗线条的观察纲要,收集对课堂事件进行细节描述的信息材料,资料收集的规则是灵活的,是基于需要在观察的过程中形成的;在观察后根据回忆加以追溯性的补充和完善,并通过描述性的和评价性的文字记录现场感受和领悟。

根据观察者与被观察课堂的关系,可以分为自我的课堂观察和对他人的课堂观察。在自我的课堂观察中,观察者即上课的教师。教师在开展课堂教学的同时,对自己的课堂进行观察;观察对象主要是学生的行为,包括学生的学习行为、人际间互动情况、对教师授课的反应等学习性行为表现,以及有关学生穿着、仪容、携带的物品等非学习性行为表现。在对他人的课堂观察中,观察者主要观察他人的课程资源运用、讲解能力、提问技巧、学生行为管理、教学准备、组织、评价和学生学习的情感表现、认知程度以及目标达成程度,以及课堂文化等。

根据观察者之间的合作关系可分为合作的课堂观察与独立的课堂观察。前者指将观察的目标和重点分配到多个人,每一个观察者负责同一量表的某一或某几部分;也可以把观察者分成几个小组,每个小组负责一项或几项观察项目,由大家合作完成对一个课堂的观察活动。后者是指观察者以个人为单位,独立完成对观察项目或主题的课堂观察。

根据对观察对象或内容的选择来分,可分为集中观察和分散观察。前者指观察者选定一位或几位学生或选定一个观察点进行集中观察,对其他学生和目标则不做观察。后者指观察者在课堂观察时,无固定观察对象和目标,整个课堂中的人和事都可能成为观察者的观察对象和目标。

根据观察目的与作用的不同,可分为诊断性观察、提炼性观察、专题性观察。诊断性观察(帮助上课人发现问题)指对课堂中出现的一些现象和问题进行分析判断,得出结论,并给出建议。提炼性观察(帮助上课人形成风格)指通过观察,提炼出被观察者课堂教学的风格和特色。专题性观察(从某个专题展开观察)指为了研究某一或某些课题而进行的课堂观察,也可成为主题式观察。

实际上,很多课堂观察的分类都是相对的,它们之间往往是交叉、重叠的,同一个具体的观察活动也可以包含多种观察类型、具有多重属性。因此,对于这些不同类型的课堂观察,教师应灵活对待、综合运用。

1.9 课堂观察的局限性是什么?

课堂观察是听评课的一种范式,是教师研究课堂的一种方式或方法,但不是唯一的方式或方法,它不是教师开展教研活动的全部,不是包治百病的灵丹妙药,它只能解决它能解决的问题。如果说教学是一门艺术的话,课堂观察则是运用科学的方法解决教学艺术中的一部分问题,它善于对课堂行为的局部的分析与诊断,而不善于对课堂事件的整体的、综合的、宏观的把握。它主要完成三项任务:一是描述教与学的行为,诊断教学问题;二是帮助教师改进课堂中具体的教学问题;三是改变教师日常的课堂研究行为。然而,课堂观察的局限性也是显而易见的,主要表现在:

它只能观察可视、可感的直观现象与行为,如教师言语、学生的课堂反应、课堂活动等,从现象理解本质,是一种归纳的方法;它只能选择一个或若干个观察点或课堂行为进行细致而深入的观察研究,不能包容所有的行为或较多个观察点。

它需要观察者接受一定的专业培训,具备相应的观察技能,要求观察者能集中心智观察,及时、准确地收集相关信息,随时做出决定。它需要被观察者抱着上"家常课"的心态来上课,要求被观察者具有愿意接受他人观察并不受现场观察影响的特质。

它需要一定的时间、设备与技术的保障,来完成程序的三部曲;它还需要一个合作共同体的基体,在基体内教师可以进行自由、分享、互惠的对话与交流,以确保观察的持续性与有效性。

❷ 开展课堂观察

2.1 教师如何利用课堂观察框架?

课堂观察框架将课堂分解为学生学习、教师教学、课程性质、课堂文化4个维度,每个维度由5个视角构成,例如,学生学习维度包括:准备、倾听、互动、自主、达成这5个视角,每个视角由3至5个观察点组成,合计68个点,例如,学生学习维度的达成视角就由3个观察点组成,它们分别是:①学生清楚这节课的学习目标吗?②预设的目标达成有什么证据(观点/作业/表情/板演/演示)?有多少人达成?③这堂课生成了什么目标?效果如何?这些观察点不再以评价标准的方式出现,而是以问题的方式呈现,旨在引领教师思考某个视角的属性。

第一,课堂观察框架为教师理解课堂提供了一个支架。如果让教师们描述课堂是什么,对大多数老师而言是一个很难的问题。事实上,不能描述课堂的构成,当然也就难以理解课堂,难以真正做到有效教/学,难以形成自己的教学特色或风格。课堂观察框架的观察点为老师立足于"点"来思考课堂提供了支持,而68个点,20个视角,4个维度的综合又避免了"只见树木,不见森林"的问题,为老师从"面"上理解课堂提供了支持。所以,课堂观察框架从"点"和"面"出发引领教师理解课堂、反思课堂、改进课堂,提升教师教学的有效性和专业发展的品质。

第二,课堂观察框架为教师选择观察点、选择/开发观察工具提供了参照体系。我们发现,每次确定观察主题/内容时,常常令老师们颇费周折。

在开展课堂观察的初期,教师们联系自己的教学实践,认真阅读观察框架中每个维度的"观察视角"和"观察点",寻找自己感兴趣的问题,从中确定自己的观察点。在比较熟悉课堂观察后,教师们根据自己的发展需要,从观察框架中寻找相关的观察维度、视角和点,设计自己的观察点。在主题式观察中,观察框架的架构体系为分析观察主题的属性提供了良好的分析思路。观察点确定后,可以根据观察框架的架构体系选择或设计观察工具,如量表、记录单、调查问卷等,选择合作观察的伙伴,商讨分工合作的观察内容,研讨双方观察的规则等。在实际的操作中,根据《课堂观察框架》选择观察点时,可以根据需要形成"一人一点,多人一点,一人多点.多人多点"的观察模式。

2.2 如何确定课堂观察点?

  课堂是错综复杂且变化多端的,要观察到课堂里发生的每一件事是不可能的;但如果我们不知道在找寻什么,就看不到更多的东西。因此,课堂观察要求根据观察点的品质、观察目的和内容等事先确定好观察点。

  首先,要根据观察点的品质——可观察、可记录、可解释来确定观察点。这是由观察的特点所决定的。我们只能观察到具体的行为表现,如师生之间的提问与应答、阐释与分辨、辅导与练习,教师移动与教学手段的运用等,而很难观察学生、老师头脑里的东西;同样,所确定的观察点还必须是可记录、可解释的,不可记录等于不可观察,不可解释等于没有观察。

  其次,要根据观察者和被观察者个体的需要来确定观察点。处在不同发展阶段的教师关心的问题不同,需求不同,因而确定的课堂观察点也就不同。如,教师可以根据自己需要加强的教学领域或某一方面素养来确定观察点,通过观察、研究作为自己改进的参照。实际上,观察者和被观察者的需求往往不相一致,这就需要在课前会议中通过协商决定。

  再次,要根据合作体的需要来确定观察点。课堂观察合作体形成的前提之一就是有共同的合作目标,或是研究一个主题,或是形成合作体的教学风格,或是改进课堂教学的某一方面等等。因此,在确定观察点时还要考虑围绕合作体的需要,如,就当今最普遍的教研活动形式——学科教研组而言,在观察点的选择和确定上,要思考:本学科教研组近三年的课堂教学追求是什么？确定具体的发展目标之后,就需要考虑与所追求的主题最密切相关的观察点,在这基础上"设计—观察—反思—改进",从而形成教研活动的跟进链条。

2.3　如何选择或自主开发课堂观察/记录工具？

在复杂的课堂情境中进行课堂观察,必须借助于一定的工具才能进行有效的观察记录,关于观察记录工具,我们要思考三个问题:如何选择已有的观察记录工具？为什么还要开发新的观察记录工具？如何开发新的观察记录工具？

如何选择已有的观察记录工具？主要考虑的三个因素:一是观察点,如观察提问,如果想观察"提问的数量",则应该采用定量的观察记录工具;如果想观察"问题的认知层次",那么应该采用定性和定量相结合的工具;再如观察"情境创设的效度",显然应该采用定性观察记录工具。二是观察者自身的特征,如观察"学生活动创设与开展的有效性",若想从学生参与活动的人数和态度来判断,那么在界定不同态度表现行为的基础上,采用定量的记录工具是合适的,但这要求观察者有比较好的视力、良好的反应能力、快速的判断能力。若想从活动的难度系数及学习目标达成情况来判断,那么需要记录一些教学片段中的行为、对话、情境等细节,则需要观察者有快速记录的能力和较好的记忆能力。三是观察条件,如观察"课堂对话的效度",除了要有快速记录的能力外,还需要一些音像记录设备,否则,对话过程中的语调和神态等对话要素很可能无法记录。

为什么还要开发新的观察记录工具？已有的成熟的观察记录工具,它们在逻辑上的严密性和科学性都是经过了实践检验的。但它的局限性也是显而易见的,如与所观察的课堂的针对性不够,不同的学科具有不同的性质和要求,不同的课堂具有不同的情境,普适性太强则意味着针对性的弱化,由于使用者的理论素养和实践经验的限制,往往存在着理解上的偏差、操作上的困惑、解释上的窘境,于是自主开发观察记录工具成了一种比较现实的选择。

如何开发新的观察记录工具?主要有三个阶段:一是分析设计阶段,首先应具体分析观察对象(内容)的要素和观察课的特征,比如观察提问,其要素就可以从"提问的数量"、"提问的认知层次"、"问题的目的指向"、"提问的方式"、"学生回答的方式"、"学生回答的类型"、"教师理答的方式"等方面分析,然后根据观察课的具体情境设计观察记录工具。二是试用修正阶段,观察记录工具出来后,必须检验其科学性,因此,通过试用进行修正是必要的。三是正式使用阶段,一般来说,教师自主开发的观察记录工具,使用起来得心应手,解释起来能自圆其说,尽管可能存在着这样或那样的问题,却能在开发的过程中很好地提高教师的理论素养、设计能力和合作研究的水准。

2.4 进入现场观察要注意哪些问题?

对于观察者而言,进入现场要注意四个问题:进入现场的时间与任务、观察位置、记录方式以及观察者行为等。

观察者要在上课开始前进入现场,最好提前五分钟进入课堂,同时必须明确进入现场的观察任务以及可用的观察工具。如果没有既定的任务与可用的工具,观察者所获得的只是整体的一般印象或对某个问题的表面了解,不可能就所观察的问题做出基于数据或文字实录的深入分析,就有可能使课后会议成为各抒己见的妄议或空谈。

观察者选择有利的观察位置,对观察的顺利开展十分重要。一般而言,要按观察任务来确定观察位置,以确保能收集到真实的信息。如观察四个学生的课堂参与情况,观察者应选择离他们较近的位置,以便随时记录他们参与的时间等;如观察教师情境创设的有效性,观察者应选择便于走动的位置,可及时移动来了解具体情况。但还应注意,观察者所选定的位置在一节课内通常是固定的,应以不分散学生的注意力为宜,尽量避免与教师的课堂走动发生冲突。

观察者要如实地记录你所看到的与听到的种种现象,在需要连续记录时,一般不宜当场花时间对现象进行分析或做出判断,以免影响记录的进程,或遗漏一些重要的信息。

在观察过程中,观察者的行为表现应不影响正常的课堂教学。观察者的表情不能过于丰富,应保持冷静;观察者不应着奇装异服,尤其是观察位置面对或靠近学生时;观察者不应进行不必要的走动;观察者之间不应相互讨论,发出声音,因为这些行为举动在一定程度上会引起教师或学生的注意,影响教与学的进程。

2.5 课堂观察记录有哪些具体的方式?

课堂观察的记录方式有很多种,应该根据具体的观察内容、观察类型,选择自己擅长的记录方式来进行观察记录。总的来说,课堂观察记录方式可分为定性的记录方式和定量的记录方式两种。

定量的记录方式是预先对课堂中的要素进行解构、分类,然后对在特定时间段内出现的类目中的行为进行记录。它主要有等级量表和分类体系等记录方式。等级量表(rating scale)指事先根据观察目的编制合理的量表,在课堂观察中,观察者依据对象的行为表现在量表上评以相应的等级。分类体系(category systems)指预先列出可能出现的行为或要观察的目标行为,在观察过程中以合适的时间间隔取样对行为进行记录。分类体系包括编码体系(如美国课堂观察研究专家弗兰德斯的互动分析分类体系)和记号体系或核查清单。在预设的单位时间内,编码体系对发生的一切行为都予以记录;记号体系或核查清单只记录不同的行为种类。

定性的记录方式是以非数字的形式呈现观察的内容,包括:(1)描述体系,即在一定分类框架下对观察目标进行的除数字之外的各种形式的描述,是一种准结构的定性观察的记录方法;可以从这样几个角度来描述:空间、时间、环境、行动者、事件活动、行动、目标、感情等。(2)叙述体系,即没有预先设置的分类,对观察到的事件和行为做详细真实的文字记录,也可进行现场的主观评价。(3)图式记录,即用位置、环境图等形式直接呈现相关信息。(4)技术记录,即使用录音带、录像带等电子媒介对所需研究的行为事件做现场的永久性记录。

定量的记录方式和定性的记录方式可以相互补充使用。所获得的数据、信息应尽可能地反映真实的教学环境和课堂活动。

2.6 如何处理记录的数据?

处理记录的信息一般要经历三个步骤:统计/整理、归类、解释。观察者先要对根据观察量表所记录的信息进行统计或整理。在进行统计记录的数据时,对于一些简单的、目的单一的观察量表所收集的数据,如学生的应答方式,可以从记录中推算出一些能说明问题的百分比、频数或排序,呈现在相应的观察量表上;对于那些较为复杂的数据,如师生语言互动分析,可以通过频率和百分比的计算,绘制出可以说明问题的图表,也可以通过电脑,利用 Excel 等电子制表软件来开发数据表,利用电脑进行数据分析,然后再根据需要由电脑绘制出不同的图表。对记录的文字材料要进行整理,按观察量表的设计意图逐条核对文字,或补充、或删减、或合并,转换成简洁、明了的语言表达,真实地复原当时的课堂情境。如果是多人合作观察同一个内容,统计或整理所记录的信息应在交流、讨论的基础上对各自的信息进行必要的合并。

在此基础上,寻找、发现可以陈述的问题或观点,建构分析框架,对统计或整理的结果按不同的问题进行归类,把具体的事实与数字集合到相应的问题或观点中去,为下一步的解释作好准备。

解释的任务在于对发现的问题或被观察者的教学特色进行剖析与反思,对数字的具体含义与现象背后的原因及意义作出解释,并提供相应的教学建议。但必须要依据课堂实录,必须要针对此人此事此境此课,不要进行过多的经验类推或假设。

2.7 在整理数据进行必要的推论时应注意些什么？

根据已经收集的数据做出必要的推论是一个专业判断的过程，需要若干原则保障其合理性的实现。

要理解量表的理念和目的。量表的设计是针对观察点设置的，所收集的数据关注于点状问题的解释，它们在某些方面能进行有效的推论，但可能不适用于另一方面的推论。明确了量表的设计原理，才能在推论时有的放矢。

要注意把定量和定性的方法结合起来。定量的方法在于使研究有理有据，通过前后若干次观察数据的比较，归纳出被观察者教学行为的特点。定性的方法着眼于综合观察教师的教学设计、课堂文化等要素，为被观察者提供全景式的改进性建议。两者相互补充，有助于对教师课堂行为从细节到整体的把握。同时，要重视学生的课后反馈，将其作为行动跟进的参考。

要注意数据的信度和效度问题。由于观察是对教学自然生态的介入，而且观察者处于不同的发展阶段，秉持不同的教学观，观察数据的信度和效度不可避免地受到主客观因素的影响。观察者在运用这些数据时，要考虑到课堂观察的特性，反思自己的教学理念，将重点置于数据产生的可能原因的分析上，与被观察者对话探讨，而非简单的价值判断。

推论要基于证据，推论程度要适当。传统的听评课所做的判断、建议绝大部分是基于经验和印象的，缺乏足够的证据支撑。课堂观察强调的一个要义是"拿证据来"。推论的可靠性来源于证据，有多少证据，做多少推论，既不要拔高，也不要低估。

要避免一些不必要的推论。不能用一个点的观察结果来简单地推论整堂课的教学效果。选取观察点秉持的是一种分析逻辑，教师某一教学特点既能够被凸显，其不足也可能会被无限放大。这些与教师个人特质、教学风格及教学情境的复杂性紧密相关，但局部的瑕疵并不妨碍其成为一堂好课。

同理,用一次观察活动来评判教师的教学质量也是不足取的。课堂观察是一个连续追踪的过程,旨在促进教师专业发展。观察结果的呈现是供研讨、反思之用的,而并非对教师的终结性评价,观察者在推论时理应抱着同理心,更深入地去理解数据背后的意义。

❸ 展望课堂观察

3.1 课堂观察需要哪些支持或保障?

　　课堂观察是一项系统的教科研活动,植根于学校的管理制度、教师文化之中,它的功能的发挥有赖于在学校、合作体、教师个人三个层面形成的合力。

　　在学校层面,学校需要为课堂观察的开展创设有利的条件。校长不仅担负行政领导的责任,更需要实现课程领导,为课堂观察的开展营造民主合作的文化。学校需要通过积极的措施建立奖励机制,尊重先进教师的才智和热情,鼓励课堂观察成为教师专业生活的一部分。在专业支持方面,学校需要利用好已有的学术资源,最好能有专家进行现场指导,结合本校情况,为课堂观察的规划和实施提供建议,并开展教师培训工作。在信息建设方面,本校课堂观察的开课信息和研究进展能够及时为全校教师获知。而在日常工作方面,课堂观察对时间和场所有一定的要求,学校需要在课时的调动、观察场所的安排上提供便利条件。

　　在合作体层面,合作的教研文化是课堂观察顺利开展的前提。课堂观察是在利益互惠的基础上,成员通过合理的分工,在民主的交流对话中,实现共同发展的愿景。教研组长、骨干教师需要发挥专业引领的作用,调动组员参与课堂观察的积极性,组织培训交流活动,及时帮助组员解决研究过程中的困难。观察技术的掌握、观察量表的制作、观察报告的撰写都不是仅靠教师个人一己之力能够完成的,因此合作体的交流、学习的时间需要得到保证。同时,合作体需要建立课堂观察资料管理系统,将借鉴的和自我研发的量表建成量表库,课后观察报告实现归档管理,使它们成为学校每一位教师共享的学习资源。

在教师个人层面,教师首先要认识到课堂观察对自身专业发展的重要性,产生参与观察活动的意愿。在实践课堂观察的过程中,要秉持开放的心态。作为被观察者时,能积极倾听他人的意见,直面自己的不足,综合同伴观察和自我判断,做出及时有效的改进行为。作为观察者时,要开发、采用科学的量表,如实地记录课堂信息,做出合理的推断,提供建设性的建议。此外,教师需要具备一定的量表开发技术和观察技能,充分利用与同伴探讨和专家交流的学习机会,针对自身特点,掌握观察的核心要素,致力于提高自己的课堂观察水平。

3.2 学校如何培训教师开展课堂观察?

课堂观察作为一种新型的听评课范式,要在校本教研中发挥真正的作用,就必须让广大教师理解它的理念和技术,因而对教师的培训也就显得十分重要。谁来培训?培训什么?怎么培训?是我们必须解决的问题。在这个过程中,我们主要经历了三个阶段。

学习阶段。这个阶段的目的是让教师理解课堂观察的理念和技术,为实现这个目的,我校主要是采取了以下两项措施。一是专家讲座。通过专家的讲座,让教师们对课堂观察有个全景式的理解:课堂观察的理念、课堂观察的技术、课堂观察的框架、课堂观察合作体的组建、观察表的选择与开发。经验证明,抓好骨干教师培训是此阶段的重中之重。二是教师研讨。在专家培训的基础上,以教研组为单位,充分发动教师结合自己的专业实践,研讨课堂观察的理念与技术、课堂观察框架与程序、观察量表的意义与使用,使老师们具备开展课堂观察的基本技能。

试点阶段。为了积累经验,减少风险,先找一两个组风良好、研究能力较强的教研组进行试点是必要的。我校在此阶段选择了生物和化学组作为突破口。他们在此阶段的培训,一是教研组长对学科教师的培训,培训的重点内容是教师如何利用《课堂观察框架》确定观察点,组建课堂观察合作体,明晰课堂观察程序,清楚课前会议、课中观察、课后会议的具体内容,成熟的观察量表的研讨。二是教研组内有兴趣的老师自愿组成课堂观察小组。他们的培训是互助式的,研讨的内容针对自己的需要。我校生化组在试点的过程中曾出现了一些问题,例如对课堂观察的课前会议内容的界定,对观察数据的解释和推论,对课堂观察的意义等模糊不清的现象,所幸的是崔允漷教授两次亲自参加生物和化学教研组的课堂观察活动,他及时的再培训,为两个教研组的课堂观察活动的顺利进行提供了智力支持。

推广阶段。我们的培训主要是两种:一种是现场观摩。由于生物和化学组课堂观察的成功试验,为其他教研组的开展课堂观察提供了可以参照的模本,让老师们能亲眼看到课堂观察发生的全过程是最有效的培训方式。另一种是做中学。大家基于自身的经验和研究一起探索,在做的过程中去体会课堂观察的理念和技术,体悟课堂观察对课堂教学和自身专业发展的意义。在这个阶段的培训中,要避免急于求成,忽视学科差异等问题。

3.3　在开展课堂观察过程中我们经历了哪几个阶段?

开展课堂观察以来,以生物组课堂观察合作体为例,我们大体上经历了如下三个阶段。

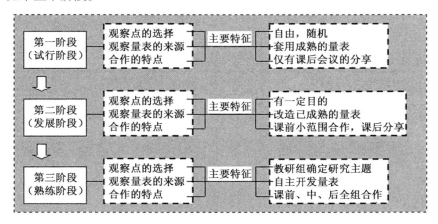

第一阶段:试行阶段。从表中可以看出,此阶段明显带有传统听评课的印记,观察内容的选择更多的是基于自己的需要或经验惯性,或者是一种被动的、盲目的随大流,或者是对某张成熟的量表感兴趣。观察量表基本来源于成熟的、公开发表的已有成果。由于对量表理解不清,我们不知道背后的理论和操作技术,以至于在课后会议时,成了简单的数据汇报。如何合理地解释数据,通过数据进行合理的推论,使我们陷入了困惑之中。并且由于过于关注数据,课堂似乎被我们分解得支离破碎,零星的片面的印象充斥着课后会议。所谓的合作也仅仅是课后会议时,大家坐在一起谈谈自己观察到的现象。虽然这一切一度让我们的课堂观察陷入迷茫之中,但是此阶段却出现了一些可喜的变化:一是听评课程序上的健全,使老师们的听评课有了更多研究的意识,向专业化的方向迈进了一步。二是观察点的选择,使老师们在课堂上的观察比较聚焦,课后会议也出现了大家都能说也想说的局面。

第二阶段:发展阶段。基于第一阶段的困惑与问题,我们觉得突破口在量表的使用上。如果能对自己使用的量表有深刻的理解,那么,课中观察将能收集到更多更有效的证据,课后会议就能够对观察到的现象作出合理的解释和必要的推论。但我们的水平显然还不具备完全自主开发的能力。在这种情况下,我们选择了两条腿走路:一是研究成熟的量表,争取能为"我"所用。二是对成熟的量表进行适度的改造。也许经过我们改造的量表破坏了原表的逻辑结构,但毕竟在这张表中有那么几点是我自己的,是最有心得的,同时随着量表的深入学习与改造,在课前自觉的小范围的合作自然就出现了。这个阶段的进步主要体现在课前的研究,而课后会议上的分析也更加到位,大部分老师能围绕自己的观察主题进行较深入、较全面的分析。

第三阶段:熟练阶段。随着量表研究的深入,自主开发观察量表就"水到渠成"了。此时,教研组适时地提出主题式观察。由于有前两个阶段在操作上的经验和研究上的成果,使得集全教研组之力,在课前、课中、课后的通力协作研究成为可能。大家在观察点的选择上就能做到既能避免交叉重叠,又能相互支撑构成一个较为完整的观察研究体系。在这样的观察研讨中,大家的收益就很丰富多元了。

我们还在探索中,让课堂观察在教师的专业发展和课堂的有效教学中发挥更大的作用,我们还有很长的路要走……

3.4　课堂观察需要进一步研究的问题有哪些？

经过我们一年多的实践证明,课堂观察是促进教师专业发展、改善学生课堂学习的一种有效的方法,它是对传统听评课的一种超越与发展,具有十分鲜明的理论和实践意义。虽然我们在实验的过程中积累了一些宝贵的经验,但课堂观察作为一种系统的、持续的研究方式,在学理上和实践中仍需要我们不断做出新的解答。

首先,在理论层面,我们需要进一步厘清课堂观察中的若干基本关系。如何客观地评价课堂观察的价值？课堂观察在哪些方面促进了教师的专业发展？对于不同发展阶段的教师,课堂观察的作用有何不同？课堂观察如何从关注教师教学转向关注学生课堂学习？课堂观察需要怎样的教研文化、学校文化的支持,它们之间存在怎样的关系？……可以看出,在课堂观察这只"箱子"里面,有许多深层的、隐性的机制在支撑其发展,我们不应简单地将其仅仅视为一种听评课的方法。我们既要从课堂观察的内部要素着手,完善它的合理性和操作性,也要"跳出"课堂观察,从教师专业发展、教学、学习等其他理论领域来反观课堂观察。同时,课堂观察致力于打造民主合作的学校文化,如何以课堂观察为突破口,践行先进的教育哲学,也值得进一步研究和思考。

其次,在技术层面,课堂观察的发展需要更为综合的视角。观察点的选择和量表的制作是课堂观察的关键,在秉持专业取向的同时,需要为观察者提供易于操作的抓手和示范。在观察点的选择上,需要结合观察者和被观察者的特点、需求以及学科性质来进行考量。在量表的制作上,我们亟须从参考模仿的"拿来主义"走向体现学校、教师、学生、学科特点的自我创新,针对不同发展阶段的教师的特点,推进量表学科化、现场化、个人化的进程。同时,课堂观察要警惕走入纯技术的歧路。传统的听评课在对课堂教学整体性的把握上有其可取之处,应该将其与课堂观察结合起来,将定量和定性的方法结合起来,从而避免"只见树木,不见森林"的问题。此外,如何更好地利用《课堂观察框架》,减少观察行为对课堂教学不必要的干扰,增强量表的可记录性,提高推论的合理性等议题也是课堂观察研究的生长点。如果我们用发展的眼光来看,伴随着技术的进步,课堂研究电子化的出现,课堂 e-观察也是一种努力的方向。

再者,在实践层面,如何进一步加强合作体的建设至关重要。课堂观察是一种合作的研究方式,如何激活教研文化关系着课堂观察的走向。合作体建设的过程中要尊重各个成员的声音,进行合理的分工,分享共同建立的规则,实现利益的互惠,扩大教师参与面和参与程度,充分发挥骨干教师的带头作用。而观察者的态度、专业技能影响着课堂观察的效率,如何提高观察者的素质,这是校本培训下一步研究的重点。同时,学校应考虑如何建立相关的规章制度,合理安排课堂观察在校本教研中的地位,保障课堂观察在改善学生课堂学习、促进教师专业发展的作用。

第三部分　范式创新

三年来,我们致力于创建一种新的基于技术—合作—研究的听评课范式,即专业的听评课范式。课堂观察专业性的内涵表现在以下若干方面:

第一,要观察课堂必须理解课堂,而要理解课堂则需要有一种分析视角来重新审视我们的课堂。基于课堂教学构成要素的知识以及实践中的智慧总结,我们颇具创造性地建立了一种课堂分析框架(也叫课堂观察框架):4个维度—20个视角—68个观察点。该框架为教师理解课堂提供一个全新的支架,也为教师选择观察点、选择/开发观察工具提供参照体系。

第二,要观察课堂必须明确具体的观察点(观察任务)。课堂是丰富而复杂的,仅凭我们个人的观察力与理解力来掌握课堂的方方面面必定是力所不及的。观察点的确定取决于观察者、被观察者以及合作体的需要。

第三,要观察课堂必须借助观察/记录工具。工具是从丰富的情境中获取有效信息的利器,它代表着观察者的专业水平,也代表着课堂观察的技术含量。我们依据课堂观察的框架,自主开发了大量的观察/记录的工具。这里精选了21份比较典型并经过试用修正的工具(本书《课例》中出现的量表不重复收入)。考虑到课堂观察的三个特性——可观察、可记录、可推论,其观察内容的设置并不拘泥于严整的理论逻辑,而采纳了实用的取向;其观察记录的方式也不是单一的,而是多样的,可以采用代码法、要点法,可以全程记录、间时记录。需要说明的是,这些工具是观察者个人化的专业体现,它们体现了观察者对课堂和观察点的理解水平和对自身长短优劣的认识。因此,它们的个人色彩十分明显,未必就能简单地适用于其他观察者,也许这就是课堂观察的魅力所在。

第四,要观察课堂必须有一个合作体并按照一定的程序进行,以保障其专业性。合作体是基于课堂丰富性与复杂性的诉求，避免课堂观察行为的简单重复与"不合而作"；课堂观察的程序必须包括课前会议、课中观察与课后会议，此程序可以保证一个合作体持续地关注、深入地研究一堂课，从而提升课堂观察活动的专业品质。

  这里，主要呈现该范式的核心内容，即课堂观察框架（第三版）和自主开发的部分观察/记录工具。

1 课堂观察框架

1.1 课堂观察框架的开发过程

2005年3月,浙江省余杭高级中学成为华东师范大学课程与教学研究所的实验学校,这意味着我们中小学与大学确立了真正的伙伴关系。在合作探讨"基于合作的教师专业发展"这一课题的过程中,我们深深地体会到听评课作为一种合作研究方式,它对于学生课堂学习的改善与教师专业发展的促进起着非常重要的作用。然而,审视当下的听评课,我们却又发现存在一些问题,如简单处理、任务取向、不合而作等。究其原因,最关键的因素有两个:一是老师们缺少听评课的框架,即我"依据什么"听评课,二是听评课的活动很不规范,即"如何"听评课。于是,我们在崔允漷教授及其团队的指导下,开始了听评课的研究。

1.1.1 《课堂观察框架(初稿)》(2005年9月)

我们决定把重新构建听评课的框架作为突破口。在查阅大量国内外文献、参考大量课堂评价量表的基础上,历时半年,我们初步构建了听评课框架的基本模型。首先,我们按照课堂活动发生的要素,将课堂解构为教师、学生、学习媒介、课堂文化四部分。确立了"教师技艺、有效学习、学习内容、课堂文化"4个观察维度,每个维度下设置了一些观察指标,每个指标下再设置一些观察点,如"教师技艺·引起并能保持注意力"设置了4个观察点,即"告诉学生学习目标"、"适当地保持上课的进度"、"监控注意力的保持情况,定时激发注意力"、"保持学生的责任感(提问的技巧)"等。以这个框架为基础,生物组进行了小范围的试验。我们发现,这个框架为教师理解课堂提供了一个支架,为教师观摩课堂提供了一些可操作的观摩点,出现了课后评课中大家都能说的好现象。但是,如下的问题依然存在:一是观察时随意性和盲目性仍然很大,观察还基本上是基于教师的个体经验;二是观察之后,老师们的发言还是重在评价,泛泛而谈和即兴发挥的情况还比较严重;三是对课堂的理解还存在较大的困难,甚至是混乱。这些问题让我们意识到,没有对传统听评课的理念与技术的突破,课堂观察将无法深入。可怎么突破呢?

1.1.2 《课堂观察框架(第一版)》(2006年4月)

寻寻觅觅中,到了2006年4月,我们带着试验的喜悦与存在的问题,与崔教授的团队进行了深入的探讨。讨论的问题聚焦在:(1)什么是课堂观察?(2)课堂的4个要素如何分解和定位?(3)各维度下的指标如何确立,并构成相对完整的框架?(4)观摩点/观察点怎样确定?

崔教授从听评课的哲学、社会学、技术/工具三个层面对课堂观察进行了定位(详见《教育发展研究》2007年第9B期),进一步厘清了课堂观察的性质,他认为课堂观察应该是一种教师的日常生活,一种专业的在职学习,一种合作的校本教研。

我们对课堂观察的框架也进行了重新建构。相比于初期的框架模型,其变化体现在下列4个方面:(1)观察维度。我们认为课堂是由课程、教师、学生、课堂文化4部分组成的,以此为基础,确立了这4个观察维度。(2)观察指标。分析每个维度,我们找出了其中核心的且可观察的属性,并将这些属性确立为观察指标。这样每个维度下有5个一级指标,合计20个。(3)观察点。课堂是极其复杂的,要将每个指标下的具体行为都罗列出来是不现实的,也没必要。于是,我们以举例的形式列出了每个一级指标下的3至5个二级指标,合计83个观察点。(4)观察点的呈现形式。观察点的呈现不再用评语的形式,而是用问题的形式,旨在引领教师去思考而不是评价课堂。

此外,我们对听评课的程序进行了严格的规定,确立了课前会议、课中观察、课后会议的观察程序,并探讨了每个环节的时间、程序与内容。在此基础上,我们综合各方意见,制定了第一版《课堂观察框架》。

1.1.3 《课堂观察框架(第二版)》(2007年11月)

2006年5月,我校的课堂观察试点工作在生物和化学组全面铺开。一年多的时间里,生物和化学组开展大型课堂观察(对外展示)5次,小型课堂观察(组内开展)20余次。在试验过程中,我们又发现了一些新的问题。归纳起来,主要有下列五个方面:(1)关于课堂观察的培训(理论与框架),即如何理解与利用课堂观察框架?(2)关于观察点的选择与观察目标的适切性,即如何选择与开发观察工具?(3)关于课堂观察程序三个步骤的时间与内容,特别是课前会议的时间与内容如何确定?(4)关于观察结果的解释、类推问题。(5)关于课堂观察的适用范围问题。

伴随着这些问题的逐步澄清,2007年9月,学校决定,将课堂观察作为一种有效的校本教研方式,在全校各教研组进行广泛而深入的宣传,并鼓励各教研组或合作体继续深化课堂观察的探索,积累各个学科的经验。恰逢北京市海淀区教师进修学校、宁夏银川一中的同仁有意合作,共同来研讨中国式的课堂观察,且带着宝贵的经验来我校交流,这给了我们极大的鼓励。

在这样的背景下,我们感到,确实需要总结自己一年多来在实践中的探索经验,并据此考虑修订第一版《课堂观察框架》。

2007年11月,我校课堂观察框架的主创人员与崔教授的团队再次相聚。在回顾一年多的课堂观察实践的基础上,进一步探讨了课堂观察的知识基础问题。这次修订主要体现在以下四个方面:(1)观察框架。对课堂观察的4个维度进行了重新定位:学生学习、教师教学、课程性质和课堂文化。这样的维度表述使课堂观察更有方向感,使观察者更明白观察什么,并按照新课程的理念,重新确定了4个维度的顺序,突出了学生的学习。(2)观察视角。一是以观察视角代替了一级观察指标,观察视角与"观察维度"和"观察点"具有逻辑上的一致性,表述更为准确严密;二是对教师教学和课程性质两个维度的观察视角进行了重新设计,以避免原来这两个维度中各观察点之间存在的一些交叉、重叠现象;三是对课堂文化的4个视角作了全新的设计;四是将学生学习维度中的"目学"视角改为"自主"视角。(3)观察点。一是观察点的数量由原来的83个缩减为68

个,使观察的内容进一步聚焦;二是逐个审视观察点,为教师理解课堂、开发观察工具提供具体明确的支持。(4)观察程序。明确界定课前会议的内容,放弃磨课和教学内容的研讨部分。因此,新的课堂观察框架可以归结为"4个维度,20个视角,68个观察点"。于是,第二版《课堂观察框架》诞生了。

1.1.4 《课堂观察框架(第三版)》(2008年6月)

在第二版课堂观察框架的基础上,我们进行了深入的课堂观察实践。持续7个月的课堂观察实践中,又产生了一些新的问题,这些问题主要集中在观察点上。为了让观察框架对课堂观察发挥更大的指导作用,我们感到有必要对第二版《课堂观察框架》进行修订。

2008年6月,我们与崔教授的团队相聚于余杭高级中学,对观察框架进行了第三次修订。这次修订集中在观察点上,其变化主要体现在以下几个方面:(1)观察点的设置。一是剔除了课堂中难以观察的观察点,或是随着课程改革的推进,已经不是课堂主要问题的观察点;二是增加了对新课程实施和学生发展影响重大的观察点,以期引导课堂教/学的变革。(2)观察点的选择。剔除了追问教/学效果的观察点,只保留了能被观察的行为和现象的观察点。(3)观察点的表述。为方便利用观察框架开发观察工具,在每个观察点中,我们提供了尽可能多的、主要的判断指标。修订后的课堂观察框架,仍然是"4个维度,20个视角,68个观察点",但观察点已发生了巨大的变化。在此基础上,形成了第三版《课堂观察框架》。

1.2 课堂观察框架(第三版)

维度一:学生学习	
视角	观察点举例
准备	·课前准备了什么?有多少学生作了准备? ·怎样准备的(指导/独立/合作)?学优生、学困生的准备习惯怎样? ·任务完成得怎样(数量/深度/正确率)?

(续表)

视角	观察点举例
倾听	·有多少学生倾听老师的讲课？倾听多少时间？ ·有多少学生倾听同学的发言？能复述或用自己的话表达同学的发言吗？ ·倾听时，学生有哪些辅助行为(记笔记/查阅/回应)？有多少人发生这些行为？
互动	·有哪些互动/合作行为？有哪些行为直接针对目标的达成？ ·参与提问/回答的人数、时间、对象、过程、结果怎样？ ·参与小组讨论的人数、时间、对象、过程、结果怎样？ ·参与课堂活动(小组/全班)的人数、时间、对象、过程、结果怎样？ ·互动/合作习惯怎样？出现了怎样的情感行为？
自主	·自主学习的时间有多少？有多少人参与？学困生的参与情况怎样？ ·自主学习形式(探究/记笔记/阅读/思考/练习)有哪些？各有多少人？ ·自主学习有序吗？学优生、学困生情况怎样？
达成	·学生清楚这节课的学习目标吗？多少人清楚？ ·课中有哪些证据(观点/作业/表情/板演/演示)证明目标的达成？ ·课后抽测有多少人达成目标？发现了哪些问题？

维度二：教师教学	
视角	观察点举例
环节	·教学环节怎样构成(依据/逻辑关系/时间分配)的？ ·教学环节是怎样围绕目标展开的？怎样促进学生学习的？ ·有哪些证据(活动/衔接/步骤/创意)证明该教学设计是有特色的？
呈示	·讲解效度(清晰/结构/契合主题/简洁/语速/音量/节奏)怎样？有哪些辅助行为？ ·板书呈现了什么？怎样促进学生学习的？ ·媒体呈现了什么？怎样呈现的？是否适当？ ·动作(实验/制作/示范动作)呈现了什么？怎样呈现的？体现了哪些规范？
对话	·提问的时机、对象、次数和问题的类型、结构、认知难度怎样？ ·候答时间多少？理答方式、内容怎样？有哪些辅助方式？ ·有哪些话题？话题与学习目标的关系怎样？
指导	·怎样指导学生自主学习(读图/读文/作业/活动)？结果怎样？ ·怎样指导学生合作学习(分工/讨论/活动/作业)？结果怎样？ ·怎样指导学生探究学习(实验/课题研究/作业)？结果怎样？
机智	·教学设计有哪些调整？结果怎样？ ·如何处理来自学生或情境的突发事件？结果怎样？ ·呈现哪些非言语行为(表情/移动/体态语/沉默)？结果怎样？

维度三：课程性质	
视角	观察点举例
目标	·预设的学习目标是怎样呈现的？目标陈述体现了哪些规范？ ·目标是根据什么(课程标准/学生/教材)预设的？适合该班学生的水平吗？ ·课堂有无生成新的学习目标？怎样处理新生成的目标的？
内容	·怎样处理教材的？采用了哪些策略(增/删/换/合/立)？ ·怎样凸显本学科的特点、思想、核心技能以及逻辑关系？ ·容量适合该班学生吗？如何满足不同学生的需求？ ·课堂中生成了哪些内容？怎样处理的？
实施	·预设哪些方法(讲授/讨论/活动/探究/互动)？与学习目标适合度？ ·怎样体现本学科特点？有没有关注学习方法的指导？ ·创设什么样的情境？结果怎样？
评价	·检测学习目标所采用的主要评价方式有哪些？ ·如何获取教/学过程中的评价信息(回答/作业/表情)？ ·如何利用所获得的评价信息(解释/反馈/改进建议)？
资源	·预设哪些资源(师生/文本/实物与模型/实验/多媒体)，怎样利用？ ·生成哪些资源(错误/回答/作业/作品)？怎样利用？ ·向学生推荐哪些课外资源？可得到程度怎样？

维度四：课堂文化	
视角	观察点举例
思考	·学习目标怎样体现高级认知技能(解释/解决/迁移/综合/评价)？ ·怎样以问题驱动教学？怎样指导学生独立思考？怎样对待学生思考中的错误？ ·学生思考的习惯(时间/回答/提问/作业/笔记/人数)怎样？ ·课堂/班级规则中有哪些条目体现或支持学生的思考行为？
民主	·课堂话语(数量/时间/对象/措辞/插话)是怎样的？怎样处理不同意见？ ·学生课堂参与情况(人数/时间/结构/程度/感受)是怎样的？ ·师生行为(情境设置/叫答机会/座位安排)怎样？师生/学生间的关系怎样？ ·课堂/班级规则中有哪些条目体现或支持学生的民主行为？
创新	·教学设计、情境创设与资源利用怎样体现创新的？ ·课堂有哪些奇思妙想？学生如何表达和对待？教师如何激发和保护？ ·课堂环境布置(空间安排/座位安排/板报/功能区)怎样体现创新的？ ·课堂/班级规则中有哪些条目体现或支持学生的创新行为？
关爱	·学习目标怎样面向全体学生？怎样关注不同学生的需求？ ·怎样关注特殊(学习困难/残障/疾病)学生的学习需求？ ·课堂话语(数量/时间/对象/措辞/插话)、行为(叫答机会/座位安排)怎样？ ·课堂/班级规则中有哪些条目体现或支持学生的关爱行为？
特质	·在哪些方面(环节安排/教材处理/导入/教学策略/学习指导/对话)体现特色？ ·教师体现了哪些优势(语言/学识/技能/思维/敏感性/幽默/机智/情感/表演)？ ·师生/学生关系(对话/话语/行为/结构)体现了哪些特征(平等/和谐/民主)？

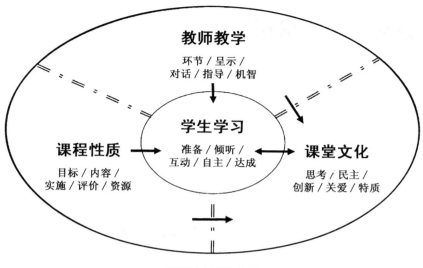

课堂观察框架简图

❷ 课堂观察工具

2.1 学生学习维度

2.1.1 学生是如何突破难点的

- 量表设计:郑超、钟慧
- 观察维度:学生学习·倾听/互动/自主
- 研究问题:学生在突破教学难点中的表现和效果怎样?

教学步骤	学生的表现			
	倾听 (倾听/回应)	互动 (回答/提问/)	互动 (讨论/汇报)	自主 (计算/书写)

2.1.2 学生对核心概念的理解

- 量表设计:姜平、曹晓卫、路雅琴
- 观察维度:学生学习·准备/倾听/自主/互动
- 研究问题:学生对核心概念的理解情况怎样?

观察内容		核心概念		
		种群	基因库	基因频率
概念要求	课程标准	说明现代生物进化理论的主要内容		
	学科指导意见	解释种群的概念	解释基因库的概念	解释基因频率的概念
	具体目标	同上	同上	同上
单个概念	准备(采用问卷调查)			
	倾听(概念的提出背景)			
	互动 人数及对象			
	互动 过程(问答/指导/生成及利用)			
概念体系的构建	倾听 三者间的关系			
	自主 构建概念图			
	生成的问题			
达成情况(采用问卷调查)				

2.1.3 学生对核心知识的理解和运用

- 量表设计:吴江林
- 观察维度:学生学习·达成
- 研究问题:学生对核心知识的理解和运用情况怎样?

观察指标(以认知层次为序)	典型行为记录					
	教学环节一		……		教学环节N	
	教师	学生	教师	学生	教师	学生
1. 用自己的话去解释、表达所学的知识						
2. 基于这一知识作出推论和预测,从而解释相关的现象、解决有关的问题						
3. 运用这一知识解决变式问题						
4. 综合几方面的知识解决比较复杂的问题						
5. 将所学的知识迁移到实际问题中去						

2.1.4　学生活动参与的深度

- 量表设计：喻融、姜平
- 观察维度：学生学习·达成
- 研究问题：活动中学生的参与深度怎样？

活动主题	活动类型	活动时间	活动预设	目标达成	课堂实录
观看牛蛙腓肌肉收缩的探究实验	探究思考				
阅读课本，书写ATP结构简式，ATP水解反应式，及能量的利用	阅读书写				
讨论生成ATP能量来源的途径和形式，ATP与ADP相互转化的特点	讨论				
比喻ATP在能量代谢中的作用，猜想生命活动直接能源的种类	思考				

2.1.5　学生活动参与的广度

- 量表设计：喻融、姜平
- 观察维度：学生学习·达成
- 研究问题：活动中学生的参与广度怎样？

活动主题	活动方式	活动时间	学生参与广度	
			座次表	排序
观看牛蛙腓肌肉收缩的探究实验	探究思考			
阅读课本，书写ATP结构简式，ATP水解反应式，及能量的利用	阅读书写			
讨论生成ATP能量来源的途径和形式，ATP与ADP相互转化的特点	讨论			

(续表)

活动主题	活动方式	活动时间	学生参与广度		
			座次表		排序
比喻ATP在能量代谢中的作用,猜想生命活动直接能源的种类	思考				

说明：1.学生参与度可用学生参与活动的人数与参与态度来评定。2.学生参与的态度可分为：A 兴趣浓厚,认真倾听,积极主动参加活动；B 兴趣一般,认真倾听,被动参加活动；C 不感兴趣,不认真听,被动或不参加活动(发呆、走神、做小动作、和同桌讲话等)。

2.1.6 学生提问

- 量表设计：郑萍、张海燕
- 观察维度：学生学习·互动
- 研究问题：学生提问的效果如何？

环节或素材	学生提问						反应情况	
	问题表述	提问者	提问方式	问题表达的清晰度	问题与素材关联度	问题认知层次	学生反应	教师处理
1								
2								
n								

2.2 教师教学维度

2.2.1 课堂教学时间的分配

- 量表设计：姜平
- 观察维度：教师教学·环节；学生学习·倾听/互动/自主
- 研究问题：课堂教/学时间分配的合理性如何？

(1) 教学内容的时间分配

内容		时间(分钟)	百分比
讨论:如何获得工程菌			
探究基因工程的基本步骤	目的基因的提取		
	目的基因与载体的结合		
	目的基因的检测		

(2) 各种教学行为的时间分配

行为类别	时间(分钟)	百分比
教师讲解		
学生讲解		
师生互动		
小组讨论		
学生自学		
非教学时间		

2.2.2 教师任务布置的有效性

- 量表设计:沈园园、罗婵娟、翁丽丽
- 观察维度:教师教学·呈示;学生学习·互动
- 研究问题:任务布置的效度如何?

教学环节	任务名称	教师行为				学生行为			
		指令是否清楚	所花时间	呈示方式	本节课的知识点	是否明白指令	完成任务所花的时间	应答是否流利	是否用到本节课的知识点

2.2.3 教师的讲解行为

- 量表设计:喻融
- 观察维度:教师教学·呈示
- 研究问题:教师讲解行为的效度如何?

	观察内容	频次	百分比	排序
典型行为	1. 用课本语言			
	2. 用自己的语言			
	3. 用举例的方式			
	4. 利用重复/停顿/节奏			
	5. 观察学生的反应			
	6. 结合学生的语言			
	7. 借用板书			
	8. 借用声像			
	9. 借用体态语			
总体印象				

说明：以一个相对完整的教学片断为观察单位。

2.2.4 教师是如何突破难点的

- 量表设计：郑超、钟慧
- 观察维度：教师教学·呈示/对话/指导
- 研究问题：教师突破教学难点的步骤、行为、逻辑性和效果怎样？

相关教学步骤	与教学难点的关系	指导的有效性					
		讲解	板书	动作	提问	理答	指导
种群的概念	理解为什么要提出种群、基因库、基因频率的概念						
基因库的概念							
基因频率的概念							
例3(1)基因频率的计算	掌握基因频率相关计算和分析的学科方法						
例3(2)配子概率的计算							
例3(3)随机交配的计算							
问题3:计算	通过计算和讨论交流,自主得出进化的实质的观点						
问题3:讨论							
问题4:	观点的深化应用,认识到进化是必然的						
问题5:							

2.2.5 课件的设计与演示

- 量表设计：徐卫平、周玉婷
- 观察维度：教师教学·呈示
- 研究问题：课件的使用是否促进教学目标的达成？

观察内容		教学环节一	……	教学环节N
课件设计	1. 文字			
	2. 声像			
	3. 整体布局			
	4. 内容指向			
	5. 内容完整性			
课件演示	6. 时机			
	7. 速度			
	8. 站位			
	9. 配合讲解			
	10. 学生反应			

2.2.6 学生的错误和教师的处理

- 量表设计：郑超
- 观察维度：教师教学·机智
- 研究问题：教师是如何处理学生错误的？

教师对学生错误后的反应分类		典型行为记录	频次
学生的错误	1. 知识性错误		
	2. 表达的错误（文字表述、图形等）		
	3. 不合理的错误（甚至引起学生哄笑）		
	4. 思考不全面		
	5. 教师无法判断正误（如异想天开型）		
	6. 未把握问题的指向		
教师的态度	1. 赞许（如虽然错误但有想法的情况）		
	2. 接纳（微笑，偏肯定性语气）		
	3. 中性（指令）		
	4. 尴尬（不知如何应对）		
	5. 气愤		

(续表)

教师对学生错误后的反应分类		典型行为记录	频次
教师的处理	1. 鼓励		
	2. 引导		
	3. 换其他学生回答		
	4. 教师自己指正		
	5. 进行解释和说明		
	6. 由学生评价		
	7. 由同伴补充完善(合作学习时)		
	8. 最终明确正确解答		
	9. 忽视或视而不见		

2.2.7 教师对课堂教学目标达成的监控

- 量表设计:郑超
- 观察维度:教师教学·机智
- 研究问题:教师是如何监控目标达成的?

教学环节	核心目标	师生问答	作业	任务/作品	非语言表现

2.3 课程性质维度

2.3.1 如何以问题驱动进行教学

- 量表设计:吴江林
- 观察维度:课程性质·实施;教师教学·环节;课堂文化·思考
- 研究问题:教师是如何引导学生思考的?

观察内容 \ 教学环节		环节一	环节二	……	环节 N
教师预设了哪些问题	创设的问题				
	问题的认知要求与学习目标水平的关系（解释/解决/迁移/综合/评价）				
	问题链的设置（层次性/结构性/发展性）				
教师如何引领学生思考	讲解（说明性/设问性）				
	辅助性讲解（板书与媒介的启发性/示范的启示性）				
	理答（说明性/引领性/开放性）				
	评价（解释性/引导性/思辨性）				
教师如何处理生成的问题	生成的问题				
	教师的处理				

2.3.2 情境的创设和利用

- 量表设计：彭小妹
- 观察维度：课程性质·实施；教师教学·环节
- 研究问题：教师是如何创设并利用情境的？

观察内容 \ 教学过程		进化单位是什么？	研究种群的工具	如何研究种群的进化？	课堂总结
学习目标		**解释**种群的概念	**解释**种群的基因库和基因频率的概念，**掌握**基因频率计算和学科的分析方法	用数学方法**讨论**种群基因频率的变化，**描述**影响种群基因频率变动的因素，**评述**种群基因频率的改变与生物进化方向	种群概念**总结**
情境的预设	预设情境内容				
	情境呈现形式				
	预设的问题				
	设问的目的				

（续表）

观察内容 \ 教学过程			进化单位是什么？	研究种群的工具	如何研究种群的进化？	课堂总结
情境的利用	教师的指导	阅读				
		应答				
		讨论				
	结构性陈述	导入				
		过渡				
		小结				
	所用时间					

2.3.3 情境创设的有效性

- 量表设计：屠飞燕
- 观察维度：课程性质·实施；教师教学·环节
- 研究问题：情境创设的效度怎样？

观察内容 \ 教学环节			进化单位是什么？		研究种群的工具		如何研究种群的进化？		课堂总结	
预设情境内容										
能否引起学生的兴趣并保持关注	学习表情(兴奋/一般/无所谓)									
	学习行为(观察/倾听/讨论/思考/计算)及参与度		行为	参与人数	行为	参与人数	行为	参与人数	行为	参与人数
	没有参与的人数		学优生		学优生		学优生		学优生	
			中等生		中等生		中等生		中等生	
			学困生		学困生		学困生		学困生	
与目标的关联性	学生回答情况记录									

2.3.4 课堂教学资源的整合

- 量表设计：崔忠民

- 观察维度:课程性质·资源
- 研究问题:如何整合教学资源以达成教学目标?

观察内容	教学目标	1. 了解"锋"的结构及图形	2. 掌握"冷锋天气"特征	3. 掌握"暖锋天气"特征	4. 了解典型的锋面天气
课堂资源利用	资源运用实录				
	学生反应(表情/提问/回答/作业/板演……)				
	与目标关联度				
根据预设与课堂运用分析资源的整理策略(增、删、换、合、立)					

说明:"增"是指新加内容,如补充材料,或主题活动、实验操作等;"删"是指删除重复的、不符合标准的、不必要的内容;"换"是指更换不合适或不合理的内容;"合"是指整合不同知识点或不同学科的内容;"立"是指打破原来学科内容的次序,开发全新的内容。

2.4 课堂文化维度

2.4.1 学生是如何思考的

- 量表设计:吴江林
- 观察维度:课堂文化·思考
- 研究问题:学生是如何思考的?

观察内容(问题/对象/人数/时间)											
	★			▲		★	▲				
			走						走		
	▲									▲	
						★					
	★		廊	★				▲	廊	★	
			★		★			▲			
					讲台						

说明:1.在座位表上★为学优生,▲为学困生;2.观察时,直接记录问题/回答/提问;3.以"环节序号+问题序号"表示问题及顺序,如"二1"表示环节二的第1个问题,以"答二1.1"表示回答环节二的第一题第一人回答,以"问二1"表示环节二的第一个主动提问;4.记录候答/问时间;5.学生的奇思妙想以"※"表示。

2.4.2 学生的思考习惯

- 量表设计:吴江林
- 观察维度:课堂文化·思考
- 研究问题:学生在课堂中的思考习惯怎样?

观察内容 \ 教学环节		环节一	环节二	……	环节 N
学生的课前准备习惯	课前调查问卷(课前进行抽样调查,样本不小于班组人数的一半)	Q1 课前,你是否预习了学习目标? 　A. 是　B. 否 Q2 学案上学习目标的表述,清楚吗? 　A. 表述清楚　B. 比较清楚　C. 不清楚 Q3 你预习学习目标时与同学讨论吗? 　A. 是　B. 否 Q4 本课学习目标有五项,你认为通过预习不清楚的是 　A. 解释种群的概念 　B. 解释种群的基因库和基因频率的概念; 　C. 用数学方法讨论种群基因频率的变化; 　D. 描述影响种群基因频率变动的因素; 　E. 评述种群基因频率的改变与生物进化方向之间的关系 Q5 你的困惑是_____。			
学生在课堂中的思考习惯	讨论				
	笔记				
	看书/查阅资料				
	课堂作业				

2.4.3 学生是否听清师生的声音

- 量表设计:彭小妹
- 观察维度:课堂文化·关爱;教师教学·呈示;学生学习·倾听
- 研究问题:学生是否听清师生的声音?

> 同学:
> 　你好!这份调查问卷旨在了解学生的课堂感受,将帮助老师们对课堂进行分析。请在下课时根据自己的第一感受填写。谢谢!

（续表）

1. 请在下面的座位表中勾出你的位置：

讲台

（ ）2. 这节课老师的讲解,你听清楚多少?
　　A. 全部　B. 大部分　C. 约一半　D. 小部分　E. 基本上没听清
（ ）3. 这节课老师的提问,你听清楚多少?
　　A. 全部　B. 大部分　C. 约一半　D. 小部分　E. 基本上没听清
（ ）4. 这节课其他同学的回答,你听清楚多少?
　　A. 全部　B. 大部分　C. 约一半　D. 小部分　E. 基本上没听清

2.4.4　教师的目光分配

- 量表设计:郑超
- 观察维度:课堂文化·关爱;教师教学·机智
- 研究问题:教师的目光分配怎样?

教师目光停留位置	频次	比例
1. 全班学生		
2. 教室前排学生		
3. 教室的中间学生		
4. 教室后排学生		
5. 回答问题的学生		
6. 黑板板演的学生		
7. 注意力不集中的学生(走神、做与任务无关的事、瞌睡)		
8. 黑板、投影屏幕、电脑、学习资料		
9. 与学习无关的事物(天花板、窗外)		

　　说明:采用时间抽样的办法,每隔约5—6秒钟观察者就观察感受教师目光停留的位置,并记在一个统计表中。

第四部分　课例研究

课例是以一堂课为单位的研究案例,是对一个课堂观察过程的完整描述。它是课堂观察行为的文本呈现,是课堂观察行为必要的跟进和延伸。更重要的是,课例撰写本身还是再次深入研究一节课的过程。课例有助于参与者积累教学研究过程性资料,有助于参与者之间开展深度的合作与交流,也有助于读者理解一次完整的课堂观察。

我们在总结前人有关课例的研究成果的基础上,创造性地建构了一种全新的课例结构。该结构由五个部分组成:背景、课前会议、课中观察、课后会议、附件。"背景"着重记录谁上课,上什么内容,谁来观察,为什么要组织本次观察活动;"课前会议"记录上课老师关于这一节课的陈述,观察者与上课老师的交流,如何思考与确定观察点(任务);"课口观察"记录观察位置的选择,课中如何进行观察与记录;"课后会议"记录上课老师的反思,观察者的口头报告,本次观察活动的结论;"附件"主要呈现这一节课的学案/教学设计,上课老师的教学反思报告,每一个观察者的观察报告等。

开展课堂观察以来,我们积累了大量的课例。这里选择四个比较典型的课例,涉及生物、化学、政治三个学科。课例一、二展示我们倡导的课堂观察的完整过程,课例三侧重展示"沙龙式"政治课教学模式的课堂观察,课例四《细胞的能量"通货"——ATP》,则重点在于展示观察过程中使用观察/记录量表的原始记录。

课例一
减数分裂和受精作用
（生物必修模块2）

生物课堂观察合作体①

【背景】

- 任教教师：郑超，教龄6年，中学二级，教学素养较好，有一定的创新能力，善于创设情境、运用情境，对模型方法有一定的研究。
- 教学主题：减数分裂（第一课时）[普通高中生物课程·模块Ⅱ（人教版）]
- 观察教师：生物课堂观察合作体成员
- 观察主题：学习目标的预设、生成和达成
- 活动背景：近两年来，生物组的课堂观察经历了试行、发展和熟练三个阶段。自2007年9月开始，全教研组的课堂观察活动主要开展主题式观察。经过3个月探索，主题式观察已取得阶段性成果。为迎接"全国普通高中课堂观察展示与研讨"活动，我们面向来自全国18个省市的同行、教育部和浙江省教育厅的领导、华东师大课程与教学研究所的专家，举行了此次课堂观察活动。

【课前会议】2007年12月19日

（一）郑超老师说课

1. 内容主题

本课的授课内容是《减数分裂和受精作用》的第一课时。减数分裂和受精作用的知识是现代遗传学的细胞学基础，是现代遗传学的三个逻辑起

---

① 此课例由吴江林老师主笔，附件部分为上课教师和各观察教师所写。

点之一。课标的要求是"阐明细胞的减数分裂并模拟分裂过程中染色体的变化"。学生已有的知识基础是:能阐明孟德尔的遗传规律,知道有性生殖配子在遗传中的重要作用,掌握了有丝分裂的知识。本知识与以后知识的联系是:能运用本节知识解释孟德尔的遗传规律,也是理解伴性遗传、生物变异的知识基础。

2. 学生情况

该班学生学习习惯较好,学习态度认真,但学生思维不是特别活跃,表达欲望不强,活动气氛相对平淡。这次课堂观察时学生的座位表如下(见本课例的第三部分,课中观察)。

3. 目标定位

本节课的学习目标有10个(见附件学案):①阐明减数分裂的概念;②阐明联会和四分体的概念;③区别同源染色体和非同源染色体;④阐明染色体复制的时期;⑤说明同源染色体分离的时期;⑥说明姐妹染色单体分离的时期;⑦说明成熟生殖细胞中的染色体组成;⑧阐明减Ⅰ染色体减半的原因;⑨说明减Ⅰ和减Ⅱ的染色体行为特征;⑩比较有丝分裂与减数分裂染色体行为特征。可以看出,本节课的认知要求都是理解层次的。至于减数分裂的其他学习目标留待第二课时。

4. 教学设计

(1) 本节课的教学环节

环节一:预习新知。意在引导学生课前的预习,通过预习对同源染色体、联会、四分体三个概念有一定的理解,再通过课堂的预习汇报解决。

环节二:假说·讨论。创设一个问题情境,引导学生对染色体数目减半的可能性提出假说。设计染色体的模型,并提供减数分裂细胞数量模型,帮助学生思考;通过小组合作学习相互启发,讨论结果。

环节三:演绎·求证。将学生汇报的讨论结果作为教学资源,提供科学家的研究结果;引导学生对所提出的可能性进行求证;使学生明白在主流的减数分裂中,染色体复制的时期、染色体数目减半的时期和原因,姐妹染色体单体分离的时期。

环节四:梳理·建模。引导学生观察课本中减数第一次分裂的图形特征,指导学生建模,理解减Ⅰ中同源染色体减半的原因。通过引导学生比较有丝分裂和减数第二次分裂的图形特征,理解减数分裂与有丝分裂的异同,达到形成减数分裂知识体系的目的。

（2）本节课的创新之处

一是教学环节的设计。在落实核心概念的基础上，先让学生对减数分裂过程中染色体减半的可能提出各种猜想，再提供科学的研究结果，最后回归主流分裂方式的学习。这样的安排通过开展探究、自主、合作的学习，对发展学生的逻辑思维能力，构建开放的知识体系，有较大的帮助。

二是学生自主学习。大量的观察、讨论、交流、比较、建模等自主学习行为，把思考空间和权利交给了学生，通过教师的组织和指导，引领学生逐步落实概念，构建知识体系。为了教学环节更加流畅，把同源染色体、联会和四分体三个概念也挪到了课前准备区，增强课前的自主性。

三是学科思想方法的培养。假说——演绎法是遗传学的重要逻辑方法。再现减数分裂科学研究史，使学生在获得减数分裂知识的过程中，学到获取这一知识的方法，激发他们的探究热情，也是本节课的一个重要目的。基于这样的考虑，特增加了"假说·讨论"这一环节，使学生经历"猜想——质疑——求证——梳理——总结"的思维发展过程，从而形成一个"活"的知识体系。

四是创设了活动工具。学生的活动是需要载体的。由于本节课的重要概念和生理过程很抽象，这给学生的学习带来了较大困难。因此，我设计了一套染色体纸制模型，便于学生在动手中获得知识，在合作中体验过程，逐步落实本节课的学习目标。

（3）本节课的困惑之处

本节课我设计了很多的学生活动，这对我提出了较高的要求：一是对活动的指导能力和临场应变能力；二是对时间的控制，既要保证足够的时间，让学生充分探究，真正培养学生求异、发散的思维，又要完成预设的教学目标，我也感到很难把握。

5．学习监控

预习内容的监控，主要是通过课堂上学生的汇报完成，从中检查三个概念的掌握情况。假说和求证两环节的监控，主要是通过学生的小组汇报、学生个别回答和板演实现，从中掌握染色体复制、同源染色体分离和染色体数目减半的原因的理解情况；"梳理·建模"环节的监控，主要是通过学生展示模型、发表自己见解的途径实现,从而掌握学生对染色体行为变化特征的理解。

(二) 郑老师与观察者的交流

彭小妹:郑超,你这节课创设了比较多的情境,能不能把一些具体的情境再说说?

郑超:是的,我是想通过情境的创设来实现教学目标的,比如"假说·讨论"环节就是一个情境,染色体模型也是情境。

彭小妹:呵,这是一些问题情境和模型情境。我觉得模型形象这个情境能解决一些抽象的问题,问题情境能比较有效地激发学生的思考。既然这节课以情境创设为主要教学策略,那么,这节课情境的使用效度是影响这节课目标达成的一个关键因素。我想观察你是怎样运用情境达成学习目标的。

屠飞燕:刚才你介绍了一下这个班的学情,学生表达的欲望不强,可能气氛比较平淡,但这节课的创新却有很多学生互动,有大量的师生对话。如问题1中肯定会涉及到很多师生、生生的对话,通过这些对话发散学生思维,落实学习目标。我想看看对话有没有激活学生的思维,再从对话的角度来看看,预设的学习目标有没有达成。

郑超:好啊,是有很多对话,我的确是花了一些心思在这里的。

喻融:同源染色体是个核心概念,在课堂教学中,这个概念怎样落实?

郑超:在课前准备区我设计了填空和问答,指导学生自学这个概念。课堂上通过学生的汇报来获取自学结果,再根据需要进行必要的指导。还有一个是在每个环节不停地使用,进行多次的检验和巩固,最后落实。

喻融:预设学习目标,对我这个年轻教师来说是一个很大的挑战。我想预设不好,也就落实不好,这次我想观察学习目标预设的合理性和适切性,来帮助自己提高教学能力。

郑超:可以看看课标和教材,再结合学情分析学习目标的预设及合理性。

曹小卫:怎样把学生的已知区和未知区联系在一起,是教学环节过渡的主要问题。我想观察教学环节过渡的有效性和连续性,从这个方面观察教学目标的达成情况。

钟慧：你这节课有很多的创新，郑超，这节课的呈现方式主要是讲授和板书吗？

郑超：嗯，但是我也设计了很多让学生用模型来展示和呈现的，还有学生的汇报等。

钟慧：我就从教师的呈示这个角度观察学习目标的达成。

路雅琴：我看了你设计的学案，也听了你的介绍，这节课的学生活动很多。每个学习目标的落实都设计了学生活动，学生活动多，课堂的生成必然很多，这个过程中教师的指导十分重要。我想从你的指导来观察学习目标的达成，行吗？

郑超：好的，我也非常需要这方面的观察。

姜平：刚才你说课时，介绍了你对课堂教学的监控措施，主要是通过提问、学生做模型、表述模型等。我想观察这些监控或者说评价，是怎样进行的，以及评价的效度如何。

吴江林：刚才各位老师分别从七个角度与郑超交流了自己的看法，基本上都是从课堂教学的某一个局部、某一种教学行为、某一种教学策略来确定自己的观察点。课堂需要有个人来整体把握，我想从总体上来观察这节课的学习目标的达成情况，这涉及了学生学习、课堂文化这两个维度。

（三）郑老师与观察者讨论确定观察点

经过再次商讨，八位观察者确定的观察点如下：

喻　融：课程性质·目标·学习目标预设的适切性

曹晓卫：教师教学·环节·教学环节过渡的有效性和连续性

钟　慧：教师教学·呈示·主要呈示行为及有效性

屠飞燕：教师教学·对话·对话的有效性

路雅琴：教师教学·指导·指导的有效性

彭小妹：课程性质·实施·情境·情境创设的有效性

姜　平：教师教学·评价·获取评价信息和利用评价信息

吴江林：学生学习·达成与生成/课堂文化·思考与创新

课前会议结束后，八位观察教师进入了观察表的开发设计阶段，并进行了一次试观察，根据课的特点对观察表进行修改。

【课中观察】2007年12月21日，下午第2节课

（一）观察工具

观察表见课后会议分析报告；另有摄像机一台，向全区现场直播。

（二）观察位置的选择

曹晓卫、钟慧、路雅琴、屠飞燕四位老师所选择的观察点，由于不需要在教室前排正面观察学生的学习情况，为了最大限度减少课中观察对学生学习的影响，故选择坐在后排观察。

吴江林、彭小妹、姜平、喻融四位老师所选择的观察点，都需要从正面观察学生的学习情况，并需要一位学优生和一位学困生作样本，故选择了坐在前排学困生和学优生集中区域观察。

各位观察者观察位置如下：

注：★为学优生 ▲为学困生					讲　台			吴江林、姜平 喻融、彭小妹		
						★			▲	
				过道			过道		▲	★
		▲			★					
★								★		
						▲		▲		
			曹晓卫、路雅琴、屠飞燕、钟慧							

注：现场观摩课堂观察的专家、领导、同行、记者合计一百多人，他们或坐周边，或坐过道，与学生距离非常近。

（三）观察过程

课前。观察者于上课前进入教室，吴江林老师随机询问四位学生（包括一位学优生和两位学困生）的预习情况，并翻阅了他们的学案，总体看预习情况非常好。

课中。各位老师根据自己选择或开发的观察表进行记录，有数据的记录，也有根据自己的需要记录的师生对话、现象描述、教学细节、即时反思等。学生在"假说·讨论"环节时，观察者基本进入学生中间，观察他们的

讨论与建模。

课后。吴江林老师随机发放了20份调查问卷，全部收回，当即进行统计分析。

【课后会议】2007年12月21日，下午第3节课

（一）郑老师课后反思

郑老师从三个方面进行了课后反思。

1. 目标达成

从同源染色体、联会、四分体、减数分裂的概念上来看，最终应该基本达成了，但是学生运用不熟练，在课堂中几次纠缠于概念的分辨，概念教学过程处理得不够好，没有能够先落实好概念，再深入运用概念。

从减数分裂中染色体的数目及行为变化上来看，学生通过分析、梳理，应该清楚了，减数分裂中染色体行为变化的模型也做出来了。但在最后的"梳理·建模"环节，学生的学习过程仍然不够顺利，问题可能还是出在概念教学上。

让学生发散思维，通过假说—演绎—求证来建构知识的目标基本达到，学生思维比较活跃，超过我的想象，通过演绎、求证，分析得出错误的方式、可能的方式、主流的方式，建构了开放的知识体系。

2. 教学行为

组织学生讨论、发散学生思维的活动开展得比较有效，使学生活跃起来，参与了问题的探讨，进行了先假说、再求证的研究过程。

自制模型的运用我认为是有用的。在假说环节，学生运用模型进行探讨，使微观问题直观化，激活了学生的思维，迸发出了想象力；在建模环节，学生制作减数分裂中染色体行为变化的模型，在动手中加深了印象。

这节课中讲授的效度不是很满意。一是概念没有落实到位，造成了对整节课节奏的影响；二是环节过渡单一，没有充分发挥及时小结、明确目标的作用，使课堂结构不够清楚。

3. 课堂生成

在假说环节，学生的踊跃思维超出了我的预计，预备的模型都不够了，这本是一件好事，但是我对学生奇思妙想的课堂资源利用不足，没有充分引

导学生分析他们罗列出的问题,浪费了宝贵的资源。

在教学进行到最后的建模环节时,课堂时间已经不足,但是没有能够及时调整,只是想到至少要完成一个完整的减数分裂过程的教学,结果使后续的学习赶时间、效果不好。

(二) 观察者简要报告观察结果

喻融:我观察的是学习目标的设置与适切性。

学习目标的呈现。将课标和学科教学指导意见上的教学目标,转化成表现性学习目标,使几个重要概念用较少的时间就得到了较好的落实,这与具体明确的表现性标准有关。

学习目标的增减处理。"染色体数目减半的各种可能性及分析",是本课新增的学习目标。我认为这个目标设置得非常好,为落实环节四的学习目标作了很好的铺垫。不足的是耗时过多,导致减数分裂过程中染色体具体的行为变化这一核心目标用时不足。

学习目标设置的适切性。从观察的结果看,适切性最好的是环节三。在这个环节,我观察了 12 组(两人小组)小组活动,12 组都在主动合作,制作和交流过程很好。环节二与学生的适切性也较好,但花费时间较多,影响了后面环节的教学。环节一和环节四学习的积极性都相对较低,这可能与郑老师的学法指导不够有关。

曹晓卫:我观察的是教学环节过渡的连贯性和有效性。

我将本堂课的教学环节分为四块,一是导入,二是学习同源染色体、联会、四分体的概念,三是减数分裂的过程,四是课堂总结。

导入环节,是以课前预习的检测进入的,我认为这个过渡对激发学生的兴趣不够。是否可以从生物在传种接代的过程中,染色体数目的稳定性方面导入,这对提示本节课的学习主题,激发学生的兴趣可能会更好一些。

导入向环节二的过渡,基本上未过渡,直接进入环节二的学习。

环节二向环节三过渡,是以讲授的形式进行的,未做小结。从后面的学习可以看出,本次过渡效果不太好。环节二中的问题 1 过渡到问题 2,利用了 21 三体综合征患者的图片,激发了学生强烈的认知冲突,学生学习动机高涨,使学生对染色体复制、姐妹染色单体分离有了较好的掌握。

环节三向环节四过渡,是以小结的方式进行的。郑超说:"今天我们所学的减数分裂方式只是高等生物一种主流的分裂方式,生物是多样的,分裂的方式也并非是唯一的,对哪一种理论可行,实践上还未找到证据的分裂方式,同学们可以课后去查找资料,以后有兴趣也可以深入研究。"这个过渡非常好,让学生有了一个开放的知识体系,但承上启下做得不够。

路雅琴:我观察的是教师指导的有效性。

"预习新知"部分,郑超利用节奏和重音变化进行了阅读指导。利用师生和生生评价的方式对作业进行了指导,较好地实现了这部分学习目标。

"假说·讨论"部分,他主要指导了思维过程。特别是"染色体何时复制"和"染色单体什么时候分离"两个问题,为学生的思考提供了支架,取得了较好的效果。

"演绎·求证"部分,他主要指导了图片的观察。通过师生问答,训练学生获取信息的能力和逻辑思维能力。同时,染色体的复制、姐妹染色单体分离、同源染色体分离等知识目标也落实得较好。

"梳理·建模"部分,他指导了建构模型和师生问答。他不断地巡视,及时解答问题,示范引导,我看到的几个小组都做得较好。只是时间有限,效果还不够理想。

我还想说的是,郑超在指导小组学习时,不断提示学生"还有什么可能性?""把想到的可能性到黑板上展示出来"……这会不会打断学生的思路?我还看到,小组活动一分钟不到,郑超就参加到了学生的讨论,是不是介入过早了?看来,指导小组合作学习还有待提高。

钟慧:我观察的是教师呈示方式的有效性。

"预习新知"环节,呈示的方式主要是讲授。这部分内容学生课前已预习。郑超通过讲授与提问来落实四个概念的学习,从音量、节奏、结构、清晰度看,效果较好。我认为这些概念学生还是掌握了,也节约了时间。

"假说·讨论"环节,他在黑板上做了建立模型的示范,但没有提出建立模型,记录结果的方法及要求,所以,在接下来的学生活动中,一部分学生出现了模型使用不当,或结果记录不全,还有部分无记录的现象,使得学生建模的时间较长,汇报结果时说不清楚的现象较为普遍。可见,学生还是停留在简单模仿的水平。我认为示范时,方法与过程也是决定示范质量的重要因素。

"演绎·求证"环节,他借助了21三体综合征病例进行了讲述,帮助学生建立了形成配子时对染色体分配特点的感性认识,激发了学生探究正常分裂的兴趣,较好地培养了思维能力。从结果来看,本环节的三个学习目标完全达成。

"梳理·建模"环节,他较好地利用了前两个环节留下的板书,通过指导学生认识、利用、展示模型,较好地实现了教学目标。可见,他在板书的布局上很巧妙,为学生提供了很好的学习资源,也为检测学习目标的达成提供了有效途径,促成了本环节的四个教学目标达成。

屠飞燕:我观察的是师生的对话。

"预习新知"环节,对话的主体是师生,方式是师生间的问答,用时5分钟。从结果看,学生都能准确回答"同源染色体、联会、四分体、减数分裂"这四个核心概念。五分钟就能解决四个既是重点又是难点的概念吗?果然,从后三个环节的学习中可以看出,学生掌握得并不是太好。我认为主要是对话的方式和主题过于简单,能否增加教师追问,学生间互评,提高对话的有效性,从而更好地把握到学习的真实情况。

"假说·讨论"环节,对话的主体主要是生生之间,师生间也有少量对话。对话的过程主要发生在学生与模型之间,15分钟时间,学生提出了8种假说。我就近观察了几个小组的讨论,每个小组的讨论都很活跃,学生都在积极思考。这种对话设计,使学生突破了课本知识的范围,很好地发散和展示了学生的思维,学习目标实现了。

"演绎·求证"环节,对话的主体在师生、学生与多媒体、学生与模型之间进行,用时10分钟,从结果看,学生较好地掌握了本环节的三个目标。可见,多形式、多主体间的对话,有利于提高学习效率。

"梳理·建模"环节,对话的主体是师生、学生与学案、学生与模型,用时10分钟。从学生的回答和作业看,效果还可以,但10分钟时间太仓促。可见,有效的对话要有时间保障。

彭小妹:我观察的是教师创设的情境是否有利于学生的学习。

我从创设的情境能否引起学生学习的兴趣并保持关注,师生能否充分利用情境达成学习目标,情境创设与学习目标的适合度三个方面进行了观察。

利用模型和图片创设形象情境,为学生的学习搭建思维的支架,为交流和探究提供平台,是本节课的一大特色。从学生的表情、制作模型、问答的行为和参与学习的人数看,这些形象情境对激发学习兴趣,保持学习注意力,起到了重要作用。尤其是染色体模型、科学工作者观察的减数分裂图片,变微观为直观,效果特别好。比如,对染色体的分裂方式,学生竟然提出了 8 种可能性,这超出我们的想象,充分体现了利用情境开展教学的优越性。

一个建议,能否创设一个染色体情境,将这节课串起来,这更有利于学生的学习,节约时间。例如,本节课创设的染色体情境,涉及了多个染色体数目,模型中是 4 条、女性卵细胞中是 23 条、马蛔虫生殖细胞中是 2 条、课本插图中是 8 条。学生的思维在不同染色体数目的情境不停转换,非常耗时,也给学习带来了困难。

姜平:我观察的是评价。

我从教师怎样获取评价信息、获取了什么评价信息、怎样利用获取的评价信息三个方面展开了观察。

学生表情的信息。课堂上绝大多数学生目光专注,表情轻松愉悦。例如,郑老师说"在座的都没有 21 三体综合征吧?"学生大笑。郑老师诙谐的语言,营造了轻松愉快的课堂,使后续的学习效果非常好。

但一位学生回答问题 3 时,约有 30% 的学生精神不集中,还有一位男生在做小动作。我认为主要是这个学生回答时间太长了,这个信息郑老师也未发现。我想,教师怎样才能使学生认真倾听同伴的问答,如何在一对一的问答中,兼顾其他同学,需要进一步研究。

学生建模的信息。第一次建模是猜想染色体减半的可能性,学生将 8 种模型展示在黑板上,这样老师就获得了学生关于减 I 分裂的所有想法了。而老师对这些信息的利用也非常巧。他没有立即对这些模型进行评价,而是让学生继续观察女性产生的正常卵细胞、异常卵细胞,以及减 I、减 II 结束时的模式图后,再来分析 8 种模型的可能性。这种教学处理,让学生充分体验了"假说——演绎——求证"的方法,学习目标达成很好。第二次建模是让学生展示减 I 前、中、后期的模型。三组学生分别在黑板上展示完后,老师请其他的三位学生分别对模型进行评价,这样全班学生都参与到了这个活动中。这节课的两次建模,郑老师都很好地获取了其中的学习信息,利用也很有效,我认为是这节课最大的亮点。

师生问答的信息。"很好"、"非常好"、"谢谢你"、"其他同学和她相同吗",这些话出现在每次问答中,营造了民主平等的课堂氛围,面向全体学生,很好地促进了学习目标的达成。

课堂作业的信息。问题3是本堂课的作业,郑老师先请一位学生汇报,然后向全班征询。获取的信息真实有效,并利用它了解学情,很好。

吴江林:我观察的是学生学习目标的达成。

观察方法是课堂观察记录与课后调查相结合,20名学生参与随机调查。

"解释减数分裂,说明同源染色体、联会和四分体"三个学习目标,调查发现,近80%的学生认为完全理解,没有不理解的。课堂上,两位学生被要求回答相关问题,完全正确,似乎学习目标达成了。但在后续学习时,却又反应出对同源染色体并没有完全理解。这是什么原因呢?我认为与郑超的教学处理有关。这三个概念放在课前准备区,课堂上只是汇报填空结果。由于学生课前商讨和照抄课本的原因,郑超被学生看似正确的结果所误导,获取的信息不真实。因此,我建议可以通过增加追问或试题来解决这个问题。

"阐明染色体复制的时期,同源染色体分离的时期,说明姐妹染色单体分离的时期"三个目标,调查发现,70%以上的学生认为完全理解,没有不理解的。课堂上,6位学生被要求回答问题1和问题2,也完全正确。这说明学生对这三个学习目标是掌握了。调查的结果还显示,60%以上的学生认为问答、小组合作讨论、制作模型,是这个阶段最有效的学习方法。这也可以从学生能提出8种模型、生成7种减数分裂的假说得到佐证。可见,学生的思维得到了极大的发展,"假说·讨论"和"演绎·求证"这两个环节的设计是非常成功的。

"说明成熟生殖细胞中的染色体组成,阐明减Ⅰ染色体减半的原因,说明减Ⅰ和减Ⅱ的染色体行为特征,比较有丝分裂与减数分裂染色体行为特征"四个目标,调查发现,57.5%的学生认为完全理解,40%的学生认为基本理解,两名学生认为还没有理解。课堂上,四位学生被要求回答与这四个目标相关的问题,三位学生回答得很好,最后一位学生(是一位学困生)的回答显示他对减Ⅱ与有丝分裂的关系是比较清楚的,但对同源染色体的概念运用出现了困难。我认为问题出在过渡和时间上。过渡时,知识梳理和归纳不够,学生知识未结构化,学习目标没有明确提示,目的性不强。再加上时间不够,学习速度过快,而调查结果也显示,学生对此环节的学习行为认可性较前面的都低。这些都是导致目标达成欠佳的主要原因。

总体上看,本节课的学习目标达成情况较好。教学环节的设计有利于学习目标的达成,学生主要以自主、探究和合作的方式获得知识,形成了开放和生成的知识体系,特别是较好地落实了过程和方法目标,形成了思考和创新的课堂文化。需要注意的是,要增强课堂学情把握的意识和方法,根据学生特点,设计适宜的教学容量。

(三) 本次观察形成的结论

1. 本节课的容量过大,是导致部分学习目标达成度不够的主要原因,按本堂课的教学情况看,建议删去"梳理·建模"环节,这样就能在过渡时有充足的时间进行小结,特别能为深入四大核心概念的教学留有充足的时间。

2. 四个核心概念的教学,应先分析概念的属性,再为学生搭建学习的支架,设计从了解到理解再到应用的学习过程,构建有层次的概念体系,这节课在这一方面还需改进。

3. 通过创设情境,由情境产生问题,以问题驱动学习,激发学生的学习兴趣、培养学生的生物科学思维,形成开放的知识体系,从而促进学生的终身发展是本节课的一大亮点。

4. 模型方法和假说——演绎方法是模块2的两种重要逻辑方法,将他们巧妙地落实到课堂学习环节的设计上,是本堂教学设计的一大特色,值得今后多去尝试。

5. 郑超并不是一位激情洋溢的教师,性格上比较沉稳,但对创设情境、利用模型方法展开教学有一定的研究,若能长期研究下去,可能会形成富有理性和逻辑性的教学风格,可朝这一方向继续努力。

【附件】

(一) 学案:《2.1.1 减数分裂和受精作用》(第1课时)

※ 学习目标

1. 知识目标:解释减数分裂的概念;说明同源染色体、联会和四分体的概念;阐明染色体复制、同源染色体的分离和姐妹染色单体分离的时期,成熟生殖细胞中的染色体组成;说明减Ⅰ和减Ⅱ的染色体行为特征,解释减Ⅰ染色体减半的原因。

2. 能力目标:观察细胞的减数分裂,制作减数分裂各期染色体变化的模型。

※ 学习方法

1. 比较的方法:通过比较有丝分裂与减数分裂的概念、发生范围、实质、染色体和DNA的行为数量变化规律和结果,比较减数分裂与有丝分裂的区别和联系,来构建减数分裂的知识体系。

2. 假说—演绎法:通过观察现象—提出假说—演绎推理—寻求实证,来学习减数分裂的过程和结果。

3. 模型方法:有关同源染色体、联会和四分体、减数分裂过程中染色体的行为变化的学习,可以通过建立模型、分析比较模型,建立概念及概念体系。

=========================课前准备区=========================

[预习新知]:减数分裂中的相关概念

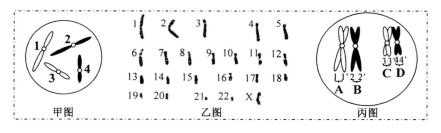

1. 高等动物体细胞中的染色体与受精卵一样,有一半来自父方、一半来自母方。图中实心的染色体表示来源于父方,空心的染色体表示来源于母方。请根据预习写出同源染色体的特征:①_____和_____相同,②_____不同。甲图中有_____对同源染色体,分别是_____ _____。乙图中有_____条染色体,_____(有还是无)同源染色体。

2. 甲图中1号和3号染色体形状和大小不同,叫做非同源染色体。乙图中X染色体和_____染色体是非同源染色体。

3. 丙图中有_____条染色单体,姐妹染色单体分别是_____
_____。图中A与B配对、C与D配对的行为叫做_____,形成了_____个四分体,请在图中圈出一个四分体。

4. 减数分裂的是进行_____的生物,产生_____时的分裂方式。它发生在有性生殖器官内,例如人的_____或_____中。在一次减数分裂过程中,染色体复制_____次,而细胞连续分裂_____次,于是,一个原始生殖细胞(精原细胞或卵原细胞)一次减数分裂会形成一个子细胞,如下图。请在图中写出成熟生殖细胞中的染色体数(图中2N代表染色体数),形成的子细胞与原始生殖细胞的染色体数目关系是_____。

====== 课堂学习区 ======

☞本节课核心问题:染色体数目在减数分裂过程中是怎样减半的?

[假说·讨论]:染色体数目减半的各种可能性

问题1:染色体数目在减数分裂中是怎样减半的?生物是多样的,理论上有很多种可能的方式。

步骤1:议一议,提出你们认为可能的方式。思考提示:①染色体的复制可能发生在什么时候?②姐妹染色单体的分离可能发生在什么时候?

步骤2:摆一摆,把你们的猜想记下来,把你的减数分裂过程摆出来,并在记录单上记下减Ⅰ结束时和减Ⅱ结束时得到的每个细胞中染色体的编号,以便全班交流。

[演绎·求证]:染色体数目减半的可能性分析

问题2:观察分析,减数分裂后得到的配子中的染色体应该是怎样的一组染色体?根据观察推论:正常的配子中的染色体组成:_____(有还是无)同源染色体,应该是全套_____。

问题3:观察减Ⅰ结束时、减Ⅱ结束时细胞中染色体的数目和形态。

细胞	原始生殖细胞	减Ⅰ结束时	减Ⅱ结束时
染色体数目	4		
染色体组成特点	有无同源染色体	有		
	有无姐妹染色单体	无		

推论 ⇒ 染色体数目的减半发生在_____。

推论 ⇒ 染色体的复制是在_____,同源染色体分离是在_____,姐妹染色单体分离是在_____。

据此分析上述猜想的可能性。

[梳理·建模]:染色体数目减半的变化过程

问题4:阅读P17图2-2,对照该图制作减Ⅰ过程中,各期的染色体行为模型(以两对同源染色体为例),并回答下列问题。

(1) 制作减Ⅰ前期染色体模型,该期染色体的行为特征是_____。
(2) 制作减Ⅰ中期染色体模型,该期染色体的行为特征是_____。
(3) 制作减Ⅰ后期染色体模型,该期染色体的行为特征是_____。染色体这样的行为将造成减Ⅰ分裂结束后形成的子细胞(次级精母细胞)中,染色体数目比原始生殖细胞中的染色体数目_____,并且没有_____。

问题5:比较减Ⅱ各期与该生物的有丝分裂的异同。

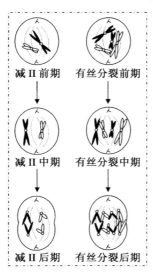

(1) 比较减Ⅱ前期和有丝分裂前期的细胞中染色体的组成和分布:

	减Ⅱ前期	有丝分裂前期
有无同源染色体		
有无姐妹染色单体		
染色体的分布		

(2) 比较减Ⅱ中期和有丝分裂中期的细胞,染色体是怎样排布的?

	减Ⅱ中期	有丝分裂中期
染色体的排布		

(3) 比较减Ⅱ后期和有丝分裂后期的细胞,向细胞一极移动的一组染色体的组成:

	减Ⅱ后期	有丝分裂后期
有无同源染色体		
有无姐妹染色单体		

问题 6:接龙游戏:从下列图形 A—I 中,挑选并用字母填空,连接形成减数分裂的过程。你能对照这个过程指出减数分裂中染色体的行为变化吗?

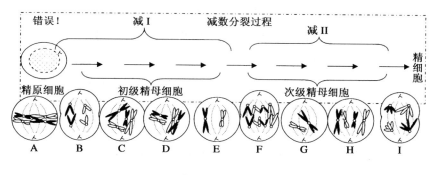

========课后互助区========

恳请你能认真阅读你的同学的笔记,对照自己的笔记和上课的记忆,指出他(她)的问题,越具体对他(她)的帮助越大!

他(她)有哪几点比你做得好,说出来,帮他发现自己的优点!

签名:_____

(二) 课后分析报告

报告 1:郑老师的课后反思

2007 年 12 月 21 日,注定将在我的专业发展之路上,留下浓墨重彩的一笔。这一天我有机会在"全国课堂观察展示与研讨会"上,向来自全国 18 个省市的专家、领导和同行们上一节公开课,这对一个教龄只有 6 年的我来说,是一次难得的人生历练,我收获了很多很多。

1. 教学反思

一是概念教学。反映了我能力不足的方面,不善于反复、换角度的追问来强调概念。这一次又寄希望于学生能够充分预习,盲目相信了预习的效果,自己又想着赶时间,忽视了核心概念的落实,导致了这节课中几次和学生纠缠于概念的理解,浪费了不少时间,也影响了后续内容的教学。这给了我一个重要启示,概念教学首先应认真研究课标和教学指导意见的要求,再设计有层次的问题,为学生的学习提供支架,进而帮助学生在递进中有效达成。此外，为了能及时掌握学习情况，应设计一些监控的措施，以便能及时调整教学过程。

二是教学容量控制。教学容量既要考虑课标要求，也要考虑学生的实际情况，更应该考虑教学策略和学习行为的时间要求。上课重在落实，上课时应根据教学的实际情况进行调整，不能一味地赶任务，只有预设没有生成。

三是课堂教学过渡。本节课我知道时间很紧，所以，在过渡上都比较仓促，虽然每个环节都有过渡，但是过于简单，对上一个教学环节的小结不足，对下一个教学环节的目标说明得不够清楚，承上启下不足，加上过渡方式单一，没有起到激发学习兴趣，帮助学生形成知识体系的作用。

四是课堂机智不够。一是表现在对学生错误的处理上，课中先后出现了几次学生对同源染色体概念不清的问题，却没有引起自己足够的重视。对学生的错误，我习惯于通过引导、追问一个学生，让其得出正确的结果，这时往往忽视了其他学生的反应，这就造成了以一个学生的学习结果替代全班同学的学习成果的判断，出现了较大的问题；二是表现在课堂时间的控制上，知道时间紧张的情况下，还是赶着时间去上，片面追求预设的完成，匆匆忙忙的结果是学习目的达成效果不好。

五是理念还未真正落实到行为。这节课是在团队的指导和帮助下设计的，应该说，这节课的教学设计很好地体现了"提高学生科学素养、面向全体学生、倡导探究性学习，注重与现实生活的联系"等新课程理念的，但是要在教学过程中，却演绎得不好，可见，好的理念、好的设计，还要有好的执行能力。

2. 一点感受

从认识上看，最大的收获是在这节课的设计和这次实践中对新课程理念的再次深入体会。我们该如何认识知识，该教给学生什么样的知识？如果学生只能学到书本上的死的知识，那么学生还是知识的容器，教学还是各种形式的灌输。这节课的设计和实践使我更认识到，让学生体验生成知识的过程、学习科学研究的方法、帮助学生构建开放的知识体系，我们才谈得上是在提高学生的科学素养。

从技术上看，最大的收获是概念的教学，也让我更深地理解课程标准中描述学习目标的行为动词。如行为动词是"说明"，这是理解层次的要求，但教学中却必须遵循学生的认知规律,从低到高给学生设计螺旋式上升的认知阶梯。在以后的教学中,认真研究行为动词,按照学生的认知规律设计教学,是我需要重点提高的地方。

回想走过的这段日子,让我感触最深的还是生物组全体老师对我的支持和帮助。在我最困难的时候,是他们给了我信心和支持,为我拨开层层迷雾。在我取得进步的时候,是他们第一个给我掌声和微笑,让我涌起点点希望。我深信,在生物组这个温暖和谐的集体中,我将会迎来更加美好的未来;我坚信,我将会和课堂观察一起成长,一起成熟,一起成功!

报告2:学习目标预设的适切性(观察者:喻融)

1. 观察点选点说明

作为一个教龄只有一年的新老师,我最为关注的仍然是教学设计。教学设计由教学目标、教学内容、教学对象、教学评价等环节构成。教学目标是一切教学行为最终取舍的依据,教学设计必然是从设定目标开始。如何根据课程标准,根据学生认知发展规律和心理特点,来设置每一节具体的学习目标是我特别需要提高的专业能力。而这节课,根据郑超教师的介绍,教学设计也有很多创新。所以,我希望通过观察学习目标设置的适切性,来学习预设学习目标的方法。

2. 观察表及观察结果说明

经过认真的考虑,我决定从两个方面来观察学习目标的适切性,一是学习目标与课标和省学科指导意见的适切性如何;二是它与学生的适切性如何。前者是在课前通过阅读学案,或与郑老师讨论就可以获知的。后者则需要在课堂上通过现场观察学生的表现,才可以作出判断的。我认真分析了自己的特点,再根据可观察、可记录、可解释的原则,我决定以"学生对于学习目标的反应程度、学习的积极性、是否产生了生成性问题、是否具有合作的需求"作为现场观察的指标。观察表格及结果如下。

课标要求	阐明细胞的减数分裂并模拟分裂过程中染色体的变化	举例说明配子的形成过程
省学科指导意见要求	阐明细胞的减数分裂	举例说明精子和卵细胞的形成过程
	比较减数分裂与有丝分裂的异同点	

(续表)

学习的具体目标		减数分裂、联会、四分体的概念	染色体数目减半的可能性	染色体数目减半可能性分析	染色体数目减半的变化过程
目标设置的适切性分析	目标提出的时间和方式	课前 X 1:55 J	2:00J X 2:05 J 2:08 JX	2:20 JT	2:28 XJ 2:32XJ 2:42 X
	目标导向作用◆	A	A	A	A A B A
	调动学习积极性◆ 学优生	a b b	b a a a b	a b a b a	b c(回答时) b b
	调动学习积极性◆ 学困生	a b b	b a a a b	a b a b a	a a b b
	提供自主学习机会(方式/学习时间)	课前阅读、填空	8 分钟。制作模型	5 分钟。参与分析、评价	10 分钟。填空、总结、制作模型
	学习过程中是否产生了生成性问题◆	无	无	21 三体综合征中无同源染色体	混淆纺锤丝与星射线两个四分体拉向两级
	学生是否有合作的需求◆	无	全员参与,但被动	5/12 主动交流	无
	目标设置依据的分析	本节课难点所在,缺乏变式的检测方式,学习的积极性下降	在课标和学科指导意见中没有要求。仅作为下一环节的铺垫,耗时过长	旨在落实配子中为一组完整的非同源染色体。为本节课的难点	为课标和省学科指导意见明确要求内容,作为本节课的主要内容,信息容量大,时间过短

注：带◆项目在座位表上记录

(1) 四个教学环节分别记为①②③④。

(2) 目标的提出方式可能有提问(T)、讲授(J)、课件(K)、学案(X)。

(3) 目标的导向作用依据学生的反应评定,A:马上回答或动手操作;B:暂不回答或动手操作,阅读材料或讨论;C:始终不能回答或动手操作。可根据观察位置抽样调查。

(4) 学习的积极性依据学生的表情评定,a:神情专注,积极参与;b:关注、面无表情,被动参与;c:参与,但中途退出;d 不关注,不参与。

(5) 学生的合作需求依据学生同桌之间主动交谈的比例来衡量。

(6) 目标设置依据的分析用于记载课后数据分析的结果。

				讲	台				我的观察位置
②a	②a ③生	②a	②a	②a ③z	③z	②a ③z ★	②a	②a	▲ ①目光交流 ②a ③主动交流(z)
②a	②a	②a	②a	②a	②a	②a ④生	②a	②a	▲ ②a ★
		②B ▲			★	①z			
★				②c		④B ▲	★		

注：★学优生　　▲学困生

3. 观察结果分析及教学建议

课标对本节课的学习目标表述为"阐明细胞的减数分裂并模拟分裂过程中染色体的变化"，省学科指导意见表述为"阐明细胞的减数分裂"。而学案的学习目标表述为"解释减数分裂的概念；说明同源染色体、联会和四分体的概念；阐明染色体复制、同源染色体的分离和姐妹染色单体分离的时期，成熟生殖细胞中的染色体组成。说明减Ⅰ和减Ⅱ的染色体行为特征，解释减Ⅰ染色体减半的原因"。显然，从学习目标的表现性来看，学案中的表述更加清晰具体，便于把握和检测。而且所采用的行为动词也都是理解层次的，这与课标和教学指导意见是一致的。我认为学习目标的设置是本节课的亮点之一。

本节课增加了一个学习目标：染色体数目减半的各种可能性及分析。这个目标的设置，是想激发学生的探究兴趣，培养学生的发散性思维，从观察结果看，这个目标实现了。而且创设纸片模型，引领学生完成模拟染色体变化的过程，材料简单易行，效果也很好。需要改进的是，这个环节花了20分钟，过多的时间消耗，导致环节一和环节四教学时间很紧，这在一定程度上降低了课堂教学的有效性。

从与学生的适切度这个角度来看，教师采用了学案、课件、讲授、提问等方式向学生呈示具体的学习目标，有明确的导向，我观察到近100%的学生都能够马上回答老师的提问或是马上开始动手制作模型，说明这四个环节的目标设置都有非常明确的导向作用。我觉得，以多种形式呈现目标，让目标具有明确的导向作用，是这节课的优点，对我的启示作用较大。

我以前两排中的学优生和学困生为观察样本，每间隔2分钟记录他们的学习积极性。从结果看,学生学习的积极性较高,这说明目标的设置能够面向全体学生。特别是在环节二制作模型时,学生的学习积极性最高,学习小组成员热烈地讨论,都在动手制作模型。环节三在观看21三体综合征的图片时积极性也很高,说明联系现实生活的教学能有效激发学习兴趣。而在分析染色体的组成时积极性又降低,说明这个目标落实得不太理想。学习积极性次低的是环节一,以学优生为甚,这可能与师生间只是简单核对答案,缺乏变通有关。学习积极性最低的是环节四,可能与该节课容量太大,时间不够,个别学生回答的时间过长有关。

这节课中,阅读、填空、制作模型、评价总结四种学习行为,分别用时0分钟、8分钟、20分钟、10分钟,学生自主学习的达到了38分钟,可见,学生是在自主学习中完成本课节的学习目标的。

在环节三和环节四中,有两个生成性问题,都涉及了同源染色体的概念,可见,环节一没有生成问题的后果影响到了后面的学习,概念的落实还是要加强。

环节三观察到了学生的合作需求,我选择了12组(两人小组)作为观察样本,有5组同学有主动交谈的现象,说明他们对环节三的问题有很高的学习兴趣,该问题也有一定的难度,可见,一定难度的问题能有效地激起学生的合作意愿。

我的两点想法。能否在环节二中用课件演示替代模型探究染色体分离的可能性? 这虽然会降低学习目标达成的体验性和生成性,但节约了时间。能否按照科学史来设计这节课的教学,这样可能更能培养学生的获取、分析和处理信息的能力,以及推理能力。

报告3:主要呈示行为及有效性(观察者:钟慧)

1. 观察点选点说明

呈示行为是教师向学生传递信息或师生间、生生间传递信息的主要途径之一。其中教师课堂呈示行为根据使用手段的不同,主要有语言呈示、文字呈示、声像呈示和动作呈示四类。一般呈示行为是以教师为核心的、基本的教学行为,教师最常用的是讲述行为和板书行为。

郑超的这堂课是减数分裂的第一课时,是生物教学中的一个难点,郑超的呈示预设中,不但有讲和写的传统方式,还有模型、多媒体等多元化的呈示方式。在恰当的时机选择适当的呈示方式,不但能提高学生的学习兴趣,引发学生思考,还能提升学生的理性思维能力。在我的日常教学中,经常遇到呈示方式的选择和提高呈示行为有效性的问题,因此,我选择观察这堂课中的呈示方式和效度,并重点观察讲述和板书,希望能从中获得启示,改进自己的日常教学行为。

2. 观察表及观察结果说明

这节课主要由四个环节构成,各环节之间既相互联系,又有一定的独立性,因此我的观察表设计也有一定的连续性,并在不同的环节里对讲述和板书进行重点观察。使自己的观察有点有面,最终指向学习目标的达成。

观察表及结果如下:

教学环节			预习新知:阐明减数分裂、同源染色体、联会、四分体			假说·讨论:分析染色体数目减半的各种可能性			演绎·求证:染色体数目减半的可能性分析			梳理·建模:染色体数目减半的变化过程		
呈示方式和顺序:A.讲述 B.板书 C.声像呈示 D.动作呈示			A→B			A→C(模型)→D(示范)→B			A→B→C (多媒体)			A→C(模型)→B		
			频次	时间	典型例子	频次	时间	典型例子	频次	时间	典型例子	频次	时间	典型例子
讲述	用直白的语言描述观点		3	3/5	四分体的认识同源染色体	2	4/19	"模型中这个黄色和红色染色体在大小、形态方面有什么特点?"(同源染色体)		9/11	"我们这里好像没有这种个体吧?"(21三体综合征)学生笑	1	9/13	"同源染色体在减半过程中的行为是怎么样的?"
	借助例子描述观点					3			4					
	重复等强调方式		5			3			2			3		
	用生动有趣的语调													
	步骤清楚,有逻辑性													
	讲述的速度恰当													
板书	配合讲述板书		2		减数分裂过程简图,减Ⅰ、减Ⅱ			示范3分钟	减半可能性讨论,模型展示与板书结合	5		对模型减半类型进行判断,标记呈现的错误组			完善模型,呈现正确的减数分裂模型
	提供学习内容的要点和结构		3									1		
	为识记、保持、再现学习内容提供线索		1											
	板书形式与教学目标、学生特征的匹配程度		亮点:模型+黑板,新颖、清晰、灵活多变 学生使用、展示模型:① 提高学习兴趣,进行自主探究 ② 有效检测学生学习目标的达成情况												

注:时间栏记录:该环节讲述(板书)用时/该环节总用时,单位:分钟

3. 观察结果分析及教学建议

这节课教师不但应用了传统教学中的主导呈示方式:讲述和板书——说和写,而且利用了模型、多媒体等多种声像呈示方式,此外教师还采用了示范的动作呈示方式。适时、适当的教学呈示方式使课堂有序、有效进行,帮助学生从低到高、由浅入深,并饶有兴致地展开学习,成为这堂课教学目标达成的重要条件。

本节课的优点主要体现在以下几方面。

这节课老师讲的时间总计为 25 分钟,其中主要集中讲述同学们对不太熟悉的新内容,例如同源染色体、非同源染色体、姐妹染色单体、联会、四分体等。在此过程中,老师多次用重复等强调的方式,来加深和检测学生对这些概念的理解。例如在环节二、三和四里,郑超重复强调同源染色体是大小、形态基本相同,但来源不同的染色体。另外,在对学生活动进行指导和引导学生思考方面,郑超也进行了步骤清楚、逻辑合理的讲述。在分析染色体数目减半的可能性时,郑老师借助 21 三体综合征成因分析的例子进行讲述,帮助学生形成了产生配子的过程中染色体分配特点的感性认识,并以此为基础,推论出了真实的染色体减半过程。同时,还培养了学生思维的迁移能力。在整个讲述过程中,郑超不但注重用语的科学性和规范性,语调也生动活泼,调动了课堂学习气氛。

在板书方面,郑老师做了巧妙的设计:通过指导学生认识、利用、展示模型,将模型与黑板巧妙地结合在一起,既新颖别致又清晰明了,既灵活多变又步骤清楚,既实现了学生的自主探究又呈现了较为完整、正确的科学信息,不但提高了课堂学习的效率,同时还为检测学生学习目标的达成情况提供了有效的途径。

本节课有以下值得商榷之处。

在指导学生进行染色体减半讨论时,教师在黑板上进行了呈现模型的示范,但是并没有提出使用模型和记录结果的方法及要求,学生只是简单地模仿,降低了这次动作呈示的有效性,使在接下来的学生活动中,出现了模型使用不当和结果记录不全,甚至根本没有进行记录的现象,这不但降低了讨论的质量也耽误了更多的课堂时间。我认为,在进行示范等动作呈示时要关注以下几点:是否能帮助学生明确学习目标;是否有利于提高学生的理解水平;关注示范的速度、节奏和信息量。

这节课的呈示方式丰富而规范,明确有效,为学习目标的达成提供了很大的帮助。

报告4:师生对话的有效性(观察者:屠飞燕)

1. 观察点选择原因分析

根据学案的设计,这节课是以问题驱动的。这就会有大量的师生对话、生生对话。而据郑超介绍,该班平时思维并不活跃,学生活动气氛相对平淡,那么,这就为对话带来一定的困难。因此,师生间是如何通过对话达成学习目标的,是我最为关心的问题。

2. 观察表及观察结果说明

根据本节课的特点和新课程的基本理念,在课堂对话环节中我认为有如下要素需要关注,并且可以被观察。观察表及结果如下:

观察内容 \ 学习目标		阐明减数分裂、同源染色体、联会和四分体,区别同源染色体和非同源染色体。	阐明染色体复制、同源染色体的分离和姐妹染色单体分离的时期,成熟生殖细胞中的染色体组成。	说明减Ⅰ和减Ⅱ的染色体行为特征,解释减Ⅰ染色体减半的原因。区别有丝分裂和减数分裂染色体行为特征。
教学环节		[预习新知]	[假说·讨论]	[演绎·求证]	[梳理·建模]
对话的缘由	新生成		✓,学生提出的各种不同于教材的想法		
	预设	✓	✓	✓	✓
对话的主体	师生	✓(学生集体答)	✓,一男生主动回答	✓	✓
	生生		✓(小组活动)	✓,学生点评学生的板演	✓,同学间相互点评板演,比对自己的模型是否合理
对话的表现形式	问答	✓	✓	✓	✓
	讨论		小组讨论各种可能性		
	争鸣		✓,积极发表意见,交流想法,上台展示想法	✓,继续对板演点评,发表自己的想法	✓

(续表)

观察内容 \ 学习目标	阐明减数分裂、同源染色体、联会和四分体，区别同源染色体和非同源染色体。	阐明染色体复制、同源染色体的分离和姐妹染色单体分离的时期，成熟生殖细胞中的染色体组成。		说明减Ⅰ和减Ⅱ的染色体行为特征，解释减Ⅰ染色体减半的原因。区别有丝分裂和减数分裂染色体行为特征。
对话中教师的反应 — 引导	✓	✓	✓	✓，差不多是什么意思？
对话中教师的反应 — 追问	✓，判断同源染色体的标准是？		✓，你说的23对是什么意思？从组成上看又是怎样的？	✓
对话中教师的反应 — 评价	非常好！	很好！	谢谢！非常好！	很好！不错！
对话中教师的反应 — 其他		教师适时参与了几个组的交流，听取了学生意见，鼓励学生上讲台展示自己组的想法	引导学生通过实证来反思自己猜想的合理性	巡视各个组的完成情况
对话的特色 — 民主平等	✓	✓	✓	✓
对话的特色 — 权威依从				
对话时间	5分钟	15分钟	10分钟	10分钟
随堂记录： 有时与个别学生对话时间过长；对话的主导者还是教师；有时介入学生讨论过早。				

3. 观察结果分析及教学建议

本课节的对话时间为40分钟，可见，学生是在对话中完成了这节课的学习目标的。这么长的对话时间，使得课堂气氛非常好，改变了学生的学习方式，为自主、探究和合作的学习方式带来了理想的学习效果。

本课中课堂教学对话的主体、对话形式丰富多元，生生间、师生间、生与板演间的讨论、问答等贯穿于课堂的始终。极大地激发了学生的发散思维，特别是在[假说—讨论]这一教学环节，学生与模型间，生生之间的对话异常精彩。学案预设了"染色体数目在减数分裂过程中如何实现减半"，教师指导学生以四人小组开展建模和讨论，我就近观察了几个小组的对话过程，每个小组的讨论气氛都很活跃，每位同学都在积极思考，与同组的同学交流想法。此过程中，学生的思维发生了剧烈的化学反应，突破了课本及现有的知识的限制，很好地构建了开放的知识体系，为学生的终身发展提供了充分的空间,给我以极大的启示。

本节课对话有个问题比较突出。郑超喜欢在一次对话中,始终盯住一位同学,这常常会导致一位学生被要求回答的时间过长,增加这位学生的压力,课堂气氛也不是很好。特别是这个过程中还不太能关注其他学生的学习,所以,其他学生的达成情况也不容易检测。这种情况在环节一的教学中尤其突出,而这个环节的概念教学也恰恰不太好。所以,对话中的对象、时间、节奏、全面性都值得我们认真研究。

报告5:教师指导的有效性(观察者:路雅琴)

1. 观察点选点说明

这节课以问题驱动教学,以问题链带动知识结构的构建,学生活动非常多,如讨论、建模、作业等,这些都需要老师有较强的指导能力。这节课的指导质量将对学习目标的达成有关键性影响,因此我选择教师的指导作为自己的观察点。

2. 观察表及观察结果说明

我从三个方面来观察教师的指导。一是教师怎样指导学生自主学习,从教师对阅读(比如说教师指导学生阅读教材、学案等)、观看图片、多媒体动画,以及作业的指导来观察。二是怎样指导学生合作学习,从教师的指导方法,教师对学生讨论的介入,教师的答疑情况这几方面来观察。三是怎样指导学生探究学习,从对实验的指导,对课题研究的指导和建模、作业的指导这几个方面来观察。

观察表及结果如下:

观察内容 \ 学习目标		阐明减数分裂、同源染色体、联会和四分体的概念,区别同源染色体和非同源染色体	阐明染色体复制、同源染色体的分离和姐妹染色单体分离的时期,成熟生殖细胞中的染色体组成	说明减Ⅰ和减Ⅱ的染色体行为特征,解释减Ⅰ染色体减半的原因;区别有丝分裂和减数分裂染色体的行为特征
教学环节		预习新知	假说·讨论	演绎·求证	梳理·建模
怎样指导学生自主学习	阅读(教材/学案)	和学生一起看学案(问题,追问的形式,落实基本概念)	一对?它们是同源染色体吗?		课本图
	观看(图片/动画)	板演		观看多媒体(21三体、照片)	
	作业	讲解、追问		完成问题2、问题3	问题4

(续表)

观察内容 \ 学习目标		阐明减数分裂、同源染色体、联会和四分体的概念,区别同源染色体和非同源染色体	阐明染色体复制、同源染色体的分离和姐妹染色单体分离的时期,成熟生殖细胞中的染色体组成	说明减Ⅰ和减Ⅱ的染色体行为特征,解释减Ⅰ染色体减半的原因;区别有丝分裂和减数分裂染色体的行为特征
怎样指导学生合作学习	方法		染色体何时复制?单体何时分离?话是不是太多,打断学生的思路	情感:等着你们去研究,追求科学的精神
	介入		1分钟后就介入,时间是否合理	
	答疑		进入学生合作小组指导(问题的补充、确定)	
怎样指导学生探究学习	实验			
	课题研究		减半的可能性分析	
	建模			前期、中期、后期的模型(两极出发)
	作业		把什么拉向两极?有关同源染色体的概念问8次,学生6次未回答出来	

3. 观察结果分析及教学建议

在预习新知部分,郑超指导学生阅读学案上的内容,并和学生共同完成了作业,"温故而知新",形成了比较完整的知识体系,对后面的学习起到了很好的引导作用。

在染色体数目减半可能性的假说讨论中,郑超提出了两个问题,"染色体何时复制?""染色单体什么时候分离?"语言指导明确清楚,为学生的思考提供了很好的支架。期间有一位学生演示了染色体减半的可能性,郑超给予了动作示范,让学生明白了需要什么,从而节约了教学时间。

两点想法:

指导的语言应简明,不要干扰学生的思考。如环节二中,讨论染色体数目减半的可能性,郑超不停地用语言提示学生"还有什么可能性?""把想到的可能性到黑板上展示出来"……这样虽然能起到鼓励作用,但是这样做也会打断学生的思考和讨论,教师急于得到答案的心态比较明显,可能不利于学生的学习。

指导小组合作时的介入时间。小组合作学习时,老师宣布了合作讨论开始后1分钟未到,就介入到了学生的讨论活动中去了。是不是介入得过早了? 介入过早,并不利于学生思维的发展。

报告6:情境创设的有效性(报告人:彭小妹)

1. 观察点选点说明

本节课创设了大量的情境,创设的情境也非常有新意。通过情境产生的问题引导学生学习,因此创设的情境是否有利于引导学生学习,构建知识体系,将是学习目标能否达成的关键。而我对情境的创设也特别感兴趣,故通过观察情境创设的效度来观察教师的课堂实施。

2. 观察表及观察说明结果

我主要是通过以下三个方面来设计观察表的,一是创设的情境能否引起学生学习的兴趣并保持关注;二是师生能否充分利用情境达成学习目标;三是情境创设与学习目标的适合度。再对这三个方面的要素进行分析,从而设计了一张便于观察、便于记录、便于类推的观察表。观察表及结果如下:

学习环节 观察内容	[假说·讨论]:染色体数目减半的各种可能性		[演绎·求证]:染色体数目减半的可能性分析		[梳理·建模]:染色体数目减半的变化过程	
预设情境内容	染色体模型	猜想讨论	21三体综合征	科学证据显微照片模式图	插图与染色体模型	图形比较
创设的情境能否引起学生学习的兴趣并保持关注	学习表情(兴奋/一般/无所谓)	投入	激动积极	兴奋笑	好奇	投入	一般
	学习行为(观察/制作/讨论/比较/非学习)	观察回答倾听	制作讨论	观察倾听回答	思考倾听判断	制作比较回答	观察回答倾听
	学习人数(学困生/学优生)	全部	全部	全部	全部	全部	全部

(续表)

观察内容 \ 学习环节		[假说·讨论]：染色体数目减半的各种可能性		[演绎·求证]：染色体数目减半的可能性分析		[梳理·建模]：染色体数目减半的变化过程	
师生能否充分利用情境达成学习目标	问题及其有效性的证据(学生表现/问题的认知层次)	①A 简单	②B 较难	③④A 简单 ⑤⑥A 中等难度 ⑦B 较难	⑧A 中等难度 ⑨A 较难	⑩A 简单 ⑪A 中等难度 ⑫A 较难	⑬B 中等难度
	学生制作(学困生/学优生)	一学困生参与讨论并记录	一学困生答对			一学困生制作	一生答对一学困生表情仍困惑
	学生回答(学困生/学优生)	8 种猜想展示					
情境创设与学习目标的适合度	情境耗时	7	12	6	5	19	2
	学习目标及地位	阐明染色体复制、同源染色体的分离和姐妹染色单体分离的时期,成熟生殖细胞中的染色体组成。说明减Ⅰ和减Ⅱ的染色体行为特征,解释减Ⅰ染色体减半的原因。					
	问题或问题链是否关注高级认知技能(解释/解决/迁移/综合/评价)	理解	应用 技能：独立操作水平	理解	应用	技能：模仿水平	

说明：

1. 表中"①"等数字是课堂上教师提出的问题：①模型中有几条染色体？②染色体数目减半的可能性猜想？③卵原细胞中有多少条染色体？④有没有同源染色体？请指出一例。⑤请指出图中异常卵细胞与正常卵细胞的染色体组成上的区别？⑥请判断学案上的问题2：正常配子中的染色体组成应该是怎样的一组染色体？⑦根据配子中的染色体组成请你看看前面8种猜想中哪些是可能的哪些是不可能的？⑧观察科学家提供的减Ⅰ结束、减Ⅱ结束时细胞的模式图完成学案中的问题3。⑨请看看你的推论支持前面哪些猜想？⑩根据课本图2-2中减Ⅰ前期细胞中有多少条染色体？⑪染色体出现了什么行为？形成了几个四分体？⑫观察减Ⅰ中期、后期同源染色体的变化制作完成学案问题4。⑬观察比较减Ⅱ和有丝分裂染色体的组成和行为特征的异同？

2. 表中"A"等字母是指学生听到或看到问题后是否明白问题指向的表现：A. 全体明白；B. 大部分明白；C. 少部分明白。

3. 观察结果分析及教学建议

结论：(1)从学生的学习表情、学习行为和学习人数的观察结果看,本节课创设的情境都能吸引学生的兴趣并保持关注。尤其是利用染色体模型猜想的交流情境,以及21三体综合征的形象情境学生非常兴奋,说明这两个情境激活了学生的思维,为学生利用情境解决问题打下了基础。(2)从问题及其有效性证据、学生的制作及回答情况看,教师能充分利用创设的情境设置具有一定梯度的问题,进而引导学生逐渐达成学习目标。只是在[梳理·建模]:染色体数目减半的变化过程中创设的第二个情境:减Ⅱ和有丝分裂图形比较情境,教师设置的问题缺少梯度,学生理解有困难,虽然一个学生答对了,但有的学困生仍然面带难色。分析原因可能是郑超考虑到时间不够了,又想给学生一个完整的减数分裂过程,所以跨越了问题的梯度,从这个角度看,这节课的容量似乎有些偏大了。(3)观察情境的耗时,学习目标的地位,设置的问题是否关注了高级认知技能的结果显示,本节课根据情境创设的问题,都是属于知识性学习目标中的理解和应用层次,技能性学习目标中模仿水平和独立操作水平。教师能围绕学习目标,通过创设情境逐步引导学生解决核心问题,是一种有效的教学策略。

优点:(1)利用模型、图片创设了形象情境。从观察数据可以看出这些形象情境吸引学生兴趣并能使学生保持关注。尤其是染色体模型、科学工作者观察的减数分裂图片,非常直观,为学生的猜想搭建了思维的平台,激活了学生的兴奋点,吸引了学生的兴趣。(2)学生利用模型讨论的交流情境。在平时的教学中,我们都有这样一种体验:学生对减数分裂的猜想很难突破课本的束缚,尤其是让学生预习后,就更难有突破了。而这节课学生竟然提出了8种可能性,超出老师的预想,这跟老师为学生的抽象过程的猜想提供了一个直观形象的思维平台——染色体模型,有不可分割的关系。

不足:本节课创设了多个染色体数目不同的情境:模型中染色体数是4条,女性卵细胞中染色体数是23条,马蛔虫减数分裂结束时染色体数是2条,课本插图又以8条染色体为例介绍减数分裂过程。学生的思维在不同染色体数目的情境中转换,非常耗时,我想能否创设一个染色体数目相同的情境贯穿始终,学生可能更容易接受。

报告7:教师获取评价信息和利用评价信息(观察者:姜平)

1. 观察点选点说明

一节课的学习目标达成度如何,是通过评价学生的掌握情况才知道的。学生在课堂教学中的形态语言、回答问题和课堂作业等是老师可以立即获取的评价信息,也就是即时评价。这是被不少老师忽视的。通过获取的信息,老师可以充分了解学生的接受情况,及时调控教学进度和教学策略,促进学习目标的达成。

在平时的教学中,一个老师同时带几个班的时候,都有这样的感觉:第一次讲一个内容时不知道学生会有哪些反应,但在后面讲同一内容时,感觉心里有底了,而且知道哪里该慢哪里该快,哪里学生难以理解,从而调整教学策略,因此在后面上的班级的教学效果也好一些。所以我对这些问题很感兴趣:老师在课堂上采取什么样的评价方法?获取了什么样的评价信息?以及是否合理有效地利用了这些信息来调控教学?

2. 观察表及观察结果说明

教师是怎样评价学习目标达成的?效度如何?我准备从三个方面进行观察:(1)教师怎样获取评价信息的?即评价方式,常见的有观察学生的表情(目光、情绪状态等)、师生问答、学生板演、课堂作业等。结合这节课的特点——没有学生演板而有较多的学生建模活动,所以设置了学生建模的评价方式,去掉了学生板演。(2)获取了哪些评价信息?(3)怎么利用获取的评价信息?利用评价信息的主要方法有 5 种(见观察表下面的注解)。

观察结果如下:

学习目标 观察内容		预习新知	假说·讨论	演绎·求证	梳理·建模
		解释减数分裂的概念;说明同源染色体、联会、四分体的概念	阐明染色体复制、同源染色体的分离和姐妹染色单体分离的时期,成熟生殖细胞中的染色体组成		区别减Ⅰ与减Ⅱ中染色体的行为特征;解释染色体减半的原因
有哪些检测学习目标的预设		回答课前准备区问题		回答问题2、问题3	做模型、表述模型、回答问题
怎样获取评价信息	学生表情	获取什么		②不知道配子是否正常:大笑;在座的都没有21三体综合征:大笑	①大约30%的学生精神不集中,第一排一男生在玩手指甲(郑老师未注意到)
		怎么利用		继续讲解	

(续表)

	学习目标 观察内容	预习新知	假说·讨论	演绎·求证	梳理·建模
		解释减数分裂的概念;说明同源染色体、联会、四分体的概念	阐明染色体复制、同源染色体的分离和姐妹染色单体分离的时期,成熟生殖细胞中的染色体组成		区别减Ⅰ与减Ⅱ中染色体的行为特征;解释染色体减半的原因
怎样获取评价信息	师生问答 获取什么	①齐答,正确 ②个别回答,正确	举手回答减半的可能性	一男生回答问题3后面的分析时间长	①生:差不多的染色体 ②生:"随便分布";"同源染色体叠在一起";"从一极发出星射线" ③生:"将两个四分体拉向两极"
	师生问答 怎么利用	①A抽查一个学生判断同源染色体的标准 ②"非常好!/很好!/谢谢你!"	B根据学生回答在黑板上演示模型	C引导	①C同源染色体 ②未纠正 ③A"什么是四分体?"C引导后学生答:把一个四分体分开了
	学生建模 获取什么		五组学生在黑板上展示减半的可能性模型		三组黑板上展示减Ⅰ前、中、后模型
	学生建模 怎么利用			观察正常、异常卵细胞图片,观察减Ⅰ、减Ⅱ结束时模式图,让学生分析环节2中的减半可能性的正误	E你和他一样吗? D请描述它的特征
	课堂作业 获取什么			问题3,汇报正确	
	课堂作业 怎么利用			"谢谢你!其他同学和她相同吗?"	
利用的效度分析(课后推断)					

注:利用评价信息的主要方法:A 教师追问;B 教师解释(讲解/演示/板书);C 教师的引导和改进建议;D 请学生解释;E 请学生评价。

3. 观察结果分析及教学建议

检测学习目标的预设。观察前,我和郑老师进行了交流,了解到他对每个知识目标的达成都有明确的评价方法,说明郑老师有很强的目标意识,这样便于在教学活动中适时调整教学活动,这是值得我们学习的地方。我想,如果我们每节课都有很强的目标意识,都预设了如何检测学习目标的达成,那我们课堂教学的有效性会得到很大的提高。

对学生建模信息的利用。(1)第一次建模是让学生利用染色体模型表示染色体减半的可能性,学生想出了很多种可能性,并展示在黑板上。展示后,老师并没有立即对这些模型进行评价,说出谁对谁错,而是巧妙地采用了延时反馈。这样既培养了学生的发散思维,尊重学生的思考,同时给他留下了疑问和期待:黑板上的模型贴得对吗?从而吸引学生接下来观察女性产生的正常卵细胞、异常卵细胞,以及减Ⅰ、减Ⅱ结束时的模式图,进而分析前面提出的各种可能性的正误,心中的疑问在这时候释怀了。在这个过程中,学生充分体验了"假说——演绎——求证"的方法,达成了学习目标,并且从中体验到一种成功感。(2)第二次建模是让学生展示减Ⅰ前、中、后期的模型。三组学生分别在黑板上展示完后,老师请其他的三位学生分别对模型进行评价,然后解释该时期的特征,让更多的学生参与到这个活动中,这有利于提高其他学生的学习积极性,而且将老师讲的机会让给学生,体现了学生的主体性。让学生解释模型,还可以起到再检测的作用。如果学生解释对了,说明他知其所以然,对他而言是进一步巩固加强;如果解释错了,可以暴露他的思维误区,从而帮助他矫正,这样都是有利于目标的达成。我觉得郑老师对学生两次建模的信息利用十分有效,是本节课的亮点。

对师生问答信息的利用。(1)对于正确的回答,郑老师给予了"很好!""非常好!"的表扬,并且多次对学生说:"谢谢你!"营造了尊重学生、民主平等的课堂氛围,学生学习起来轻松愉快。在个别回答之后向全班询问:其他同学和他/她相同吗?这体现了面向全体学生的课程理念,有利于学习目标的达成。(2)在师生问答中,有一处信息郑老师未加利用:在环节四中,学生对减Ⅰ前、中、后期特征的回答并不规范。这样给学生的第一印象知识不准确,给后面减数分裂的学习造成影响。减Ⅰ前期染色体"随便分布"应纠正为"染色体散乱分布";"同源染色体叠在一起"

应纠正为"同源染色体联会",并在此强调巩固"联会"的概念;"从一极发出星射线"应强调"是从一极的中心体发射出星射线",便于强调动物和植物有丝分裂的区别。减Ⅰ后期在老师的追问和引导下,学生将"两个四分体拉向两极"的错误回答纠正为"把一个四分体分开了",但仍不够规范,应强调减Ⅰ后期"同源染色体分开"。(3)还有一处信息是郑老师没有关注到的:在环节三中,学生回答问题3后面的分析时间较长,这时我观察到大约30%的学生精神不集中,其中有一位男生在做小动作。为了避免这种情况的发生,我觉得老师应该在学生回答的时候,关注其他学生的学习状态,并及时给予适当的提醒。遇到了这种情况,老师应该意识到如果提出的问题对于回答问题的学生而言难度较大,难以回答,可以请他先坐下,解除他的紧张和尴尬,让其他学生回答,然后再返回问他是否理解了。

通过这次观察,我对"学习目标达成的评价"有了较深入的体会。评价的重要性不言而喻。要进行有效的评价,老师首先必须在课前对学习目标达成的检测方法进行充分的预设。在课堂教学中老师需要广泛地获取评价信息,如:在课堂教学中尽可能采用丰富的评价方式,而不是单一的课堂提问;善于随时关注学生的形态语言来主动地获取信息。获取了评价信息后一般应该及时利用。在某种情况下,可以有意延长反馈时间,以起到即时反馈不能起到的效果。对于正确的评价信息,给予积极肯定,以起到强化和鼓励的作用;对于错误的,要及时纠正,善于引导学生认识自己错在哪里,不宜简单地否定。除了老师自己利用评价信息外,可以请学生对自己或他人的评价信息进行评价或者解释,充分调动所有学生的学习积极性。我们的最终目的是最大限度地促进学习目标的达成。

报告8:学习目标的生成与达成(观察者:吴江林)

1. 观察点选点说明

学生是课堂教学的终端,课堂教学的有效性最终体现在学习目标的达成上。

学习目标的达成受学习目标的预设、课堂教学策略、课堂教学行为、课堂学习环境等多种因素的影响。本学期,我们进入了新课程,如何实现基于课程标准的教学是新课程实施过程中的核心问题。而在贯彻新课程理念的基础上,落实内容标准中的学习目标是这一核心中的关键,也是从整体上衡量一节课学习效果的标杆。

通过课前会议郑超老师的介绍和阅读学案可知,郑超老师的这堂课在教学设计上,很好地体现了生物新课程的四个基本理念。他力图通过创设情境和活动,以问题驱动学生的学习,以问题链带动学生构建知识体系,以自主、探究和合作的学习方式全面提高学生的生物科学素养;试图通过学生的"四动"——动眼观察、动手建模、动脑思考、动口表达,来实现本节课的三维教学目标,为学习目标的达成预设了丰富的途径。在这样的背景下,从学生学习的角度去观察教学目标的达成情况就显得必要而且可行。故此次课堂观察特选择"学习目标的达成"作为我的观察点。

2. 观察表设计及观察结果

怎样观察"学习目标的达成"呢?《余杭高级中学课堂观察框架(修改版)》为我提供了观察思路。"框架"中"学生"维度的"达成"视角,对观察"学习目标的达成"提供了三个视点:①学生清楚这节课的学习目标吗?②预设的目标达成有什么证据(观点/作业/表情/板演/演示)?有多少人达成?③这堂课生成了什么目标?效果如何?我决定沿着这个思路来设计我的观察表。

首先,我对"学生清楚这节课的学习目标吗?"进行了分析。我认为,可以从学生获得学习目标的时间/途径/方式/目标的表述四个方面来观察该点。而要观察这些要素,只靠课堂上的观察记录是不够的。于是,我设计了一张调查表(见下面的观察表)辅助观察表进行观察。

其次,我对"预设的目标达成有什么证据"的要素进行了调整,我把学生的"观点"直接记录于学生的座位表上,这样更能反应学生对学习目标的达成情况。根据这节课的特点,我把"书面表达/制作模型/板演"全部归并到"作业"中去,对学生的学习表情进行了简化处理,只分为投入和不投入两种情况。而对"有多少人达成"则采用了调查问卷的方式。

再次,通过对"这堂课生成了什么目标?效果如何?"的分析,我认为生成的目标不一定都利用了,应该追问"是否利用了"。而"效果"的观察主要集中在三维教学目标上。

根据以上分析,我设计了如下的观察表和调查表。课中观察时,由于要观察学生的表情,我选择了坐在前排观察。我在课后随机选择了20名学生进行调查,观察和调查结果如下。

学习目标的达成观察表

观察内容	学习目标	解释减数分裂,说明联会和四分体	阐明染色体复制、同源染色体的分离和姐妹染色单体分离的时期,成熟生殖细胞中的染色体组成	说明减Ⅰ和减Ⅱ的染色体行为特征,阐明减Ⅰ染色体减半的原因,比较有丝分裂与减数分裂染色体行为特征
学生是否清楚学习目标?	课前预习情况	见课后辅助调查结果		
	学生课中获悉学习目标(途径/表述方式/清晰度/导向性)	学案预习检测问题	过渡/语言和记录纸/清楚/有明确的导向作用	过渡/语言/不够清晰(只提了染色体减半,未总结原因),导向性一般
预设的学习目标达成有什么证据?	学生的表情(投入/不投入)	非常投入	建模都很积极,共计有8个组上黑板展示结果,观看图片时很好奇、有疑惑	问题5讲得太快,学生反应不过来
	学生的观点(回答/提问/汇报)	见座位表中的辅助记录		
	学生的作业(书面表达/制作模型/板演)	汇报都正确	8种方式,(一种正确,一种理论上可行,6种错误)所有的可能出来了,思维发散得很好	一学困生汇报,认为减Ⅱ与有丝分裂基本相同。但对同源染色体分离不清楚,不能指出不同
	达成人数调查	见课后辅助调查结果		
生成了哪些学习目标?效果如何?	生成的学习目标	没有	生成7种染色体减半的方式	没有
	生成目标的利用	没有	逐步引导,生成正确的知识,体现学科过程与方法	没有
	生成目标的效果(知识/能力/情感)	没有	增加对减数分裂多样性的认识,发展学生假说——演绎的学科思想与方法以及对科学工作的认识	没有

课后调查结果(随机抽取20人)

调　查　项　目	结果选项及结果		
Q1 课前,你是否预习了学习目标?	是,20人;否,0人		
Q2 学案上学习目标的表述,清楚吗?	是,15人;否,5人		
Q3 你预习学习目标时与同学讨论吗?	是,15人;否,5人		
Q4 本课学习目标有8项,你的理解情况如何?请在下表空格中打"√"			
学　习　目　标	理解	基本理解	不理解
①阐明减数分裂的概念	14	6	
②阐明联会和四分体的概念	17	3	
③区别同源染色体和非同源染色体	18	2	
④阐明染色体复制的时期	17	3	
⑤同源染色体分离的时期	16	4	
⑥姐妹染色单体分离的时期	14	6	
⑦说明成熟生殖细胞中的染色体组成	11	8	1
⑧阐明减Ⅰ染色体减半的原因	12	8	
⑨说明减Ⅰ和减Ⅱ的染色体行为特征	12	7	1
⑩比较有丝分裂与减数分裂染色体行为特征	11	9	
Q5 你对自己的学习结果满意吗?	满意6人;比较满意14人;不满意0人		
Q6 以下是本课的主要学习行为,请选出你认为有效的学习行为?	听讲(17人);问答(你与教师或你的同学与老师间的问答)(12人);作业(如问题5)(10人);小组合作讨论(13人);制作模型(12人)		

学生观点记录(依据座位表)

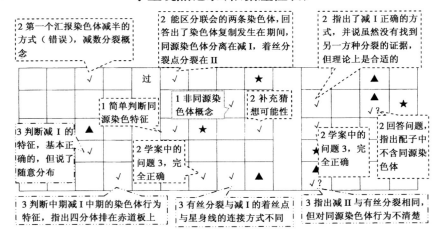

1. "1"表示观察表中第一栏的学习目标;"2"表示观察表中第二栏的学习目标;"3"表示观察表中第三栏的学习目标。"√"表示回答正确。
2. 座位表中的"★"和"▲"分别表示学优生和学困生。

3. 观察结果分析及教学建议

（1）学习目标"解释减数分裂,说明联会和四分体"

达成情况分析。郑超老师把这部分内容设计成了课前的预习,并设计了相应的填空题来指导学生预习,课堂上主要采用了集体汇报的方式检测概念的理解情况。不论是学生的个别回答还是集体回答,都很正确,似乎学生通过自学就掌握了这三个核心概念。从课后的调查看,这三个概念没有不理解的,认为完全理解的依次为70%、87.5%、90%,似乎都很支持课堂观察的结果。但事实上,直到这节课结束,还有部分学生对这三个概念没有完全掌握。这可以从"在学习第二、三栏学习目标时,有三位学生回答不会运用这三个概念来描述减数分裂过程中染色体行为特征"得到证据。此外,从调查表中学生认为学习目标⑦⑧⑨⑩"基本理解"增多也可得到支持。由此可见,学生对这三个目标并没有理解得很好。

是什么原因使学生对这三个概念理解没有到位呢?我认为主要是郑老师过于相信学生回答的表象,与在教学设计时对这三个概念的落实准备不充分有关。从认知要求上看,它们都属于理解层次,这就不仅要求学生能"说出"它们,还要能"说明和解释"它们。但郑老师在设计时,只设计了概念的填空,课堂没有概念变式的追问,使得学生对它们的掌握还处于"了解"的水平。而从课后的调查看,有75%的学生的预习是通过"讨论"完成的,而且填空是课本上就可以找到答案的。因此,可以看出学生在课前对它们的理解还存在着较大的困难。这样老师在课堂上一点而过,使学生对这三个概念的真正理解还有一定的距离。

教学建议。①将课前预习的要求提高,增加填空的难度,引导学生思考。②课堂上增加目标达成的检测,以追问或问题变式帮助学生理解。③增加知识形成的层次性,要让学生"理解"得先让他们"了解"。

（2）学习目标"阐明染色体复制、同源染色体的分离和姐妹染色单体分离的时期,成熟生殖细胞中的染色体组成"

达成情况分析。为了落实这三个学习目标,郑老师主要采用了建模、板演、师生问答三种学习行为。学生构建了8种减数分裂模型,并作了板演,生成了7种分裂方式。学生回答了6个关于这三个目标的问题,准确地指出了染色体复制的时期、姐妹染色单体分离的时期、同源染色体分离的时期,能非常明白地陈述8种模型的可行性。特别难得的是,有一位学困生也准确地指出配子中的染色体组成。从课后的调查看,达成情况也比较好,只有一位同学对"成熟生殖细胞中的染色体组成"这一目标说不理解;认为完全理解的人数也达到了半数以上,其余的也认为基本上理解了。考虑到学生对"理解、基本理解、不理解"的感性认识,课堂上学生的表现更有可信度,所以这三个目标达成得较好。

感想。这三个内容是本节课的核心目标,能得到较好的落实,得益于这部分内容的教学设计。郑超先让学生尽可能地想象出减数分裂的各种方式,然后再通过科学家的实验提供证据,引导学生分析他们提出的8种模型的可能性。学习过程中,学生表现出了浓厚的学习兴趣,思维始终处于极度亢奋中,观察、质疑、分析、综合、迁移等多种认知技能得到充分的发展,学科的思想方法得到了有效的培养,课堂的生成非常精彩。这不仅很好地达成了学习目标,还很好地体现了新课程的基本理念,使学生的生物科学素养得到了全面提高。所以,一个好的教学设计,是在运用新课程的重要理念的基础上去帮助学生有效地达成学习目标的。着眼于学生的终身发展,比教给学生一点死的知识更重要;帮助学生形成一个开放的知识体系,比让学生记住课本知识更重要。

(3) 学习目标"说明减Ⅰ和减Ⅱ的染色体行为特征,阐明减Ⅰ染色体减半的原因,比较有丝分裂与减数分裂染色体行为特征"

达成情况分析。从学生的表情看达成情况一般。从学生的回答看,达成情况不够好,存在着不会用专业术语描述染色体行为特征、同源染色体概念运用困难等问题。从课后调查看,后两个目标认为完全理解的人数都过了半,不理解的也只有一个人,其余都是基本理解。这与课堂观察到的结果相似。而"说明减Ⅰ和减Ⅱ的染色体行为特征"这一目标在课堂教学中没有涉及,以课后作业的形式布置落实。

为什么存在这种情况呢?我认为主要是教学时间不足造成的。这堂课的教学容量很大,老师在教学过程中有点"赶"。课上到这个环节时,下课时间已到了,但郑老师为了追求课堂结构的完整,还是坚持上完了,但速度太快,留给学生的思考时间不够。加上,第一环节中的三个核心概念达成度不太好,故影响到了这三个目标的达成。

教学建议。删除此部分内容,将这三个学习目标移入下节课学习。利用少量的时间做个学习的总结,给学生形成一个正确的知识结构。

此外,从整堂课看,每个学习目标在课中的陈述都不够清晰。其主要原因是每个教学环节过渡时的小结做得不够,使上一环节的知识内容结构化不足,而下一学习环节学习目标的提示又不太明确,使得学生围绕一个问题展开学习的注意力不足,也影响了学习目标的达成。我认为这都是教学内容预设过多,与郑老师一直在赶时间有关。所以,教学容量的控制是十分重要的。由于课堂的生成也是无法在课前预设的,这就要求老师要根据课堂上的实际情况作出调整。看来,积累经验、提高课堂教学机智也是郑老师今后要着力解决的问题。

4. 关于课堂观察的感想

此次课堂观察,我的观察结果之所以能被广大同行所认同,特别是得到了上课老师与组内其他老师的认同,我认为主要是得益于观察表和调查表的开发。由于我借鉴了新的课堂观察框架,在分析观察点的要素、设计观察表时有了比较清晰的思路,再结合课的特点,大大提高了观察的针对性和时效性。我收集到了大量真实而珍贵的第一手资料,为课后分析和教学建议提供了翔实的证据。所以,一次课堂观察质量的高低,主要取决于观察表的开发和利用。只有这样才能真正收集到有效的证据,才能基于证据作出有效的推论,提供有益的教学建议,获得更多专业感悟。

课例二
化学电源的构造与原理
（化学必修模块1）

化学组课堂观察合作体①

【背景】

- 任教教师：王忠华（浙江省余杭高级中学化学教师，教龄6年）
- 教学主题：化学能与电能的转化（第二课时）（苏教版选修模块化学反应原理）
- 观察教师：化学组课堂观察合作体
- 活动背景：化学组开展课堂观察实践活动已有一年多，对课堂观察这个新生事物有了一定的理解及实践积累，观察的内容也从随意观察发展到主题式观察。2007年12月20日至22日，全国普通高中课堂观察研讨会在余杭高级中学举行。本学期化学组的课堂观察主题是"目标·达成"，重点探讨教学目标的设立是否合理，教学目标是否达成，达成目标的手段是否最佳等问题。恰逢全国高中课堂观察研讨会在我校召开，我们组代表学校向全国的同行展示我们的课堂观察活动。

【课前会议】2007年12月19日

（一）王忠华老师说课

1. 教学内容

本节课的主要内容是化学电源，是原电池工作原理的第二课时。在这节课的后面是电解原理的介绍。浙江省的学科指导意见是这样讲的："能够正确书写电极反应式和电池反应方程式。知道常见化学电源的种类，能

---

① 此课例由毛红燕老师主笔，附件部分为上课教师和各观察教师所写。

根据已知的电池总反应判断电池的正、负极,书写电极反应式。"根据新教材的体系,知识是以螺旋式上升来呈现的。高一、高二都学习原电池的相关知识,但要求是不同的。所以我是这样定位教学目标的:知识与技能方面,重点是根据已知的电池总反应式判断电池的正、负极,书写电极反应式;情感态度价值观方面,主要是了解化学电源的使用现状和危害,增强环保意识。

2. 学生情况

本届学生高一时已学过原电池的基础知识,对电极反应式的书写也有所接触,但由于间隔时间较长,加之学生之间的两极分化较为严重,所以本节课基本上以授新课的形式来上。我会发张座位表给每位老师,在上面标出了本班学困生、学优生的有关情况(学困生用★标出,学优生用☆标出)。

3. 教学流程

环节一:认识化学电源。有三个步骤,首先是新课导入(利用水果电池),然后是学生课后收集的各种电池的展示,最后是生活中常见的化学电源的分类归纳。

环节二:了解干电池的构造与原理。这是本节课的重点之一。主要通过观看视频录像及干电池的解剖图,将化学电池(干电池)与学生课堂中所学的原电池联系起来,让学生体验理论与实际的联系与差别。给出普通锌锰干电池和碱性锌锰干电池的剖面图,让学生比较两者在构造上的差异,思考碱性电池与酸性电池的区别,体会使用碱性电池的优点。

环节三:书写电极反应式。这是本节课知识目标的重点,也是难点。通过以下步骤加以突破。首先学生自己书写电极反应式(让学生出错),教师展示学生的错误,利用学生的错误,讲评、总结、归纳出书写电极反应式的基本方法及技巧,然后学生运用所学知识再练习,教师根据学生练习情况再次进行点评、矫正。

环节四:废旧电池的危害与回收。这是促成本节课情感目标达成的一个重要环节。观看自拍录像,通过数据展示以及录像中问题的回答来倡导学生注意电池的回收,养成良好的环保习惯。

4. 教学检测

本节课知识目标有两个:了解电池的构造;能根据已知的电池总反应式判断电池的正、负极,书写电极反应式。对于第一个目标是否达成,主要是在观看电池解剖录像后,通过学生叙述碱性电池的构造的情况来判断目标达成情况。而第二个目标是否达成,主要是根据学生所做的两个练习情况进行判断。情感态度价值观目标的达成,主要是渗透在教学环节中完成的,如学生观看电池回收的录像,学生展示收集的电池等都对情感目标的达成有很好的促进作用。

5. 我的困惑

由于本节课已经过组里的磨课,所以我感觉对于教学环节及教学设计已经没有什么问题了。但在平时的教学中,我还有两个问题一直没有得到很好的解决。一个是我上课时总感觉缺少激情,另一个是各个教学环节之间的过渡感觉比较生硬,想请各位出出主意,想想点子,看有没有改进的良策。

(二) 各位观课教师与王老师的交流

刘桂清:本节课中,书写电极反应式是一个重点。在书写电极方程式的环节中,如果学生写得不好,王老师如何处理?

王忠华:我准备了两道练习题。在我讲完书写电极反应式的方法以后,让学生完成第一题。如果学生完成情况不好,我就把此题中学生的错误展示出来,再进行分析讲解,让学生重温书写电极反应式的方法,然后再练习第二题。如果第二题学生掌握还不好,那就说明是我的讲解过程或者课的设计出问题了。学生的错误是宝贵的教学资源,需要充分的利用。

陈跟图:我认为王老师根据学科指导意见及教材内容的编排,制订的教学目标是合理的,也符合学情,但我还有一个问题,从教材文本上看,常见电池中的铅蓄电池占非常重要的篇幅,共有21行文字,从你的教学设计上看,这部分内容删减较多,为什么?

王忠华:我把这部分内容进行了调整。主要是铅蓄电池这一部分中用较多篇幅介绍了蓄电池充电的反应式,而这部分内容属于电解部分,学生还没有学过,我就把它放到下一节去了。

陈跟图:这似乎与王祖浩先生的主旨有矛盾。从他的编排思路上看,电池的实际应用应放在一个较重要的地位。

李建松:我认为应当把这一部分内容放到后面去,一方面保证了知识的连贯性,另一方面,如把这一部分内容放在这里,本节课内容过多,教学任务无法完成。

毛红燕:有没有老师对王忠华的两个困惑有回应的?

刘辉:以前也听过王忠华的课,感觉他的语速适中,声音洪亮,但是声调比较平,也就是说平铺直叙,能否有其他方式来改变这一点呢?比如说用一些适当的肢体语言。

毛红燕:忠华的两个困惑不是一时半会能解决的。这次我们也观察王忠华的语言。有什么建议在观察以后可以提出来,当然如果他自己有意识注意了这些问题,也可能什么也没观察到,这也很正常。本次观察的主题是"目标·达成",大家议一议,围绕这个主题并结合这节课的教学设计,设置哪些观察点?

李建松:学生活动是教学目标是否达成的一个重要窗口,能直接反映出目标达成情况,而且学生活动也是任何一堂课的重点,这个观察点应当设立。

徐卫平:太好了,组织学生活动,提高活动的有效性,一直是我的弱点。我参加这个小组。

毛红燕:我看情境创设这个点要观察。为了达成目标,教师必然采取各种手段,也就是创设各种情境来促成目标的达成,而情境创设的好坏,使用的效度,直接关系到目标的达成,这个观察点要设。

高志远:我一直观察提问、回答、理答,这个环节处理得好,对目标的达成有很大的促进作用。这一次,我还是观察这个点吧。

陈跟图:从刚才的介绍来看,王忠华对教材做了较大的改动。由于新课程的教学内容安排是渐进式、螺旋式上升,所以教学设计过程中要顾及必修、选修内容,考虑学生的已有基础,因此对教材进行适度的改进是很有必要的。我想从教材的二度开发这个角度进行观察,看看王忠华对教材的改进是否有必要。

(三) 王老师与观察老师讨论后确定的观察点

情境创设:毛红燕、倪丰云、褚玉良

学生活动:李建松、徐卫平、洪娟、盛连芬

提问、理答、回答:高志远、刘桂清

教师的讲解效度:刘辉、徐健、李锦亮

教材的二度开发:陈跟图、吴天国、周玉婷

【课中观察】2007 年 12 月 21 日,下午第 2 节课

1. 各小组观察量表(以附件形式置于最后)
2. 观察位置的选择

李建松、刘桂清、陈跟图、褚玉良、周玉婷、吴天国、刘辉、徐健、高志远、倪丰云

			徐卫平		★	洪娟		盛连芬	★
		★					☆		
				★			★		☆
	☆		★			★			
							☆		
★							☆		
毛红燕			讲			台			

说明:徐卫平、洪娟、盛连芬要观察学生活动情况,坐在两排学生之间;毛红燕要观察情境活动中学生的表情,坐在前排;其余老师观察的均为教师的行为,为了不干扰学生的学习,所以坐在最后;在上课过程中,当学生进行书写电极反应式的相关练习时,坐在中间的三位老师起身巡视两边学生的练习情况并作了记录。

【课后会议】2007 年 12 月 21 日,下午第 3 节课

课后会议由浙江省教育厅教研室张丰、余杭高级中学化学组组长毛红燕共同主持。

(一) 王忠华老师课后陈述

我从以下三个方面对本节课做一回顾与反思。

一是目标达成情况。本节课的目标主要有两个:目标一是对照原电池工作原理,找出干电池各个成分的作用。本来我设想学生可能需要多次提醒、补充来完成这个任务。但可能由于布置预习任务以后,学生准备比较充分,从课堂上学生讨论及回答情况看,一个学生站起来就回答得较为完整

了,达成情况较好。目标二是书写电极反应式。根据浙江省的教学指导意见,要求学生能根据总反应式,判断出电池的正负极,写出电极反应式。通过讲解、练习,我在观察学生小组书写情况时发现还有两三个小组的学生书写存在一定困难。我预想的是有90%以上的学生掌握这个知识要求,实际情况与之有差别,达成不是很理想。

二是教师主要教学行为。在组织学生讨论的过程中,感觉教师的启发、引导不到位,讨论的有效性打了折扣。这个班级平时是很活跃的,这节课可能受环境影响,学生没有放开。如在课的导入阶段,就出现了冷场现象。在教学资源的利用方面,我感觉还是比较好的。主要是由于课前准备较为充分,如录像的拍摄、学生收集的电池等,学生通过直观感受、体验,比较有效地落实了情感目标。在教师的讲授方面,我认为这是我今天较为失败的地方,感觉本节课上语言组织不够理想,说的话有点乱。

三是教学生成。本节课的难点是电极反应式的书写。从学生练习情况看,我没有想到学生会出现"O^{2-}"这样的错误,所以对错误出现的原因一下子也反应不过来,课堂上也没有进行充分的分析、讲解,对学生出现的错误资源没有进行很好的利用。

(二) 观察汇报

1. 教师讲解组

徐健:我和刘辉是一个小组的,我们观察的是教师的讲解。我们是从教师讲解的语言、教师讲解的辅助手段、教师讲解的有效性三个方面来观察的。

首先说说教师的语言。王老师自身的天赋很好,声音洪亮,非常有磁性,语速适中,节奏控制得不错,而且抑扬顿挫明显,能很好地吸引学生的注意,语言简洁,指向准确。但在某些时候,如学生表现很好时(或回答问题较好时),王老师的表扬性语言运用不够突出。正因为此,(我们或者说他本人)才会觉得王老师的课缺少激情。

毛红燕:我也有同感。比如说前排的一个学生回答干电池中各个部件的作用时,答得非常完美,我当时都想拍手了,可是王忠华只是轻描淡写地说了句"答得很好,请坐",太平淡了。如果语言或说话的语气夸张一点,再配合一些肢体语言,那就好了。

徐健:我再说说教师讲解的辅助方式。本节课王老师在讲解过程中用了较多的辅助方式。如实物展示、视频短片、图片等等。肢体语言的运用在本节课中较少。

刘辉:关于讲解的有效性。我认为本节课中有两个地方,一个是亮点,一个是缺点。亮点就是在课的结束部分,PPT显示出了"文明是一种力量",用带有震撼力的打字机的声音打出"1节1号电池可使1平方米土壤失去利用价值……"等文字时,王老师一句话也没说,但我们认为,此时无声胜有声! 一个缺点就是关于书写电极反应式时一首小诗的运用,王老师处理得过于仓促,学生好像没有充分理解。

王忠华:说实话,这首小诗是李老师想出来的,我是临时加上去的,到底怎么用效果最好,我自己心中也不是很有底。

李建松:如果课后去调查一下,估计没有几个学生记得这首诗的内容。如果当时让学生站起来朗诵一遍,或者齐读一下,效果可能要好得多。

2. 提问、理答、回答组

高志远:我们小组观察的是教师提问、学生回答、教师理答的情况,研究的是教师提问的有效性。下面是我们观察到的有关数据:

这节课王老师共提问22次,其中指向不明确的问题一个也没有,从中看出王老师在设计问题时作了精心的准备。22个问题中,识记性的问题有16个,综合分析的问题有6个;学生回答情况是这样的:集体回答7次,自由回答5次,个别回答14次,无应答2次,讨论后回答2次;教师理答情况:打断或代答有7次,不理睬1次,重复答案8次,追问12次,鼓励8次。

从数据中我们得出以下几点结论:

(1) 问题指向明确、表达清楚:从最后的统计分析可知,学生能根据教师的提问作答,"无应答"的两处也只是教学环节中出现的"冷场":一处是开始问谁生日,一处是废旧电池该放在哪。

(2) 提问的思维层次搭配合理:按照布卢姆目标分类说,提问可以分为六个层次的问题,其中有关知识、理解、运用的提问属于低层次思考水平;而有关分析、综合、评价的提问属于高层次思考水平。教师在课堂教学中,围绕教学目标,根据教学进程设计了不同思维水平的问题。我们从分析结果(16次识记,6次综合分析)来看,应该说搭配得较为合理。

3. 学生活动组

洪娟：我们小组观察的是学生活动，我们从活动内容、活动形式与耗时、活动组织、活动效果四个方面来观察与记录。

我从活动内容、形式及耗时来说一说观察结果：本节课分4个教学环节，总共有7处学生活动，从内容上看，学生活动内容比较丰富。从学生活动时间看，总时间为19分钟，占本节课总时间的42%，学生相对独立的活动时间能占到这样的比例，说明本节课体现了以学生为主体的理念。从学生活动形式上看，采用了多种活动形式，有口述、书写、交流、观看录像等，活动形式多样，其中以口述、书写这两种活动形式为主。

徐卫平：我从活动组织与有效性来说一说观察结果。在所有的活动中，只有关于组装碱性干电池时学生出错了，这是由于任务指向不是很明确造成的。从总体上说，王老师对学生活动的组织是高效的，指令清晰、活动内容指向明确。从整节课来看，活动任务完成情况大多数较好，但是书写碱性干电池的电极反应式、书写银锌纽扣电池的电极反应式这两项活动任务完成情况欠佳，前一项活动，学生目标达成只占30%。

王忠华：我是故意先不讲直接让学生写，先让学生犯错，在体验错误的过程中总结反应式书写方法，这样可以使学生印象更深刻。

李建松：你认为经过讲解后学生书写电极反应式，正确率有多少？

王忠华：我估计有90%左右。

徐卫平：我们观察到的情况是这样的：教师讲解后，后续活动"电极反应式的练习"，正确率达到70%，比讲解前大有进步，说明教师讲解对学生活动任务完成起了很重要的作用。但没有达到教师预期的90%，为什么呢？主要是教师讲解书写方程式的要点时速度过快，学生缺少体验造成的。观看回收电池的录像这一活动我认为是非常成功的。下课后，我特意尾随学生下楼，看到有七个同学把手中的电池放到了一楼的电池回收筒中，有两位同学已走出大楼了，再转回来，把废电池放到回收筒中。

4. 情境创设组

毛红燕：我们小组观察的是情境创设。我们从情境创设的类型、情境创设效果的达成两个方面来观察的。从类型上看，本节课采用了实物模型情境、视频情境、问题情境、资料情境，情境内容也非常丰富，我从三个方面说一说我们观察到的情况和想法。

首先,各个情境的创设与使用对促进教学目标的达成,起到了极好的作用。优美动听的水果电池音乐,把学生引入了电池的世界,我们观察到学生是笑着、带着惊讶的表情看水果电池的,因为他们认为蛋糕盒里一定是电池,哪想到是两个红红的番茄。各处电池的汇总,既是亲身体验生活中化学电源的丰富多彩,也是一种成果的展示。化学小诗,将枯燥的化学与押韵的古诗连在一起,当时学生看到这首诗很兴奋,不少学生还小声读起来。最后自编自演自拍的电池回收录像中似曾相识的车站,熟悉的校服,都引起了学生极大的兴趣,对化学在生活中的应用留下了深刻的印象。本节课情境创设的最大亮点在于很多情境来自生活,使学生有了感性的认识。本课的另一大特色是运用现代科技手段为教学服务,特别是两段自拍视频的使用。

其次,本节课的重点是让学生掌握电极反应式的书写,但这个目标的达成并不理想。为达成这个目标,王老师也采取了不少措施,比较典型的就是那首化学小诗:"标清化合价,前后找变化,氧还列两行,溶液来帮忙"。这首诗歌的运用,不是为了给课堂增加一点文学氛围,而是想加深学生对书写电极反应式的理解。我们想一想,这首诗中学生最难掌握最难理解的是哪一句? 我认为是最后一句。学生弄不清楚溶液怎么来帮忙,什么时候来帮忙。如果教师备课时能从学生角度多考虑一点,在学生感觉最难的地方多下点功夫,想点办法,这个教学目标的达成岂不是迎刃而解吗?

最后这一点是在听了学生活动组的观察汇报后想到的,事先应调查一下学生的课前准备活动(如网上查资料、收集素材、实物等等)情况,并让准备得较充分的学生在课堂上展示,这对于学生的课后活动有积极的激励和促进作用。

5. 教材二次开发组

陈跟图:我们以教学环节为观察序列,从保持、增加、删除、置换、合并、新立六个方面观察王老师对教材的二次处理情况。与教材相比,王老师做了两加、一减三个较明显的改变。

在"增加"部分:王老师利用录像手段增加了碱性干电池的解剖,并与书面材料相对比,找出实物与图像中的对应物,从而说出普通干电池与碱性干电池在构造上的异同,进而得出碱性电池的优点。这样处理教材的好处有,一是能够增强学生的生活感,使教材与实物有机融合成一个整体,培养了学生的观察能力,提高了学生的分析能力;二是丰富了突破本节难点"了解电池的构造"的手段,从教学效果上看,学生掌握得也比较好。

在教学过程中,王老师特别注意对学生环保意识的培养,为此,增加了"废旧电池的危害和回收"这一环节,确实让学生及听课的老师眼前一亮,也为类似的教学提供了范例。

在"删除"部分:王老师根据自己既定的教学目标有选择性地删除了原教材中的部分内容,如纽扣电池、新型燃料电池及铅蓄电池的构造示意图。这样做,一方面能保证课堂的焦点不分散,同时也为下一环节"书写电极反应式"提供了充裕的时间。从后续的教学效果看,学生在书写电极反应时需较多的时间来巩固这部分知识。如果没有前期的"删",教学效度将大打折扣,同时也会给人轻重不分之感。

(三)本次课堂观察后达成的几点结论

本次观察后,通过大家的讨论,形成以下几点结论:

(1)关于课后会议。由于我们现在的课堂观察是主题式观察,所以课后会议应当围绕主题进行深入地探讨,针对教学中出现的问题给出意见和改进措施。如本次课中"书写电极方程式"这一环节达成不理想,问题出在哪里?教师的教学应做哪些改进?有没有更好的处理方法?如果能对每节课的核心目标的确立及达成做进一步的探讨,对上课、听课教师的帮助会更大。

(2)关于情境创设。一堂课中情境并不是越多、越丰富越好,太多的情境反而会降低其实际效果。教师进行教学设计时,应当围绕核心目标创设情境,有效地利用情境,这将是我们在情境创设这个教学环节中必须注意的。

(3)关于生成资源的利用。一直以来,大家有个认识误区,认为公开课没有课堂生成。但从这次观察来看,公开课的课堂中也有丰富的生成性资源。今后的课堂观察还是要多多关注观察课堂生成,如在教学中教师应当多观察学生的错误。学生错误的再利用,是我们教学中非常难得的、有效的教学资源。

(4)关于教材的二度开发。在新课程的教学中,教材的二度开发显得尤为重要,因为新课程的教学内容安排是渐进式、螺旋式上升的,在教材的处理上势必要顾及必修、选修之间的关系。本节课中"干电池的构造"这一教学目标达成非常好,与教材的精心组织与处理有很大关系。

【附件】

(一) 教案:《化学电源的构造与原理》(1课时,高二(10)班)

※ 学习目标:1.了解电池的构造;2.根据所学原电池知识说出化学电源的工作原理;3.能根据已知的电池总反应式判断电池的正、负极,书写电极反应式;4.通过对锌锰干电池结构的探究,体验探究和学有所用的乐趣;5.了解化学电源的使用现状和危害,增强环保意识。

※ 学习过程

环节一:认识化学电源

1. 创设情境引入新课:自制水果电池,这种电池的实用性并不是很强,但应用原电池原理可以设计成富有实用价值的各类化学电源,并应用于生产生活。

2. 实物投影:(1)各小组展示事先收集的各类化学电池;(2)说出这些电池的名称和实际应用。

3. PPT展示:对各类化学电源进行分类。(1)根据形状分类:一般圆柱形,如1号/2号/5号/7号等,适用于一般电子商品;纽扣形,如水银电池,适用于电子表、助听器等;方形,如9V电池,适用于无线麦克风、玩具等;薄片形,如太阳能电池板,适用于计算机、户外建筑物等。(2)根据使用次数分类:一次电池(使用后不能复原),如普通锌锰干电池、碱性锌锰干电池、银锌纽扣电池等;二次电池(充电后可以再用的),如铅蓄电池、镍氢电池、锂电池等;新型电池,如氢氧燃料电池等。

环节二:了解干电池的构造和原理

1. 学生观察录像(解剖碱性锌锰干电池),大概播放1分半钟时间。

2. 学生看书(解剖图),指出干电池中的每样物质。并对照原电池装置找出各个组成的作用。

3. 给出普通锌锰干电池和碱性锌锰干电池的剖面图,让学生找出两者构造上的差异?并说出为什么普通锌锰干电池容易漏液?

	普通	碱性
正极	碳棒	钢筒
负极	锌筒	锌粉
电解质溶液	酸性溶液	碱性溶液

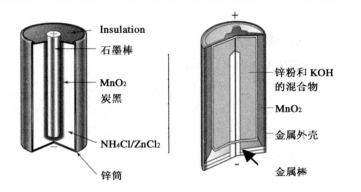

4. 教师展示图片(碱性锌锰电池和普通锌锰电池各方面的对比)

	普通电池	碱性电池
工作温度	$-10℃ — +50℃$	$-20℃ — +70℃$
存放时间	1—2 年	3 年
价　格	2 元	7 元
是否含汞	有	无(2006 年标准)

环节三:书写电极反应式

1. 投影出总反应:$2MnO_2 + Zn + 2H_2O = 2MnOOH + Zn(OH)_2$

学生思考:标出化合价,指出氧化剂、还原剂、氧化产物、还原产物。

教师指导学生书写:(1)负极:还原剂 $-e-$ = 氧化产物,正极:氧化剂 $+e-$ = 还原产物;(2)根据介质和总反应补充完整电极反应式;(3)检查,正负极反应式相加是否得到总反应方程式。

2. 给出情境,学生独立完成,并实物投影展示。教师根据实际情况进行讲解。

3. 练习1:银锌纽扣电池的总反应为 $Ag_2O + Zn = 2Ag + ZnO$,电解质溶液为 KOH 溶液。请写出电极反应式,已知:$Zn(OH)_2$ 可分解为 ZnO 和水。

练习2:铅蓄电池的总反应为 $Pb + PbO_2 + 2H_2SO_4 = 2PbSO_4 + 2H_2O$,电解质溶液为 H_2SO_4,请写出电极反应式,已知:$PbSO_4$ 是难溶物。

练习3：介绍氢氧燃料电池。

环节四：废旧电池的危害和回收

1. 介绍化学电源的使用现状及其污染(文字、图片和视频资料)。
2. 倡导学生养成良好习惯，注意电池的回收。

(二) 课后分析报告

报告1：王忠华老师的课后反思

2007年12月21日，全国性课堂观察展示活动在我校举行。本次活动要开三节课，我承担化学开课任务。自接受任务到正式上课前后一个多月，承受的心理压力还是比较大的。这个压力来源于两个方面：一方面是备课本身，准备的课要体现新课程的理念，要有亮点；另一方面是来自舆论的压力，学校对此次活动特别重视。带着这样的压力站上了讲台，说实话，我开始有些紧张，但随着课的推进，自己也慢慢进入了状态，最终自己感觉还是比较顺利地完成这节课。

在课后会议上，组内的各位老师根据观察记录表记录的情况纷纷发表了意见。批评的多，表扬的少，实话实说，不弄虚作假，这也是我们化学教研组一贯的风格。外人看来似乎有些不太理解，甚至有几位外地的专家说道："这位小伙子的心理承受能力真强，做到脸不红心不跳。"殊不知在化学组这已经成为了一种习惯。我主要反思三个焦点：

1. 反思教学目标的达成

新课标要求我们在制订每节课(或活动)的教学目标时，要特别注意培养学生的科学素养即"三个维度"——知识与能力、过程与方法、情感态度与价值观。

本节课设置的教学目标有三个，一是让学生了解化学电源的种类、使用方法和回收方法；二是了解干电池的构造，并对照原电池装置认识各个成分、分析其作用；三是能根据氧化还原反应原理判断正负极发生反应的物质以及正确地书写电极反应式。

目标一体现的是情感态度与价值观，为了达到这个目标，特别设置了两个环节，首先是让学生展示各类化学电源，谈谈自己对化学电源的认识。学生经过课前的准备，收集到了各类化学电源，并比较好地说出各类电池的名称、用途、使用事项。其次是让学生观看视频录像，让学生知道了废旧电池的危害和正确回收。特别是"电池应放在垃圾筒的可回收还是不可回收部分?"这一问题,引起了学生的讨论。然后演示正确的回收方法,加深了学生的印象。在下课后,我们惊喜地发现,我们的同学将搜集的各类废旧电池放到了专门回收电池的装置中。我想这不就体现了我们教育的价值吗?

目标二和目标三主要体现的是知识与技能,过程和方法。为了达成目标二,我让学生带着问题观看解剖碱性锌锰干电池的视频,看完后让学生立即把解剖出来的零部件按照由表及里的顺序重新组装干电池。由于在观察视频前教师提问的指向性不是很明确,学生说的效果并不是很理想。在逐步引导后,要求学生对照原电池的组成分析干电池中各部件的作用,学生经过讨论后自由发言,比较准确地回答出了问题。为了进一步理解干电池的结构,组织学生讨论酸、碱性电池在构造上的差异,得出碱性电池优于酸性电池的结论。这一环节学生完成得比较理想,也达到了学以致用的教学目的。

为了达成目标三,我先给出碱性锌锰干电池的总反应,要求学生能判断出正负极反应物质并写出电极反应式。学生在学习了第一课时之后,能较准确地写出简单的类似铜—锌—稀硫酸之类的电极反应,而化学电源的电极反应要难得多。所以在讲解如何书写化学电源电极反应式之前,学生的书写正确率估计在20%左右,这是意料之中的。本想通过讲解后能让80%以上的同学能准确地书写出其他化学电源的电极反应,但从学生完成的巩固练习中发现,正确率远远没有达到自己预计的标准。苦思冥想后,我认为自己的讲解还是出了问题,如讲解太快,缺少必要的引导等。本想用"标清化合价,前后找变化,氧还列两行,溶液来帮忙"这首诗来加深学生对书写过程的理解,或是进行必要的总结。但此环节呈现得太快,学生没有体验到知识的形成过程,没有内化为自己的经验。

2. 反思教学行为的有效性

组织学生讨论。教学设计中精心设计了学生讨论和交流环节,比如讨论完成:对照原电池装置分析各部件的作用;对比酸、碱性干电池的内部构造,指出酸性电池为什么会出现漏液现象;完成碱性锌锰干电池的电极反应式。从学生讨论的积极性和讨论的激烈程度来看并不是很理想,原因有两个:其一是环境因素,由于听课教师很多,氛围比较严肃,学生有怯场心理,不太敢大声讨论;其二是人为因素,教师面对这种场合调节和活跃课堂气氛的能力不够,没有充分调动起学生的积极性。

利用各种资源。本节课中准备了多种教学资源,如水果电池、视频录像、图片、诗等。目的是让学生更清晰地知道化学电源的内部构造,更清楚地理解化学电源的工作原理。其中水果电池和视频二(电池的回收)我觉得利用得不错。一开场水果电池的引入起到了两个效果:其一是舒缓紧张气氛,激发学生兴趣;其二是引入到本节课的主题:化学电源。视频二的作用主要是让学生从感性上认识回收电池的必要性和如何回收电池。从下课后学生的举动来看,这段视频的效果比预想的还要好。视频一(解剖干电池)利用的效果不佳,主要是学生在观看前,教师提问的指向性不够明确,只是说考考学生的记忆力,并没有明确指出考查哪一部分的记忆。这样导致学生观察视频时的目的性不是很明确。"诗"是本节课中利用最不到位的资源。为了让学生更容易地掌握书写电极反应式,更有兴趣地参与到这个重点环节上来,"诗"的出现本来能够起到很好的效果,却因为自己的不自信和粗心使之效果无法实现。

教材的二次开发。教材上对电池的内部构造和电池的回收并没有作过多的介绍,本节课有意识地增加了这两块内容。对化学电池内部构造的认识和理解,既可以让学生找到组成原电池的必要条件(两个电极,电解质溶液,闭合回路),起到巩固上一节课内容的目的,也可以进一步让学生理解:为了增强电池的实用性,在生产中可以对这些组成部分进行有效的完善(特别是酸性电池和碱性电池的结构对比),并让学生体验学有所用的乐趣。本节课淡化了铅蓄电池的充电过程,因为充电过程属于电解原理,是下一节课的重点和难点,若放在此处学习可能会导致难度过度集中,学生学习比较吃力,所以为了分散难点,对"铅蓄电池充电过程"内容作了删减。

3. 反思课堂生成的处理

对于教学过程中学生生成的问题和资源,作为老师最为关键的是要具有较为敏锐的辨别力,能够捕捉到其中一些比较有价值的东西,然后将它们尽可能地融合到自己的教学进程中。在本节课中,课堂生成的两个资源我并没有很好地把握。其一是让学生猜测干电池内部结构可能有哪些组成,一位同学积极发言,说:"可能有碳棒",当时我没有立即给这位同学回应,本想让同学们看完视频后再来评价,但随着课的推进一直没有评价,在很大程度上挫伤了这位同学的积极性。事实上视频当中的金属棒看上去也是黑黑的,还真是分不清是金属棒还是碳棒,其实最好的方式就是把解剖好的材料让学生亲眼看看。其二是金属外壳的成分推测,学生回答的有"银"、"铝"、"铁"、"锌"等金属,由于本节课教学环节较多,所以我很快给出了答案"铁"。其实这个课堂生成是一个非常好的资源,可以让学生设计简单的实验方案来验证是什么金属;或者是教师演示实验,学生根据现象推测是什么金属。若能这样设计那就真正地体现了化学的学科内涵:化学是一门实验学科。

报告2:提问的有效性

观察与报告人:高志远(执笔)、刘桂清、李锦亮

1. 观察点选点说明

这一观察点属于《课堂观察框架》中的"教师教学"维度中的"对话"视角。选择这一点,主要考虑:《普通高中化学课程标准》中明确指出化学新课程改革将科学探究作为改革的突破口,倡导以科学探究为主的多样化的学习方式,激发学生的主动性和创新意识,促使学生积极主动地学习。探究学习在本质上是一种学生积极主动地发现问题、提出问题并解决问题的实践活动,是一种以问题解决为基础的学习过程。而目前的课堂教学,主要还是在教师引导下开展的,即在教师提问下开展的课堂教学。课堂提问能促使学生利用原有知识对当前问题进行分析、思考和想象,训练思维品质,提高思维能力。在实施素质教育、注重学生能力的今天,教师更应精心设疑,努力优化课堂提问,有效地发挥课堂提问的路标作用。

2. 观察表及观察结果说明

观察表是自主开发的,笔者与同事在实践过程中,不断摸索、改进,就"教师提问的有效性"这一方面开发出以下量表:

序号	教师提问	教师提问 指向		教师提问 层次			停顿时间	学生回答	学生回答 回答方式				教师理答 理答方式				
	教师提问(以原话为准)	清晰	模糊	识记	理解、应用	综合、分析、评价	停顿时间	学生回答(以原话为准)	无应答	集体齐答	个别回答	讨论、汇报	打断或代答	不理睬或批评	重复答案	鼓励、称赞	追问
1																	
2																	
3																	

在课堂教学中,教师提问——学生回答——教师理答,这样一条线贯穿始终。在研究"教师提问的有效性"的时候,很难单独从教师提问来分析其有效性,故我们开发的量表同时涵盖了这三方面的内容,并且每个方面分成不同的指标来衡量。(1)教师提问方面:我们把凡是能引起学生思考或需要学生主观判断的语言表达都认为是提问,但诸如"是不是"、"对不对"、"好不好"之类的语言表达除外。教师提问的记录应以教师的原话为准,需详细记录,因为记录越详细越有利于课后分析,其次也考虑到教师的语言在课堂上具有一定的示范性。"问题的指向与层次"则和"学生回答"联系在一起。(2)学生回答方面:学生回答的记录也以原话为准,主要考虑其表达的规范,应答方式则与教师提问中"问题的指向与层次"相对应。在教师提问与学生回答之间的停顿时间主要是考察是否留给学生足够的思考时间。(3)教师理答方面:则是作为学生回答的一种呼应,体现教师与学生互动的结果。

上述量表是不断实践、不断改进的成果。但在实际操作中,我们发现要一个人完整地记录以上内容是存在一定的困难的。故在课堂观察活动中,我们采取了以下一些方式:①删减某些指标;②进一步分工合作,比如分时段等;③借助于一些工具,比如录音笔、摄像机等。

在课堂观察中,将教师提问和学生回答原话记入量表中,同时对各项评价指标进行判断、选择(打"√"记录)。课堂观察结束后,可以根据记录的对话对教学片段进行较详细的分析,也可以对各项评价指标进行频次统计分析。

3. 观察结果分析及教学建议

课堂观察结束后,我们依据记录的资料对《原电池的构造与工作原理》进行了以下两方面的分析。

一是评价指标的频次统计、分析。结果如下:

问题本身		频次	学生回答		频次	教师理答		频次
指向	清晰	22		无应答	2		打断或代答	7
	模糊	0		集体齐答	12		不理睬或批评	1
层次	识记	11		个别回答	14		重复答案	8
	理解、应用	12		讨论、汇报	2		追问	12
	综合、分析、评价	4					鼓励、称赞	8

（1）问题指向明确、表达清楚。一般地,学生的回答与教师的提问是相对应的,问题的指向是否清晰与学生是否应答情况对应,问题的思维层次与学生的应答方式情况对应。从最后的统计分析可知,学生基本能根据教师的提问作答,"无应答"的两处也只是教学环节中出现的"冷场",一处是开始时问谁生日,一处是废旧电池应该放在哪里。

（2）提问的思维层次搭配合理。按照布卢姆目标分类说,提问可以分为六个层次的问题,其中有关知识、理解、运用的提问属于低层次思考水平;而有关分析、综合、评价的提问属于高层次思考水平。我们从记录结果来看,应该说搭配较为合理,教师能在课堂教学中,围绕教学目标,根据教学进程设计不同思维水平的问题。

（3）理答方式有待改进。一般地,教师理答可简单地分成满意或不满意,满意的表现通常是称赞,不满意的表现通常是或打断、代答、批评、不理睬,或追问;而重复答案则是教师强调或学生发言不够清晰,对学生回答不满意的种种表现中,追问是一种更积极的态度。从本节课来看,教师的理答方式还存在有待改进的地方。

二是教学片段分析。本课设计了四个教学环节:①认识化学电源,②了解干电池的构造和原理,③书写电极反应式,④废旧电池的危害和回收。各个教学环节侧重点不同,体现了新课程的理念:第①、④两个教学环节侧重于情感、态度与价值观,特别是第④个教学环节不仅让学生知道怎么处理废旧电池,并对提高学生的环保意识有很大的帮助。第②、③两个教学环节则突出了教学的重难点,在落实基础知识的同时,培养了学生分析原电池结构和书写电极方程式的能力,还加强了学法指导,即重视了学生对化学问题解决的过程与方法的指导。

我们从第②、③两个教学环节的对话实录可以看出:教师合理设计教学环节中的"问题链",对教学重难点的突破起到了很大的帮助。

例1:教学环节②(了解干电池的构造和原理)

教师问:大家有没有拆开过电池?

个别学生答:有（于是教师请某生回答其拆开的电池中有哪些成分）。

学生答:C棒、金属壳、黑糊糊的东西。

（教师在肯定学生回答后,告诉学生他自己也拆了个碱性干电池,并

录像。接下来请同学看录像。录像放映完毕,提示干电池分为 5 种物质)

教师问:请对照课本的示意图,快速找出对应的物质。

个别学生答:……(略)

(教师肯定后,拿出金属外壳,请同学摸摸看,并根据手感让学生猜测可能是什么。)

个别学生答:Zn、钢、Ag(分别回答)。教师逐个点评后指出是钢。

教师问:请指出 Cu – Zn 原电池中各物质的作用(表格的形式)。

学生齐答:Cu – 正极;Zn – 负极;硫酸 – 电解质溶液。

教师问:根据干电池的组成,分析各起什么作用?

个别学生答:Zn 粉 – 负极;KOH – 电解质溶液;MnO_2 – 正极;其余不清楚。

另一学生答:Zn 粉与金属棒构成负极;MnO_2 与金属外壳构成正极;KOH – 电解质溶液;牛皮纸 – 盐桥。

(教师肯定后一学生答案,指出自己拆的是碱性干电池与普通干电池在结构上是有区别的,并说明普通干电池的显著缺点是易漏液。)

教师问:为什么溶液漏液呢?

个别学生答:普通干电池中 Zn 作负极,但在外层,随着反应的进行,Zn 消耗时金属 Zn 外壳破裂。

从此教学片断可以看出,教师的提问有一定的层次性,提问以"是什么"、"有什么用"、"为什么要这样"为主线,很好地落实了本教学环节的教学。

例2:教学环节③(书写电极反应式)

教师问:该电池利用了什么反应原理?

集体答:氧化还原反应。

教师问:能不能根据方程式指出该电池的正负极物质分别是什么?

个别学生答:负极 Zn、正极 MnO_2。

教师问:为什么?

个别学生答:Zn 化合价升高,失去电子;MnO_2 中的 Mn 化合价降低,得到电子。

教师请学生写出正负两级的电极反应式;(停顿 1 分钟左右)教师提

供写电极反应方程式的一首诗"标清化合价,前后找变化,氧还列两行,溶液来帮忙",并以上述反应为例来讲解书写电极反应方程式的步骤。

教师请学生校对电极方程式,并问:书写完成后能否判断自己所写的对不对?

个别学生答:根据正极两级的电极反应式相加后能否得到总反应式来进行判断。

教师问:如果一个电极的电极方程式容易写,另一个电极是否还需要直接去写?能否用其他方法确定?

学生齐答:可以不直接写,减一减。

学生练习电极方程式的书写,教师评价。

应该说电极方程式的书写,是本节课的教学难点。从此教学片段可以看出,经过教师的提问、引导,学生能较好地掌握电极方程式的书写。笔者认为一个合理的问题组,从提问所起的作用来看,应具备以下一些要素。①"组织"功能:引发学生思考;②"引导"功能:引导学生思维,对于某些难点给予恰当的提示;③"检测"功能:检验学生是否掌握知识要点;④"(学法)指导"功能:指导学生掌握一些化学学习的方法。

报告3:学生活动的有效性

观察与报告人:洪娟(执笔)、李建松、徐卫平、盛连芬

1. 观察点选点说明

这一观察点属于《课堂观察框架》中的"学生学习"维度中的"目标达成"视角。课堂的学习主体是学习,学生学习是课堂的主要活动。教师既要通过设计学生活动,达成自己的预设目标,又要从学生活动的实际情况判断本节课的目标达成情况,并适时地调整自己的教学设计,促进教学目标的达成。

2. 观察表及观察结果说明

本组研究的问题是学生活动的有效性,在小组成员研究讨论的基础上,设计了学生活动观察量表。本组对"学生活动"含义的界定:教师处于相对静止状态,由学生相对独立地活动一段时间,称为是学生活动。在观察的过程中,我们分教学环节进行观察,内容包括:活动内容、活动形式与耗时、活动组织、活动效果。观察结果如下表:

环节	活动内容	活动形式与耗时					活动组织	活动效果（描述为A较好,B一般,C欠缺）			
		口述	书写	实验	交流	其他	教师对学生活动的指令:W·H·W	任务完成情况及原因分析	对目标达成的有效性		
									知识/能力	过程/方法	情感/态度/价值观
一	1. 展示收集的化学电源,说明其应用	2分钟			✓		A	A 学生课前准备充分,感兴趣			
二	2. 观看录像,说出碱性干电池的结构	2分钟				观看2分钟	B 观看完成录像要有奖竞猜,看谁记住的比较多	B⁺ 观看录像前任务指向不清,导致第一位同学回答错误	A		
	3. 小组讨论碱性干电池各部分组成的作用,汇报	1分钟			2分钟		A	A 学生积极参与小组讨论,效果明显	A		
	4. 小组讨论,找出普通干电池容易漏液的原因,汇报	0.5分钟			0.5分钟		A	A "从结构差异分析…"起了很好的铺垫作用,问题指向明确	A	A	
三	5. 书写碱性干电池的电极反应		2分钟				A	C 书写前,教师尚未做讲解	B		
	6. 教师讲解后,书写银锌纽扣电池、铅蓄电池的电极反应		5分钟				A	B 教师对干电池的电极反应书写讲解不透,诗句利用不够,学生没有充分的体验	B	B	
四	7. 观看回收利用电池的录像					观看2分钟	A	A 音响效果好,渲染气氛,教师停顿做得好			A

说明：W·H·W 是指学生活动组织,主要指教师对学生活动的指令,具体描述为谁(Who)以什么形式(How)做什么(What),简称W·H·W。衡量的标准为:A. 所有学生能获得较为准确的指令;B. 指令不清晰但大部分学生能理解;C. 指令不清晰且大部分学生不能理解。

3. 观察结果分析及教学建议

学生活动的内容与形式。王老师这节课分四个教学环节,总共有七处学生活动,从内容上来看,学生活动内容比较丰富。从学生活动时间来看,总时间为19分钟,占本节课总时间的42%。学生相对独立的活动时间能占到这样的比例,说明本节课体现了以学生为主体的理念。从学生活动形式上看,采用了多种活动形式,有口述、书写、交流、观看录像等,活动形式多样,其中以口述、书写这两种活动形式为主。

教师对学生活动的组织情况和任务完成情况及原因分析。教师对学生活动的组织,我们重点观察教师对学生活动的指令,以"W·H·W"(即"谁"、"以什么形式"、"做什么")的形式进行记载,分为三个等级:A. 所有学生能获得较为准确的指令;B. 指令不是很清晰但大部分学生能理解;C. 指令不清晰且大部分学生不能理解。从观察结果来看,教师对学生活动的指令基本上是A等,只有活动②这项指令,由于任务指向不是很明确(看录像,记住一些东西,看谁的记忆能力比较好),导致第一个学生回答"碱性干电池由外到里的组装顺序"时说错顺序。但总体看来,王老师对学生活动的组织是高效的,指令清晰、活动内容指向明确。这肯定是与教师的精心设计分不开的。

活动任务的完成情况。我们的记录也是用A、B、C等级来表示,A表示较好,B表示一般,C表示欠佳。从整节课看来,活动任务完成情况大多数较好,但是⑤、⑥这两项活动任务完成情况欠佳。⑤这项活动中,能准确写出碱性干电池的电极反应式的学生只占30%。分析原因,这项任务是在教师讲解之前完成的,所以学生的书写情况很差,这属于正常现象,这也可能是教师的有意设计,先让学生犯错,在体验错误的过程中总结书写方法。经教师讲解后,后续活动"电极反应式的练习"的正确率达到70%,比讲解前大有进步,这说明教师讲解对学生活动任务完成起很重要的作用。但是,从完成情况来看,仍然不够理想,没有达到教师预期的正确率90%的要求,这反映出教师讲解仍不够到位。这可能是教师在讲解过程中没有充分利用书写口诀,充分挖掘诗句价值的缘故。我们的建议是:边解释诗句的含义,边讲解书写规则,这样可以让学生有充分的体验,并能使学生加深理解。

学生活动对目标达成的有效性。本节课的五点学习目标,可以大致分为两类,前三点目标着重知识目标,后两点着重情感目标,过程与方法的目标贯穿在 3 和 4 这两条目标中。知识与技能目标主要通过第二、第三环节中的五项学生活动实现。从活动的设计来看,这些学生活动都有助于目标达成,比如让学生观看录像、讨论,然后说出碱性干电池的结构,比较普通干电池、碱性干电池的优劣。从活动的实际效果来看,这些活动都促进了目标的达成。但是,书写电极反应式这部分活动,目标达成情况不尽如人意,没有达到预期的活动效果,有待改善。本节课的突出优点是,情感态度与价值观目标达成情况非常好,尤其是最后一项学生活动(观看录像),录像内容有很强的教育意义,再加上现场音响效果好,起到了很好的渲染作用,全班同学都看得非常入神。而且,在播放录像时,教师做了恰当的停顿,使得录像的教育意义更加深入人心。下课后,有七位同学主动把旧电池放回到电池回收筒,这也体现了本节课深刻的教育意义。

报告 4:教师讲解的有效性

观察与报告人:刘辉、徐健

1. 观察点选点说明

这一观察点属于《课堂观察框架》中的"教师教学"维度中"呈示"视角中的"讲解"这一观察点。任何一个课堂的教学过程都离不开教师的讲解,哪怕是对学生主体性要求颇高的高中课堂也是如此。所以,我们选择教师教学中"讲解"这个观察点。观察的主要目的是帮助上课的老师能更准确地了解自己的教学,更有利于今后教学的开展。同时对观课者而言也是个学习的机会。

2. 观察表及观察结果说明

此观察表是化学组内老师共同开发的,表中涉及到的内容用"√"表示,未涉及的内容不用填充任何标记,"其他"中用来填写这一主题讲解时的特殊问题。

表中的内容解读:

第一列为讲解主题,根据授课内容的不同,可能分为不同的主题,也就是教学环节,通常一节课可分为 3—4 个环节。

第二列为教学语言本身的特点,譬如"直白"主要是指在教学中是否使用了一些容易让学生理解的非专业术语来解释问题;"简洁"指教师在讲解时是否"一针见血",不啰嗦,不烦琐;"语调"、"语速"、"音量"、"节奏"在填写的时候,只要控制得好就用"✓"表示。

第三列为教师讲解时的辅助方式,"板书"指的是为讲解服务的辅助方式,而不是单纯地记录教学框架;"实物"指为了教学更形象而使用的生活中常见的用品或实例;"实验"是在物理、化学、生物课堂中经常用到的辅助教学手段,其他学科教学使用不多;"手势"是指在教学中教师是否有习惯性的并能真正促进教学的特定手势;"视线"指教学时教师的视线是否能随教学的变化而变化,比如学生参与时视线落在学生身上等。

最后一列是教师讲解的有效性,主要是观察者做综合性的定性评价。

本堂课的观察结果如下表:

讲解主题	语言						辅助方式					有效性				
	直白	简洁	语调	语速	音量	节奏	其他	板书	实物	实验	手势	视线	其他	科学性	重难点	逻辑性	形象性	其他
认识化学电源	✓	✓		✓	✓	✓	紧张	✓				✓	图片	✓		✓	✓	
了解干电池的构造及原理	✓		✓	✓	✓					✓	✓		视频	✓	✓			
书写电极反应式	✓	✓	✓	✓	✓			✓			✓			✓	✓	✓	✓	
废旧电池的危害及回收	✓		✓	✓	✓									✓	✓	✓		

3. 观察结果分析及教学建议

第一,从观察表中统计出的结果来看,第一个观察点教师讲解的语言方面,除了对于大型公开课应有的紧张表现以外,其他均控制得不错,只是在"简洁"方面,四个环节中有两个做得不够到位,还需进一步加强。具体分析:王老师天赋很好,声音洪亮且有磁性,语速适中节奏控制得不错,而且抑扬顿挫明显,能很好地引起学生的注意。从语言的简洁和准确性上来看,有些词用得非常不错。譬如说,小组合作学习结束后,请一位同学来回答,王老师用了"汇报"一词,用得简直是精妙。不过有些时候语言也会有欠妥的地方。譬如说,在讲到第三个环节时,个别学生展示了写好的电极方程式,老师了解到大部分学生掌握得不错,就随口问了句"有没有写不出的",后来看到学生没有反应又补充了一句"有没有一点也写不出的",虽然教师的出发点是好的,但这种问法显然不太合适。即便有学生写不出,他也不会当着那么多听课老师的面说自己写不出,所以当时这句话问出来显然是没有意义的。

第二,第二个观察点中除了实验以外的辅助方式教师都涉及到了,板书、实物、视频短片、视频实验及图片等等,让学生在学习知识时摆脱了枯燥乏味的感觉,时时充满新鲜感,充分调动了学生的学习积极性,做得非常好。具体分析:首先,我认为作为本节课的一个亮点的内容是本节课的引入。王老师做了个水果电池放在蛋糕盒里送给过生日的学生,可谓是构思巧妙。但当时学生太紧张了,没有人肯接受这个蛋糕,预期效果没有达到。不过,这个创意真的不错,如果是在常规课上,一定会产生轰动性的效果。其次,就是两个视频短片。解剖电池的视频太直观了,让学生知识点的掌握非常到位。同时视频内容既可以重复播放,又可以慢放、回放、选择性播放,同时只需解剖一节电池就可以让所有的同学了解电池的构造,非常环保。另外就是"文明是一种力量"的视频也用得不错,既对应了主题又提升了学生的情感态度价值观,将说教方式改为"榜样的力量"的教育形式,意义深远。

在王老师的课上也有些值得商榷的地方,我也指出来大家共同探讨一下。一是有一张图片用的是多种电源的全家福,展示出来可以让学生了解更多平时接触不多的电源。但图片上出现的文字全部都是繁体字,这可能有悖于我们"推广普通话,书写规范字"的提倡,是不是尽量应该避免出现繁体字? 其次就是课件中有个方程式未配平,犯了个小错误。

第三,最后一个观察点中主要是和教学内容有关的。从统计结果来看,教师的讲解达到了有效性的标准。王老师的课重难点突出,逻辑性强,形象生动,目标达成得不错。尤其是有两个环节设计得相当漂亮:一是那首写电极反应的小诗"标清化合价,前后找变化,氧还列两行,溶液来帮忙",简直太出人意料了。美中不足的就是学生当时只是兴奋了一下,但不能将诗的内涵真正用到刀刃上(书写电极反应),也就失去了存在的价值。若能像语文老师讲解古诗词那样逐字逐句讲解,或让学生讲解,那效果可能就不一样了,可以让学生真的"陶醉其中"、"乐在其中"了。二是刚刚提到的"文明是一种力量"的视频太有震撼力了,不但是一种知识的传播,更是一种美德的传播。

第四,课后反思。可以说这是一节非常优秀的公开课,它是面向全国各省市的专家学者和一线教师展示的,不管换成哪一位教师临场都会紧张。虽然王老师课前作了充分的准备,难免有些事情还是始料未及的,但这并不影响课的整体框架。本节课设计新颖,环环紧扣,处处出彩,让人眼前一亮,虽然没有传统的演示实验,但效果却不比演示实验的课逊色,甚至更引人入胜,值得我们今后学习和借鉴。

报告5:教材二次开发及其效度

观察与报告人:陈跟图(执笔)、周玉婷、吴天国

1. 观察点选点说明

这一观察点属于《课堂观察框架》中的"课程性质"维度中的"内容"视角。选择这一观察点,主要是基于在新课程背景下,课程资源的合理开发及其有效应用是提高教学效益的前提条件。教材的二次开发是教师进行课程资源合理整合最重要、最直接的手段。在课堂教学中观察这一维度的各种指标,既是教师专业发展的需要,更是进行有效教学的需要。

2. 观察表及观察结果说明

观察表是自主开发的,它主要从三个角度来观察上课教师对教材资源的整合行为,分别是"教学进程"、"教材处理方式"及相应方式下的"资源内容",最后再通过观察者对学生在课堂教学中的学习行为并结合自身的思考给出相应的效果评述。在"教学进程"维度,主要是以课堂时间为坐标轴,从不同的时间段抽取教师课堂操作的主题,进而观察对教材进行再度开发后的教学进程是否顺畅。在"教材处理方式"维度,主要是根据教师在各种主题下的活动内容与课本内容的联系与区别,确定教师对教材的处理方式,综合各种因素,我们设置了以下的六种处理方式:保持、增加、删除、置换、合并及新立。要特别说明的是,"置换"是根据学生现有的认知水平,用更易被学生接受和理解的内容来取代教材中的原有内容;"合并"是教师根据需要,打破原有教材在知识点上处理的先后顺序,重新优化组合的一种处理方式;"新立"是教师根据实际的教学需求,抛弃原有教材的内容,按新的逻辑思维方式重新建立处理教学主题的架构和内容。

在效果评述方面,根据学生的表现及听课者感受制订了四级标准,具体表述如下:

A．教材处理恰当,能有效地调动学生学习及探究的热情,达到预设的课堂教学目标；

B．教材整合较好,在课堂教学中,大部分学生能主动参与讨论、探究,教学效果较好；

C．教材处理一般,基本达成了预设的教学目标；

D．教材处理不合理,偏离了学生的实际,教学效果差。

教学进程		教材处理方式						资源内容	效果评述
环节	活动主题	保持	增加	删除	置换	合并	新立		
一	认识化学电源	✓	✓					保持:化学电源的分类；化学电源的图片 增加:化学电源的概念；常见的化学电源的实物展示	A
二	了解干电池的构造和原理	✓	✓	✓		✓		保持:普通锌锰干电池的构造示意图；碱性锌锰电池的构造示意图；增加:碱性干电池的解剖过程；碱性干电池的构建认识；两种干电池的结构及工作原理对比 删除:纽扣式银锌电池的构造示意图、燃料电池的原理示意图及铅蓄电池的构造示意图合并:将普通锌锰干电池与碱性锌锰电池的构造示意图进行整合,同时出现,让学生从中探究其构造特点	A
三	书写电极反应式	✓		✓				保持:普通锌锰干电池电极反应式；银锌纽扣电池的电极反应式及铅蓄电池放电时电极反应式的书写 删除:燃料电池电极反应式书写；铅蓄电池充电时电极反应式的书写	B
四	废旧电池的危害和回收						✓	通过新闻链接及国家有关权威部门所发布的信息资料来介绍化学电源的使用现状及其污染危害程度；应用录像倡导文明行为	A

3. 观察结果分析及教学建议

第一,教材依据。本课依据的是《普通高中课程标准实验教科书·化学》、《化学反应原理(选修)》(江苏教育出版社)。本节课内容位于原教材的第二单元《化学能与电能的转化》中第二课时《化学电源》。王忠华老师并没有使用原课题名称,而将其改为:"化学电池的构造及原理"。两者对比,王老师的课堂教学定位更清晰,聚焦点更集中,有利于学生在学习过程中对重点知识的把握。在实际的教学流程中,思路清晰,条理顺畅,教学效果好。

第二,教学环节。原教材中的内容主要有三个环节:化学电源的引入;各种化学电源的构造示意图;各种化学电源的工作原理。在王老师的教学中,主要有四个环节:认识化学电源;了解干电池的构造和原理;书写电极反应式;废旧电池的危害和回收。这样处理教材的最大优点是从学生的生活实际出发,通过对最常用的两种干电池的内部结构对比,自发地引起学生对碱性电池的优点的主动思考,从而产生探究的学习热情,最后再回到学生的生活,强化学生的环保意识,充分体现了新课程的"STS"(Student-Teacher-Student)的思想。

第三,教学内容的整合。

保持:从观察记录看出,王老师在普通锌锰干电池及碱性锌锰电池的构造、工作原理上与书本知识一致。体现了主干知识的稳定性,有利于学生在学习及今后的复习中有据可依。

增加:与原教材相比,王老师利用水果电池引入课题,并给出化学电源的含义。这样做,激发了学生的学习兴趣,吸引了学生的注意力。利用水果电池作原型,引发学生对原电池和化学电源的对比,让学生明白从科学原理到实际应用还有很大的距离,充分体现了对待科学研究的思路和态度;在"了解干电池的构造和原理"的教学环节中,增加了碱性干电池的解剖素材,并让学生在构造示意图中找对应的物质,并比较两种干电池在构造上的异同。这样处理教材,一是使教材与实物有机融合成一个整体,让学生言之有物,既培养了学生的观察能力,又提高了学生的分析能力;二是对实现本节课的重点"了解电池的构造"有推动作用,从教学过程来看,这部分的教学目标达成度也最高。"废旧电池的危害和回收"这一环节中的内容是教材没有提及的,在教学过程中,老师通过翔实数据资料及生活实例来培育学生的环保意识,为学生在实际生活中自觉形成环保意识与习惯作准备。这部分内容看似脱离了主题,但它对理解学习知识的意义有着画龙点睛之用,确实让学生及听课的老师眼前一亮,也为类似的教学提供了范例。

删除:根据自己既定的教学目标选择性地删除了原教材中的部分内容,

如纽扣电池、新型燃料电池及铅蓄电池的构造示意图。这样做,一方面能保证课堂的焦点不分散,同时也为下一环节"书写电极反应式"提供充裕的时间。我们认为这样删得恰到好处,从后续的教学效果看,学生在书写电极反应时需较多的时间来巩固这部分知识,如果没有前期的"删",教学效度将大打折扣,同时也会给人轻重不分之感。

合并:在比较两种干电池的结构时,王老师在教材处理时采用了合并的手法,同时给出两张结构示意图,而不是独立的讲解。这样处理大大增强了教学效果。不仅给学生提供了比较的机会,更重要的是让学生在主动比较中形成能力,并最终得出碱性干电池的优点,这也是本节课闪光点之一。

总之,通过观察,王忠华老师在教材的二次开发方面手段多样,技术娴熟,每次整合都紧紧围绕着教学的主题、教学重点展开。在做教材的二次开发时,视学生的实际需求而定,张弛有度。

第四,几点建议:(1)本节内容是必修2的知识基础上的深化,若能将已学的必修知识与选修内容作整合,可能教学效果更好。(2)化学是一门以实验为基础的科学,实验是培养学生综合能力的最佳途径。在本节课的内容设计时,若能对碱性干电池的构件成分作简单实验探究,教学氛围一定更好,可以真正实现新课程"授人以渔"的教学思想。

报告6:情境创设的有效性

观察与报告人:毛红燕(执笔)、张禹、倪丰云、褚玉良

1. 观察点选点说明

这一观察点属于《课堂观察框架》中的"课程性质"维度中的"实施"视角。本次观察的主题是"目标·达成"。教师为了促进教学目标的达成,必然会采取各种各样的教学手段与措施,其中教学情境的创设是必需的。情境创设既有广义的定义,也有狭义的定义。我们设计的这张量表中所列的情境应当是狭义范围内的。我是这样理解情境创设的:"情境"是教师为了促进学生对某个知识的理解而设置的背景或平台,所以情境的效度就可分为有效、低效或者无效。而"创设"是指教材中没有的,或者说是教师将教材内容进行整合而设置的。在我们的教学实践中,没有情境的教学是没有的。但是情境的多少,情境的利用是否得当,直接关系到教学目标的达成效度。基于以上考虑,我们选择这一观察点。

2. 观察表及观察结果说明

内容	情境类型								情境目标指向			效果达成指向及达成情况						学生达成情况
	新闻情境	资料情境	实验情境	生活情境	问题情境	实物模型	视频情境	其他情境	知识与技能	过程与方法	情感态度价值观	激发学生情趣	引导学生行为	促进知识理解	辅助目标落实	引发学生质疑	补充教材内容	
水果电池					✓						✓	✓						笑(惊讶)开始时学生未进入状态
学生展示成果					✓					✓		✓				✓		学生认真听
学生看电池实物(已拆)						✓									✓	✓		三个学生回答(Zn/Ag/钢),为何不叫拆电池的同学观看?
观看视频(拆电池)							✓		✓			✓		✓		✓		认真观看
小组讨论		✓		✓					✓	✓	✓	✓		✓		✓		大部分认真。教师如何介入?怎样知道学生讨论中的问题?
工作原理						✓			✓					✓	✓			错误率较高,教师讲解有问题(过快)
电池回收		✓			✓				✓		✓	✓				✓		学生很感兴趣;有一个疑问(垃圾回收与专用回收区别)教师未讲

本观察表是自主开发的。情境类型中新闻情境通常是指出现在报纸杂志或电视新闻中某些资料、事件等,资料情境则指数据、历史故事、课本外的拓展知识等内容,而生活情境指与学生在生活中有所体验的或有所接触的某些生活常识或生活知识。每一种情境的出现必有其目的,我们从三维目标对每个情境进行定性的分析,又从效果指向及达成情况进行更具体的分

析。学生达成情况的记录是很粗略的,是观课教师对当时学生反应的记载及观课教师自己的初步感受。如果将此量表的观察结果与"学生活动"观察小组的观察结果结合起来,能更准确地反映出各个情境的达成效果。

3. 观察结果分析及教学建议

本节课中王老师创设了多种情境,共有四种类型、六个情境。其中两个视频情境效果非常好,特别是最后一个关于废旧电池回收的视频给学生以震撼,教学效果极佳。从记录结果看,学生小组讨论、电池工作原理(书写电极方程式)这两个情境的使用及处理不够理想。学生小组讨论是教师经常使用的一种教学手段,但学生讨论什么,讨论中出现哪些问题,在小组汇报时能否把讨论过程中产生的困惑及问题及时地暴露出来,教师如何介入学生的讨论等等,都是我们今后的教学及观察中亟待解决的问题。

以下撷取几个教学情境进行重点分析:

情境一:水果电池(实物情境)

教学片段:

教师:今天有同学过生日吗?我有礼物送给他。

学生:左顾右看,无人回答。

教师:这个月过生日的同学有吗?

学生:无应答。

教师:这个月也没有吗?那么下个月呢?(无应答)……

感想:教师设计此情境的目的只有一个,新课引入。应当说,这是一个很好的新课导入情境,能引起学生的兴趣,还有承上启下的作用。但是显然今天的场面对学生有影响,学生比较紧张,没有进入状态。并且由于这个环节没有衔接好,还影响到学生后面的状态,直到观看视频时,学生的情绪才开始活跃起来。虽然王老师后来的及时处理还是很不错的,但总感觉有点遗憾,因为这个情境没有充分发挥其作用。是不是可以这样处理呢?课前教师先调查一下,上课直接就说:今天(或这个月)我们班有×××同学过生日,老师有礼物送给他(们),……这样处理,就避免了尴尬局面的出现。

情境二:学生展示课前收集的各种电池(实物情境)

教师:我们事先请同学回去收集了一些电池,哪个小组同学上来汇报一下?

同学甲:在实物投影仪上展示收集的一块锂电池,简要说一下用途。

同学乙:展示收集的一节碱性电池(1号)。

同学丙:展示收集的一节电池(5号)……

感想:这个情境设计的目的,是让学生亲身感受电池在生活中的广泛应用,了解各种电池。各小组同学回去也做了一些工作,当然不同的小组认真态度不一样。如课后有个同学说:"我收集的大哥大电池,光拆下来就花了好长时间,上课的时候老师居然没有叫我,真是郁闷。"可见,学生还是很重视上台展示的机会的(特别是他花时间去做的事,非常渴望得到老师和同学的认可),如果教师课前了解一下学生的收集情况,让准备得比较好的同学得到展示和表扬,以后这样的任务学生就愿意去做并且会很认真去做好。

情境三:书写电极反应式(问题情境)

在简单讲解了电池工作原理(氧化还原反应)和判断正负极(从化合价升降判断)的方法后,让学生根据碱性电池的总反应式写出电极反应式(教师此时没有介绍电极反应式书写方法)……

学生练习书写碱性电池的电极反应式。

巡视一周后,教师讲解:为了便于同学们更容易理解电极反应式的书写,课前做了一首小诗,用简洁的语言描述书写过程。

师:读诗(标清化合价,前后找变化,氧还列两行,溶液来帮忙)。

师:根据诗,结合碱性电池反应式,我们来写电极反应式(教师板演电极反应式书写过程)。

师:以上写得对不对,我们用什么来检验?(有学生回答,加一加)。我们也介绍一个技巧,当写完一个较简单的电极反应后,另一个可用总反应式减,即可得到另一电极反应式。有没有掌握呢?下面我们来练一练。

学生分两组书写银锌纽扣电池和铅蓄电池的电极反应式。

(巡视一周后,教师将刚才的小诗抄在黑板上)……

感想:学生在书写电极反应式时最困难的地方在于判断溶液是否参与反应,如果参加反应当写什么,怎样从电荷守恒的角度来配平电极反应式等。从学生活动小组观察到的情况看,学生书写反应式这个目标的达成并不理想(只有70%的学生完成任务)。但教师自认为有90%的学生达成目标。为什么会这样呢?显然,教师观察到的现象没有观察点的老师观察的全面,对学情了解不够;另外在课后与王老师的交流中也感觉到,由于王老师自己对这个内容已非常熟悉,他认为学生也能够较容易地掌握(特别是在课堂上还受个别较好同学的影响),所以教师讲解分析的过程过快,没有讲透,导致学生感觉最困难的点没有突破。另外小诗的运用没有起到画龙点睛的作用,出现得过早、过快,效果不好。如果能在学生完成两个电极反应式的书写练习之后,再用小诗总结电极反应式的书写要领,那么效果可能就大不一样了。

情境六:电池回收视频(视频情境)

教师:电池有危害,应当回收。知道电池回收应放在哪儿吗?

学生甲:可回收垃圾筒。

学生乙:可回收垃圾筒。

学生丙:可回收垃圾筒。

教师:下面我们观看一段录像,看看电池用完后,到底是放在哪儿?

在轻松的音乐声中,学生观看录像。

PPT 显示:"文明是一种力量",1 节 1 号电池可使 1 平方米土壤失去利用价值……

感想:这段情境的使用非常有效,对于电池的回收教师没有多讲为什么,也没有多讲应当怎样做,而是通过一段视频、几组数据,再加上渲染的气氛,达到了震撼的效果,确有此时无声胜有声的作用。下课后,有老师特意去观察了一下,有 12 位同学将他们收集的废电池放到了楼下的电池回收筒中。唯一遗憾的是,教师没有解释电池为什么不能放到可回收垃圾的回收筒中而要放到专用的电池回收筒中。

最后,谈几点想法:

(1) 本节课情境创设的最大亮点在于大量运用现代科技手段为教学服务,特别是视频情境的使用。作为一种可保留的资源,以后可以反复使用。

(2) 本节课情境较多,为丰富课堂内容,激发学生兴趣起到了很好的作用。但这也导致了每个情境的利用率下降,也就是说有些情境没有得到充分的利用。以后的教学更应该把重点放在核心知识的情境创设上,放在充分利用情境来促成核心目标的达成上。

(3) 对于让学生事先准备的活动(如网上查资料、收集素材、实物等等),在课前应做一些调查,让准备好的学生得到充分的展示,对于鼓励学生的课后活动有积极的促进作用。

课例三
花儿一路绽放
（政治必修模块3）

政治教学策略研究社①

【背景】

- 任课教师：冯晓娴（浙江省余杭高级中学、政治中级教师）
- 教学主题：花儿一路绽放——理解《文化生活》
- 教学内容：《文化生活》复习
- 课堂类型：政治沙龙课
- 观察类型：专题式观察
- 活动背景："沙龙式"教学策略是我们政治组共同创造的一种符合现代教育理念的教学策略，旨在转变学生的学习方式。从探索到运用持续了六七年的时间，已产生了积极的效果。为了使这一教学策略得以推广和运用，我们政治组确定本学期的教学研究主要是运用课堂观察完善"沙龙式"的教学策略。

【课前会议】 2007年12月19日

（一）说课

冯晓娴：各位，我今天主要向大家说明四个问题。

1. 课题课型：我这堂课的主题是《花儿一路绽放》，课型是"沙龙课"。其理由：一是学生学完了《文化生活》模块的知识，又参加了长乐社会实践活动（余杭高级中学综合实践活动基地之一），我很想通过他们的长乐社会实践活动体验，进一步深入学习《文化生活》的相关知识，以达到复习

---

① 以浙江省余杭高级中学高中思想政治学科教师为主体的非行政性合作体。

《文化生活》部分内容的目的。二是我们高二(14)班的学生主体意识较强,思维比较活跃,对"沙龙式"的教学活动表现出极大的热情和兴趣。而以生活素材为载体,复习有一定综合性的知识,"沙龙式"的教学策略比较适用。

2. 学习目标:(1)学生能够借助一定的素材资源感悟、再现和运用"文化生活"中关于文化与生活、文化的继承与创新、中华文化的特点和民族精神等单元的知识;(2)学生能够通过对素材资源的利用提高获取和处理信息的能力以及运用所学知识观察、分析和解决实际问题的能力;(3)学生能够通过对沙龙课的准备以及在课堂上的表现,增强自主的意识、合作的意识,感受学习与生活的快乐和美好。

3. 教学流程

第一个环节:教师导入。主要通过阅读学生的"总结语",引起学生对长乐社会实践活动的回忆。

第二个环节:四小组学生活动。第一小组,主要以农业劳动中的农具为主要载体,感悟中华文化的特点;第二小组,通过分析同学有关文艺演出的日记——引导学生复习文化生活的相关知识;第三小组,从搓草绳和拉练等活动引出民族精神,重点是结合社会主义现代化建设的实际讨论为什么必须弘扬民族精神;第四小组,围绕长乐林场的开发与建设,开展探究性活动。

第三个环节:教师总结。主要是利用学生提供的素材资源进行内容的提升和学法的指导,并对本次学习活动进行评价。

4. 我的想法:(1)我想在秉承"沙龙式"教学策略的基础上,对沙龙课的具体形式作点变化,即对四个小组的"沙龙"进行整合,这样既扩大了学生的参与面,又可以增强课堂的互动性。(2)我想借助学生亲身经历的生活化素材——长乐社会实践活动,使学生的聪明才智得到最大限度的发挥,并使学生真正理解我们高中思想政治新课程中"生活"二字的真谛。(3)我的困惑在于"沙龙课"是以学生的学习、探究为主,生成性的东西相对比较多,我非常担心时间不够,恳请各位同仁帮助指教。

(二) 交流

郭威:学生是学习的主人,新课程倡导学生积极主动地学习,"沙龙式"教学策略突出的一点就是让学生积极、主动地参与课堂学习。因此,我和唐老师想观察学生的参与度。你看行吗?

冯晓娴:很好呀,学生的高参与度也是我一直追求的课堂效果。

唐立强:为了便于我们更好地观察学生的课堂参与度,我想问问冯老师,这节课学生主要有哪些参与形式?

冯老师:参与的主要形式有倾听、主持、小组讨论、独立思考、课堂交流等。

张海燕:刚才冯老师提到了素材的收集、处理和利用,我想同郑老师一起确定一个观察点——在沙龙课中学生如何利用素材资源设计问题。因为问题是沙龙的关键,如果问题设计得不好,会影响沙龙课的实际效果,也会影响素材资源的充分利用。而学生在问题设计当中可能会存在表达不够清楚、指向不明确、设问过于宽泛等问题。另外,选择这个观察角度的另一考虑是,我作为一个新老师,在设计问题这一方面经验不足,想通过和郑老师一起观察,来学习如何设计问题,提高自己设计问题的能力。

郑萍:我想问一下冯老师,①问题设计的主体是学生吗?②学生设计的这些问题在课堂上的呈现方式有哪几种?不知道是不是便于我们进行观察与记录?

冯晓娴:问题设计以学生为主,准备的时候我会参与,给学生一些建议。问题的主要呈现方式一是 PPT 投影,二是学生口述,应该是便于观察和记录的。

俞小萍:高中政治新课程的一个显著特点是强调"生活逻辑",要求将"学科知识与生活现象有机结合"。从刚才冯老师介绍的教学流程看,本课以学生长乐社会实践活动这一生活情境为载体开展教学。应该说本课选用的材料比较多,学生活动很多,这样一种课型我们有点担心会不会变成一堂班会课,而政治课有一个明确目标是生活现象与学科知识的结合。因此,我和仰虹老师准备观察的角度是学生对基础知识的落实情况,不知你觉得我们观察这个角度有没有必要?

冯晓娴:知识的落实是课堂教学的重要目标,我很想知道这方面的情况,请你们帮我观察。

方冬梅:"沙龙式"教学的实质是把课堂还给学生,倡导学生开展自主、合作、探究和创新型学习,充分发挥学生的主体作用,但是教师的主导作用也是十分重要的。虽然在学生的"沙龙"准备过程中教师进行了大量的指导工作,但是课堂教学中教师又怎样更好地发挥其主导作用呢?因此,我和严老师今天想观察的是"沙龙课"中的教师引导。冯老师,我们想了解一下在这堂课中你准备如何发挥引导作用。

冯晓娴:首先是导入时激发学生参与学习的热情,中间也应该起穿针引线的作用,但是,如何适时介入我担心会做不好。

严建强:冯老师讲到"适时介入"的问题,我想教师适时引导在这两个方面是必须注意的:一是在对材料进行分析时,学生理解和运用知识的准确性和综合性方面要适时地指导和提升;另一方面是在学生分析问题和解决问题时要给予方法的指导。

陈艳:自由、民主、关爱、开放、和谐是我们新课程要倡导的课堂文化,也是我们"沙龙式"教学策略运用的初衷,课堂对话是承载课堂文化的重要体现。因此,我与田老师想通过观察"课堂对话",了解"沙龙式"教学的课堂文化。我们想问一下冯老师你理想的课堂文化是怎样的?

冯晓娴:我希望的是宽松、民主、平等的课堂文化。无论师生之间还是生生之间都应该是这样的关系。

徐晓芸:冯老师刚才提到的时间问题大家帮着出出主意?

唐立强:关于时间的问题,我想冯老师一要指导学生精心选择材料,学会对素材的处理和整合;二是尽可能聚焦在《文化生活》的重点知识方面;还有在四个小组的过渡中由学生自己进行衔接。但是,如果让学生自己进行衔接,那么教师什么时候介入其中进行适时的引导呢?

严建强:教师引导并不一定在过渡的时候,其实中间如果需要介入也可以通过适当的方式介入引导。

徐晓芸:我认为关于时间问题,冯老师一定要重视。一是必须指导学生处理材料,教育学生"该放弃时需放弃";二是刚才唐老师说的让学生直接过渡;还有冯老师要事先考虑到时间来得及怎么处理和时间来不及又该怎么处理。放弃该放弃的和灵活应对都是学生今后发展所需要学会的处事方式,也正需要我们教师的指导和培养。

郑萍:还可以告诉学生,他们的智慧和精彩不一定只限于在这一节课中体现,可以在以后更多的机会中展示和发挥。

（三）确定观察点

徐晓芸：本次围绕"沙龙式"教学策略的实施和完善，我们确定了五个观察点。其中，唐老师和郭老师是"学生参与度"；郑老师和张老师是"问题设计"；严老师和方老师是"教师引导"；田老师和陈老师是"课堂对话"；俞老师和仰老师是"知识落实"，那我就进行总体观察。我们课堂观察的时间是12月21日下午2:00，地点在图书馆四楼数字化教室。

【课中观察】 2007年12月21日，下午第2节课

上课前5分钟，观察者提前来到教室，根据所选观察点确定观察的位置。上课的时候，观察者根据观察任务，运用观察工具分别进行观察和记录。部分观察量表如下所示：

（一）学生参与度观察表

量表设计：唐立强、郭威　　　　观察维度：学生学习·倾听/互动
研究问题：学生课堂参与度如何　　观察者：唐立强、郭威

学生参与 \ 活动环节		A组主持	B组主持	C组主持	D组主持
专注倾听	人数				
	比例				
辅助倾听方式	查阅				
	回应				
	其他				
回答人数					
主动应答	人数				
	比例				
主动质疑	人数				
参与讨论	人数				
	比例				

注：1. 专注倾听和参与讨论的比例应该是占全班人数的比例；2. 主动应答的比例应该是占应答人数的比例；3. 主动应答、质疑、参与讨论可以加以描述性的记录。

（二）问题设计观察表

量表设计：郑　萍、张海燕　　　　观察维度：学生学习·问题设计

研究问题：强化学生问题设计意识　观察教师：郑　萍、张海燕

问题＼素材	问题设计				学生反应		其他
	问题表述	提出方式	与素材关联度	指向明晰度	目标层次	理解反应	应答反应	
素材1								
素材2								
素材3								
素材4								
其他								

注：1. 问题设计的基本情况：提出 A.预设 B.生成；关联度 A.紧密 B.比较紧密 C.不紧密；指向 A.很明确 B.较明确 C.不明确；目标 A.强化基础 B.提升能力 C.激发情感。2. 学生对所提问题的反应：理解反应 A.明白的 B.不太明白的 C.不明白的；应答反应 A.即答 B.思考后回答 C.讨论后回答。

（三）教师引导观察表

量表设计：严建强、方冬梅　　　　观察维度：教师教学·指导·机智

研究问题：更好地发挥教师的主导作用　观察教师：严建强、方冬梅

引导时机		引导理由	引导方式		引导功效	
			关键语言	非语言表现	功能	学生反应
导入						
课中	1.					
	2.					
	3.					
总结						
其他						

注：1. 引导理由主要指学生处于需要指导的状态； 2. 引导功能中的功能主要有鼓励、矫正、点拨、帮助、提升等作用。

（四）课堂"对话"观察表

量表设计：田玉霞、陈艳　　　　观察维度：课堂文化·对话

研究问题：沙龙文化的特征　　　　观察教师：田玉霞、陈艳

	项目		语言特征	行为特征	表情特征
对话	直接观察	老师			
		学生			
	间接观察				

注:间接观察,指借助照片、录音、录像等手段观察。

(五) 基础知识落实观察表

量表设计:俞小萍　仰虹　　　观察维度:课程性质·目标/内容/评价

研究问题:加强基础知识的落实　观察教师:俞小萍　仰虹

活动环节	课程内容	知识的表述		知识的运用	
	文化生活	正确度	熟练度	正确度	熟练度
环节1					
环节2					
环节3					
环节4					
其他					

注:正确度和熟练度分为 A 和 B 两个级量,A 表示正确或熟练;B 表示不够正确或不够熟练。

【课后会议】 2007年12月21日,下午第3节课

(一) 课后反思

冯晓娴:我现在最想说的一句话就是"学生真的很棒!"这也是我每次上完沙龙课之后最想说的话。他们的主持各具特色、风格,那种驾驭课堂的

能力,那种机智,那种风采,作为老师,我真心为自己的学生感到骄傲和自豪! 其次,通过这堂课我更深切地感受到贴近学生生活实际的素材对课堂有多么的重要。今天,我们学生对实践活动中的一组组镜头演绎得这么精彩和投入,这就是最好的证明。再次,从课上同学们表述知识点、分析材料、提出对策中可看出,已经基本达成知识目标和能力目标。从课前的大小组的充分合作到课堂四人小组的热烈讨论、出彩回答、热情鼓掌来看,也有了情感的收获。在今天的展示课上,同学们能主动地回答问题,主持落落大方,参与度高,体现了学生的主体意识很强,敢于表现自己,并且课堂氛围与往常一样轻松、活跃、不紧张,说明学生的心理素质也较好。学生在课堂上除了设问之外,还用追问等形式来探究挖掘,充分体现了学生的智慧和风采,充分证明了学生的潜能。第四,还存在很多遗憾:如探究过程展开得不够充分,有些流于形式;课堂中生成的东西不多,特别是以前在课堂经常出现的质疑以及争论的现象没有出现;自己的介入和指导也不够充分,希望大家提出批评和建议。

(二) 观察汇报

1. 学生参与组

唐立强:我们的观察点是学生的参与度。下面简单报告一下:第一,从专注倾听的情况看学生的参与度。根据学生的目光、神态等方面的统计,学生全部在倾听,整个过程中专注倾听的有 48 人,占到了 85.7%。第二,从参与讨论的人数和热烈程度看学生的参与度。全班 56 个人都参与了讨论,讨论方式有四人小组和两人小组。第三,从参与的辅助方式看学生的参与度。在听讲中做笔记有 16 人;在思考中查阅课本及其他资料者有 21 人。这些方式拓宽了学生的参与度。第四,从回答问题的人次看学生的参与度。参与回答者有 28 人,其中主动回答者有 25 人,占全班学生的 40.6%。根据我们观察到的情况,所设的问题学生几乎都是主动回答的,这也是学生回答问题的亮点。总之,本节课学生的参与度是非常高的。在这里,我想问两个问题:一是为什么学生会有如此高的参与度呢? 二是冯老师在你平时上课时,学生是否也是这样主动积极回答的?

大家议论后有这样几点认识:(1)这与素材的内容有关,学生所选的这些素材是学生自己收集、选择和整合的,是发生在学生身边的、是学生较为感兴趣的。(2)这与课堂教学策略和学生学习方式有关。本次课堂教学采用的是"沙龙式"的教学策略,由学生主持课堂学习,学生又运用多种辅助方式进行倾听等,这种教学模式的创新以及学习习惯的培养,有利于提高学生的课堂参与度。(3)还与问题设置的难易程度有关。

冯晓娴:我教的两个班,是今年9月份刚接手的,从刚接班开始,我就注重上课主动回答问题习惯的养成。虽然一开始有点难度,但我经常给大家讲道理,鼓励积极参与的同学,并给那些表现不积极的同学更多的机会。久而久之,课堂也就变得很活跃了。

郭威:我想补充一点是关于"主动质疑"这个角度,我们在设计量表时,列了这样一栏。在这节课上,有一丝遗憾,没有观察到。我就想问问冯老师,像"沙龙式"这样的课,学生的思维都很活跃,本应该是比较容易出现质疑情况的。细想下来,其中一个原因可能跟今天的环境有关,因为这样的大型公开课,学生多少还是有点紧张的,怕说错了。冯老师,您认为还有没有别的原因?

冯晓娴:我想与这节是复习课有关,它主要是知识的运用,因而,不会像学习新课时那么容易质疑,并且"文化生活"这一模块的内容相对要简单点,学生比较容易理解,所以质疑的出现会少点。但是,以后我会更加关注这方面的问题。谢谢!

2. 教师引导组

方冬梅:冯老师,我们观察的是"教师引导",主要从引导时机、引导理由、引导方式和引导功效等方面进行观察,我们简要讲一下观察的情况:你今天的引导时间大概是4.5分钟左右,引导的次数主要有四次。引导的方式既有语言引导方式,也有非语言引导方式,如点头、微笑等方式。引导的作用主要有三方面,即引入、讨论中的指导、评价。引导的效果表现在以下三个方面:(1)导课引导。文章尽管不出自你自己之手,但你声情并茂、极富感染力的朗读,把学生带入美好的回忆之中。同时又使学生明确教学目标,以高涨的热情很快进入了学习状态,激发了探究的兴趣。(2)课中引导。主要是情感、课堂氛围等方面的引导。(3)总结引导。声情并茂的总结,主要起到情感的交融与激励的作用。当教学时间不够的时候,冯老师及时总结,既节省了时间,又对知识进行了很好的总结。总之:你的这堂沙龙课真正做到了把课堂还给学生,又引领学生自主探究和创新学习,体现了新课程的理念。

严建强:冯老师,我在课前会议上你讲到过要以多种角色参与课堂,指导学生。但是,我从今天上课的整个过程中一直没有看到你的参与,就是最后你上去给同学们进行了总结,这个环节是你预先设计好的吗?

冯晓娴:这是因为时间关系,我想刹车,又因为学生对于新农村建设的问题只有具体的事例,不能概括总结。于是,我想这需要我出场发挥作用了。

严建强:在时间紧张的情况下,冯老师用这样的方法参与指导,将同学们的具体事例概括为新农村建设中的"四个文明建设",对于同学们以后思考问题是有帮助的,这样做很好。

3. 课堂对话组

田玉霞:教育传承着文化,也表现着文化,教育中的"对话"正是文化的表现。我和陈艳老师对本节课的"对话"活动进行观察后,共同发现:(1)老师把课堂上的主要话语权交给了学生。语言上,教师用"让我们……"、"有请……同学展示……"这些尊重、客气的语言;表情上,始终是面带微笑,对学生给予充分的尊重、理解、信任和支持(有间接观察记录);行为上,教师走下讲台,把讲台和整堂课的控制权交给学生,让学生根据他们的知识和经验运作整堂课,落实本堂课的学习目标。在这个过程中,学生和老师都获得了平等对话的权利。因此,我们得到了第一个结论:本堂课具有民主化的特征。(2)在观察"对话"中的学生时,我们发现学生发言的内容主要是围绕着"长乐的生活"进行。例如:谈到长乐实践时,学生说:"心里那个乐啊,我永远都不会忘记!"学生根据"晓思的日记"谈对文化生活的理解时,能脱口而出,思维流畅;说到生活中的具体场景如:"拉草绳"、"拉练"、"挖坑"等,学生们脸上洋溢着幸福的表情和会心的微笑,并适时地报以掌声(有间接观察记录)。很显然,在学生理解本堂课知识的过程中,已经深深地打上了"长乐生活"的烙印,这也印证了一个教育的真理:生活发生的场所才是教育真正发生的场所。因此,我们得到了第二个结论:本堂课具有生活化的特征。(3)学生的对话主要围绕着四个组提出的问题进行,在讨论不同的问题时,学生们在表情上都表现出对探讨内容的兴趣和一定程度的好奇心(有间接观察记录);在行为上各抒己见,并以自己的独特思维和方式参与其中。例如:学生总是说"我认为……"、"假如我是……,就会……",这体现着探究性的特征和自主性的特征;学生把整堂课的学习任务分解到四个组进行,虽然四个组的任务不同,但他们的目标指向是共同的:长乐实践的文化聚焦。每个组在任务完成后都为下一个组的任务牵线搭桥,这种既有分工又有合作的方式相互结合产生了很好的学习效果。因此,我们得到了第三个结论:本堂课学生在学习方式上表现了自主性、探究性、合作性和开放性等多元化的特征。

4. 知识落实组

仰虹:我们课前会议确定的观察点是学生基础知识的落实情况。主要观察各环节涉及知识点及掌握情况。依据国家课程标准和省学科教学指导意见,观察学生对知识的表述和运用的正确度和熟练度。观察结果:第一环节:农具。主要涉及中华文化的两个基本特征:博大精深,源远流长。第二环节:文艺晚会。主要涉及文化创新的途径、作用和主体等知识。第三环节:拉练。主要涉及民族精神的内容以及弘扬、培育民族精神的必要性和重要意义等。第四环节:林场开发。主要涉及的是文化创新及其社会主义精神文明建设等内容。按照《课程标准》和《指导意见》的要求,从学生的应答情况看,学生对上述知识基本能够比较熟练地表述和阐明,特别是文化创新、弘扬民族精神以及先进文化建设需要能够熟练运用。同学们能够列举嫦娥1号、台湾问题、中西部问题、奥运精神、抗非典精神等社会时事,说明社会主义现代化建设中弘扬民族精神的必要性和重要性;学生在长乐社会实践中开展的很多活动中本身包含着许多文化创新的要求,如编剧——"白雪公主"、工艺制作——竹编、民族精神的发扬——拉练,这一过程也是文化创新发展要求的达成;还有学生在结合林场建设问题上,能够运用村民思想道德素质的提高和科技兴农等知识理解社会主义精神文明建设的有关内容;但是,学生没有深层次的挖掘和展开。下面请俞老师补充。

俞小萍:这堂课从课前学生自己寻找、选取生活素材到今天课堂中学生围绕生活的感悟、体验,实现了冯老师教学预设中有机地将生活现象与学科知识结合起来。从观察结果看,本堂课从生活素材出发,覆盖了四个单元知识,并围绕重点知识展开教学。本课共涉及21个知识点,依据《课程标准》和《指导意见》,要求学生表述的有15个知识点,从学生应答情况来看,学生能熟练并正确表述的有14个知识点,其中有一个知识点不够完整,即有关中华文化源远流长的原因除史学典籍、文献材料外还包括中华文化本身的包容性。另外,要求学生运用的有 6 个知识点,从应答来看,学生能熟练并正确运用的有 5 个知识点,其中有一个知识点运用得不熟练。学生以设问的方式引出了社会主义精神文明,但有关社会主义精神文明的根本任务可以进一步深入下去。但是,从总体情况看,学生的基础知识能够得到有效落实,课堂教学效果较好,这也是我们教学中应该坚持的基本点。

5. 问题设计组

郑萍:我们的观察点是学生问题设计。

(1)观察情况及分析:四个小组的同学围绕四个典型素材,提出了 18 个问题,我们着重选取其中的三个具体观察点进行具体分析。①从问题提出方式看,预设性问题有 13 个,占 72%。预设性问题可以避免课堂提问的随意性与盲目性,对问题设计的质量有了一定的保证,也为提高问题回答、讨论或探究的有效性奠定了基础。生成性问题 5 个,占 28%,而且有些地方比较出彩,这表现了学生主持人的灵活与机智,不仅使原设计的问题得到了深化与拓展,还对知识的迁移、巩固与整合,激发学生思维火花等起到了很好的作用,使课堂充满了生机与活力。②从问题设计层次看,我们选择的层次划分有三个维度,其中强化基础知识(记忆再现整合知识)的有 13 个问题,占 72%;还有含综合运用、分析探讨等提升能力的问题有 10 个,占 56%;另有 5 个激发情感的问题,占 28%;这样的统计结果是超过了 100%,这是因为一些问题的目标是交叉的,同一个问题可能含有不同的目标,既有知识的又有能力的,也可能有情感的。体现出设计的问题难易有梯度,目标要求多层次。虽然是一堂复习课,但并不是单一地巩固基础知识。新课程对本学科的"知识、能力、情感"的三维目标在学生问题设计中基本上得到了体现。③从设计的问题与素材的关联度看,有 17 个问题与素材是紧密联系的,还有 1 个问题也是基于素材的。情境化教学是课改新方向,有专家指出,"传递眼花缭乱的信息不等于教学","情境化教学不是单纯让学生简单地回答问题,更重要的是让他们先发现问题,再学会解答"。这节课,如果从问题设计看,体现了这种探究和解决问题的理念,激发了学生的问题意识与探究意识。

(2)一点思考与询问:从观察中,我们发现,有些问题提出后,感觉学生的思考与讨论交流的进程有点快,这是否会影响学生的课堂参与?

张海燕:对,这可能是与问题的数量有关,我们在重视问题质量的时候,也要注重数量和质量的统一。一节课内,如果问题过多,即使问题设计得很好,也会因为留给学生思考和探讨的时间减少而影响思考与探究的深度与广度。

郑萍:作为老师,我们十分清楚,问题设计对于学生来说难度是非常大的。但通过今天对"学生问题设计"的观察,也让我们看到了学生的能量与潜力。正如冯老师所言,学生真的非常棒。这么好的问题设计出来,对学生来讲是不容易的。想必与教师对学生的有效指导不无关系。我们想向冯老师了解的是:老师在学生的问题设计方面进行了怎样的有效的指导?

冯老师:设计问题对我自己也是一个挑战,学生比我聪明,领悟力很好。对于学生主要是方法的指导。平时在试卷分析,作业讲评中的解题指导中,我特别强调学生的设问,了解题目设置的一些要素,避免盲题不清导致的解题失误。进入高二以来我要求学生要以专业的态度来对待设问,要从主体、范围、角度等进行审题。在这次沙龙课的前期准备中,各小组提出的设问,就已先在组内同学中试问,如:你明白这个问题吗?你能回答这个问题吗?依据同学的反应,再进行调整与"磨题"。

郑萍:冯老师说学生的领悟力好,可还是离不开老师平时潜移默化的指导的。指导的结果,不仅使学生能够设计好问题,还能更好地解答问题。

(三)概括总结

徐晓芸:听了冯老师的陈述和各位的交流,结合自己的整体观察,我认为这堂课最大的亮点是:演绎了新课程的理念,体现了政治沙龙的追求。具体表现在:

第一,这节课很好地演绎了高中思想政治新课程的"生活逻辑"理念。高中思想政治课的四个必修模块都与"生活"两字密切相联,名为"经济生活"、"政治生活"、"文化生活"和"哲学与生活"。因此,高中思想政治新课程的教学要求我们坚持"三贴近"的原则,即贴近学生、贴近实际、贴近生活。这节课以学生亲身经历的长乐社会实践活动中收集的生活素材为载体,通过整合、设问、思考、探究等学习活动,进一步理解"文化生活"的相关内容,真正让学生经历了一个"在生活中探寻,在探寻中体验,在体验中感悟,在感悟中成长"的过程。如果说课堂的生活性体现了对学生的现实关怀,那么课堂的生命性则体现了对学生的终极关怀。在这堂课中,正如刚才冯老师说的,有些学生在准备过程中自己收集了很多的资料,设计了比较好的活动,但由于课堂45分钟时间的限制不能全部得到展示,心痛地流下了眼泪。但是通过这一次的心痛,让他们知道了生活就是如此,有的时候必须学会选择和放弃。又如,有些学生平时很少说话,上课只会倾听,不愿发言,今天终于能够大胆地站起来,表达了自己的观点,可谓是挑战自我、战胜自我的结果,我们可以想象自信对于学生今后一生的发展会有怎样的意义。

第二,这节课还体现了我们政治沙龙对自由、民主、平等、开放、和谐的课堂文化的追求。课堂中学生的高参与度就是一个力证。课堂上以四个学生的主持为主,在应答中有25个同学主动应答,其中,有多次是几个学生同时起立要求发言。学生之间都是积极踊跃又相互谦让,教师积极引导又热情服务,师生之间相互信任又配合默契……这一切,我们都可以从师生的言谈举止和面部表情中感受到。

这堂课的另一个亮点就是:它从一个侧面体现了冯晓娴老师的教学特色。其表现:

1. 有教学追求。她追求在教学过程中让学生最大限度地参与和让学生的潜能得到最大程度的发挥,所以,她把由一个小组负责准备、主持的"沙龙",发展为把全部学生分成几个小组参与准备和主持的"合体沙龙"。

2. 有个人特长。从课题的名字《花儿一路绽放》、到满怀深情的朗读导入、再到诗情画意的结束语,透露出冯老师的文学修养,真的与"文化生活"的课程非常融合。

3. 有教学机智。在学生的沙龙过程中能够非常及时、合理、有效地利用学生提供和生成的教学资源进行教学引导。

徐晓芸:我们今天研究的主题是"沙龙式"教学策略的实施和完善。通过今天的课堂观察,我们可以达成哪些主要共识和建议呢?(大家议论以后概括总结)

几点共识:

1. 在"沙龙式"的教学中,教师主导作用的发挥是重要保证。包括课前的准备指导、课中的适时引导和课后的发展性评价。

2. 在"沙龙式"的教学中,学生利用素材资源设计好问题是关键。问题设计要指向教学目标、有层次、贴近材料,并注意质量和数量的统一。

3. 在"沙龙式"的教学中,有效利用贴近学生生活的课程资源是重要前提。因此,我们在选取素材时应该注意生活素材的趣味性、典型性、针对性和思想性等。

4. 在"沙龙式"的教学中,学生积极参与课堂教学活动是重要标志。而素材资源贴近学生生活、问题设计难易得当、教师引导及时到位、课堂类型适宜课程性质等都有利于提高学生的课堂参与程度。

5. 在平时的教学中注重学生学习习惯的培养和学习方法的指导是重要基础。如主动应答、积极参与的习惯,认真审题、规范设题的方法等。

几点建议:

1. 在"沙龙式"的教学中,教师要重视发挥评价的功能。在沙龙课即将结束的时候,教师应该对本次沙龙活动作出评价。教师的评价要以肯定和鼓励为主,也要实事求是地指出其中的不足,这有利于促进学生更好地参与和学习,也有利于提高"沙龙"活动的实效性。

2. "沙龙式"的教学,强化了能力目标和情感目标,同时我们还必须注意知识目标的达成。尤其是对核心知识的正确复述、准确理解、详细阐释和灵活运用的重视和落实,这是新课程"三维目标"的内在要求。

以上五点共识和两点建议,不仅对冯老师,而且对我们每一位教师;不仅对"沙龙式"的教学,而且对新课程的实施,都具有积极的指导意义。

【附件】

(一) 教学设计:《花儿一路绽放》(1课时,高二(14)班)

※ 教学目标

1. 学生能够借助一定的素材资源感悟、再现和运用"文化生活"中关于文化与生活、文化的继承与创新、中华文化特点和民族精神等单元的知识;

2. 学生能够通过对素材资源的利用提高获取和处理信息的能力以及运用所学知识观察、分析和解决实际问题的能力;

3. 学生能够通过对沙龙课的准备以及在课堂上的表现,增强自主、合作的意识,感受学习与生活的快乐和美好。

※ 设计意图

1. 高中政治新课程的一个显著特点是强调"生活逻辑",将"学科知识与生活现象有机结合"。要求我们坚持"三贴近"的原则,即贴近学生、贴近实际、贴近生活。这节课以学生亲身经历的长乐社会实践活动中收集的生活素材为载体,通过整合、设问、思考、探究等学习活动,进一步理解"文化生活"的相关内容,真正让学生经历了一个"在生活中探寻,在探寻中体验,在体验中感悟,在感悟中成长"的过程。

2. 高中政治新课程要求我们在教学中充分发挥学生的主体作用。学生利用社会实践活动通过与同学、老师、教官的配合,采用各种方式搜集各种形式的素材,并予以整合、设问、思考、探究,在课堂上将知识与素材串连和分析运用。通过采用我们政治组一直坚持的"沙龙式"教学策略,以此进一步追求沙龙式教学的"主体性、全面性、开放性、民主性、创新性及实效性"的精髓,引领学生走上自主创新的学习之路。

※ 学情分析

1. 鉴于学生已经完成了"经济生活"、"政治生活"、"文化生活"的学习,积累了相关知识内容,在复习阶段需要能再现知识、能用教材语言正确表述教材观点、运用所学观点对生活现象进行分析并提出对策。这对学生提出了较高的要求。

2. 高二(14)班的学生主体意识较强,思维比较活跃,学生上课发言积极而又主动,敢于提出问题,师生和生生互动比较好。

※ 教学准备

1. 教师根据学生的讨论意愿确定主题(长乐农场的实践活动)。

2. 分四个大组并选好组长(自愿的原则)。

3. 学生分组后在组长的带领下根据老师确定的主题分别采用各种形式搜集素材(照片、录像、日记、实物、图片等)。

4. 各组同学将准备好的详案与老师面对面地沟通交流,共同讨论。

5. 各组同学根据与老师交流的最后定稿制成课件,完成后交给教师合成。

※ 教学过程

1. 昨日回忆:教师从学生的实践活动总结中导入,引领学生走进社会实践活动。指出同学们有了情感的收获之外,在今日的政治课堂上必定有更深的思考。

2. 今日探究:以活动为主要线索:农业劳动(农业工具)——感悟传统

文化;文艺演出——《文化生活》知识的辐射;拉练——引出中华文化的核心民族精神;长乐林场——综合知识的运用。四个小组分别进行知识的挖掘和运用。

第一组:(农业工具)主持人和大家一起回忆"农家三项"活动,展示照片,引出独轮车,呈现《天工开物》上的记载,从历史上的独轮车与今日的独轮车运动比较中挖掘知识点。

第二组:(文艺演出)通过观看实践活动中文艺演出以后的日记,在主持人的设问和追问中,学生以抢答形式挖掘蕴涵的《文化生活》知识点,并将知识点串连。

第三组:(搓草绳、拉练)在回忆搓草绳和拉练活动中感悟民族精神的内涵。主持人通过设问"民族精神对现代化建设的作用",激发同学讨论,结合社会实际问题发表看法。

第四组:(实践活动的总结)以在活动中的所见所闻设置情境,分配角色,分组讨论,分别以农民和政府官员的身份为长乐的发展献计献策。最后,主持人归纳总结。

3. 明日展望:教师在学生献计献策的基础上归纳,总结升华。如果时间允许,在此基础上作解题指导,并谈认识性试题的解答方法。

(二)课后分析报告(略)

课例四
细胞的能量"通货"
——ATP(生物必修模块1)

彭小妹、郑超、喻融、姜平[①]

【背景】

- **任教教师**:彭小妹,教龄7年,中学二级,亲和力较强,上课富有激情,教学设计能力较强,善于创设情境、运用情境,所教班级成绩名列地区前茅。
- **教学主题**:细胞的能量"通货"——ATP
- **观察教师**:生物组课堂观察合作体
- **观察主题**:学习目标的达成
- **活动背景**:生物组课堂观察活动开展一年半以来,已进入了第三个阶段——主题式观察。课堂观察合作体实现了课前、课中、课后全过程深层次的合作,观察表大多是自主开发的。为向全校教师展示生物组课堂观察第三阶段的研究成果,在学校的安排下,我们举行了此次课堂观察活动。本课例的重点是展示我们结合课程自主开发的观察工具,以及我们在观察过程中使用的原始记录。

【课前会议】2007 年 10 月 19 日

(一) 彭老师说课

1. 教材分析及学习目标

ATP 作为生命活动的直接能源物质,在生物的新陈代谢中发挥着重要作用。ATP 与光合作用、呼吸作用等生命活动有着紧密的联系,是学习这些

[①] 本课例是在吴江林老师的指导下制作的,参与人员还有曹晓卫、屠飞燕、钟慧、路雅琴。

知识的基础。

本课题的内容标准是:解释 ATP 在能量代谢中的作用。我们根据内容标准和我校学生的情况制订了具体的表现标准。

知识目标:写出 ATP 的结构简式,并解释各种符号的含义,说明 ATP 分子的结构特点。写出 ATP 和 ADP 的相互转化的反应式,说明两者相互转化的特点。说出 ATP 合成和水解过程中的能量来源和去向,举例说出动物和绿色植物体内合成 ATP 的途径。区别 ATP 与糖类、脂肪等能源物质在供能上的差异。举例说出 ATP 在生产活动中的应用。

能力目标:观察和分析实验现象,得出实验结论。

2. 学情分析

参与本次课堂观察的班级是高二(2)班,该班学生的思维特点:比较活跃,师生和生生互动比较好,空间想象能力较强。该班的学困生和学优生分布见本案例的"课中观察·观察过程·位置选择"。

3. 教学设计

本节课的主要教学策略是情境教学和生物建模,将微观分子的结构和功能直观化、宏观化,让学生在观看实验情境、动手写和画、动口表达等体验中,发现问题、建构知识、形成知识网络。具体教学环节如下:(1)创设实验情境,学生观察分析实验,让学生在体验中感悟 ATP 的功能,为探究为什么 ATP 是直接能源物质打下基础。(2)通过学生阅读和写出 ATP 的结构简式,理解 ATP 作为直接能源物质的结构特征。(3)创设问题情境,学生通过讨论和看图总结,理解 ATP 和葡萄糖等其他能源物质在能量代谢中的关系。(4)联系生活实际,让学生明白 ATP 在生活中的应用;通过提问让学生明白直接能源物质可能不只是 ATP,可能还有别的物质,教会学生用发展的眼光看待所学知识。

教学设计的创新之处:(1)创设了实验情境,让学生在体验中感悟 ATP 的功能,而不是直接灌输,学生的学习方式发生了改变——由传统的接受式学习转变为探究式学习。(2)从功能入手再探究结构,改变了先讲结构再讲功能的方式,利于探究的展开。(3)设置比喻检测学生是否掌握了学习目标,用形象化的方法检测学生对 ATP 的功能这一抽象认识的达成,也为学生的思维打开了开放的空间。

教学设计的困惑:对预设的学生活动是否符合学生的最近发展区、能否达成学习目标感到把握不准。

希望大家针对我的创新和困惑展开观察。

（二）彭老师与观察者的交流

吴江林：你这节课的教学策略与以往有很大的不同，如按教材的知识直接呈现，不利于学生从微观上感知ATP的功能，而你创设了五个情境，通过情境创设问题，通过问题链驱动学生的学习是非常好的。因此，这些情境的有效性是这节课成功与否的关键。我想从"情境创设的效度"或"学生对知识的理解和运用"两个方面观察学习目标的达成，你有何建议？

彭小妹：是的，情境创设是这节课的亮点，也是关键点，希望你帮我观察一下"情境创设的效度"。

喻融：我和姜平昨天都看了你设计的学案，我们看到学案中的活动有五个，这节课主要是以活动的形式展开，这些活动的有效性也是这节课学习目标能否达成的关键。因此，我和姜平将合作观察这方面的问题，你看行吗？

彭小妹：好的，我以前讲得比较多，这次活动多，虽然设计了这么多活动，我也不是很有把握，观察这个问题对我的帮助可能较大。

郑超：创设了这么多的活动，我非常想知道你是如何及时地知道学生在每个教学环节的学习目标达成的情况，如何根据学生的学习目标的达成情况进行必要的教学调整。

彭小妹：我创设的这些活动，都需要学生进行一定的探究，我想通过提问、小组结果汇报、动手写和画等途径，了解学生是否掌握了我想让他们明白的东西。

钟慧：我和小路昨天也看了你设计的学案，我们发现在你创设的活动情境中，有很多提问和理答，学生也就有很多的应答。我们还是想从这个方面观察教学目标的达成，我和小路将合作观察这些问题，行吗？

彭小妹：好的。有个建议，希望能为我记录一些比较典型的提问或理答，不要只是数据。

路雅琴：好的。

屠飞燕：我就和她们配合，从你的理答方面来观察学习目标的达成情况。

彭小妹：你们配合是最好的了。

曹晓卫:可以看出,除了教材之外,这节课还使用了较多的其他教学资源,对教材也进行了二度开发,这是新课程所提倡的。这些教学资源整合的有效性是学习目标能否达成的关键,我想观察这个问题,你有什么看法?

彭小妹:好的,这也是我在教学设计过程中花了较大心思的地方。

（三）讨论确定后的观察点

吴江林:情境创设的效度

喻融、姜平:学生活动的有效性

郑 超:课堂教学的监控

钟 慧:学生回答的类型

路雅琴:学生应答的方式

屠飞燕:教师理答的方式

曹晓卫:教师对课堂教学资源的整合

【课中观察】2007年10月20日,下午第1节课

（一）观察工具

观察表见课后会议分析报告;另有摄像机两台,录音笔一支。

（二）观察位置的选择

钟慧、路雅琴、屠飞燕三位老师分别观察"学生回答的类型"、"学生应答的方式"、"教师理答的方式",需要合作观察,所以选择坐在一起观察,以便观察时能相互协调。

姜平和喻融两位老师都是观察"学生活动的有效性",观察的维度都是学生,故选择第一排前面的位置开展观察。郑超的观察点与学生也有一定的关联,所以也选在前排观察。

吴江林老师想观察学生的一些表情,同时根据座位表,所选位置和三位学优生和一位学困生比较近,并想就近看看姜平老师的即时记录,故也选在前排与姜平老师靠近的位置。

其他老师的观察维度主要是老师的教学,为减少对课堂教学和学习的

影响,均选择在空座位上观察。

	全校观摩教师								
观摩教师				▲		★			全 校 观 摩 教 师
屠飞燕	走 廊		▲				▲	走 廊	
钟慧、路雅琴								★	
曹晓卫				★		▲			
外校观摩人员		★					★		
						★		▲	
郑超　喻融				讲　　台				姜平　吴江林	

(三) 观察过程

课前。观察者于上课前 5 分钟进入教室,未与学生做交流,吴江林老师询问三位学优生和一位学困生对彭老师的课堂感受,并翻阅了他们的学案,了解他们的预习情况,发现本节课老师未布置预习,学生事先并不知道要上这节课。

课中。各位老师根据自己选择或开发的观察表进行记录,有数据的记录,也有根据自己的需要记录的师生对话、现象描述、教学细节、即时反思等。在探究 2 和 3 的教学时,有两台摄像机从教室中间和后面对教学全过程进行录像,并用录音笔录音。

课后。吴江林老师询问了六位学生的学习目标的达成情况,其中两位学困生、两位学优生、两位中等生。

【课后会议】2007 年 10 月 20 日,下午第 2 节课

(一) 彭老师课后反思

这次课堂观察对我的教学设计能力的提高、新课程理念的理解和落实都有很大的帮助,对通过情境教学和生物建模帮助学生达成学习目标的教学方法有了较深的认识。以问题驱动学生学习,并通过创设问题链帮助学生构建知识链,是本节课学习目标达成的重要原因。总的来说,我比较

满意。

本节课的不足主要体现在两个方面。一是讲授有些多,学生思考的时间不太够。主要原因可能是学习目标预设得较高,也可能是情境创设得还不够明确,例如问题 6 就是这个原因。二是急于打断学生的回答。课堂中出现了几次打断学生回答的现象,说明以学生为主体的意识还不强。可能是因为学习目标的预设还不太准确,或者问题的指向不够明确。

(二) 观察者简要报告观察结果

郑超:我是从"教师对课堂教学的监控"角度来观察学习目标的达成情况,按下面的分类来进行观察记录:言语征询指教师用言语直接询问学生的学习情况;作品分析指教师通过学生的作品(如学生的书写、制作、动手操作等)获取学习情况的信息;表达分析指教师通过学生的语言表达获取学习情况的信息;非语言表现指教师通过观察学生的表情、目光甚至感受等非语言的形式获取学习情况的信息(如下表)。

教师对课堂教学的监控观察表

- ◆ 量表设计:郑超　　◆ 观察教师:郑超
- ◆ 观察维度:教师·手段·教师对课堂教学的监控
- ◆ 研究问题:教师是如何、何时知道学生是否掌握了你打算让其掌握的知识

教学环节	核心目标	教师的监控	言语征询 群体	言语征询 个体	作品分析 群体	作品分析 个体	表达分析 群体	表达分析 个体	非语言表现 群体	非语言表现 个体
教学环节1 ——实验·探究	观察和分析实验现象,得出结论	引导学生分析实验,得出结论					观摩思考	1分析 1讨论	关注眼神 多方应答	
教学环节2 ——阅读·思考	写出并解释 ATP 的结构简式	阅读完成问题4,巡视	(未问)还有什么问题?		抄写(抽取以人或小组4人)问题5,再小组讨论	演板(选两人通过板演)	1评价演板 表达讨论			
	说出 ATP 中能量的去向	问题5					2思考 答问 表达讨论			
教学环节3 ——讨论·小结	写出并说明 ATP 与 ADP 的相互转化	讲解片断			抄写(抽取10人或4人通讨论)	演板	2评价演板			
	说出 ATP 中能量的来源	小组问题6	1手动问 教室走动				2汇报			
	解释 ATP 在能量转化中的地位和作用	解答疑问,问题7,问题8	(未问)还有什么问题?				1明确地 2思考 3讨论			
教学环节4 ——应用·发展	举例说出 ATP 的应用	讲授时观察方法							有关注	

注:记录教师用于监控课堂教学的方法或行为,判断该方法或行为的类型,同时,观察者站在上课人的角度,和上课人同步去获取学习情况的信息并作记录。

这节课彭老师采用了表格中所有的监控方式,兼顾了群体和个体的角度,并在每个教学环节都设计了教学监控措施。这说明彭老师是非常注意学习目标的达成的。其中个体的表达分析是最多的形式,涉及到 15 位学生

(学困生3位),加上个体作品分析还有2位学生(学困生1位),作为抽样方式已经取得了较大的样本。从学生的反应看,彭老师的教学监控设计是合理和有效的,七大核心目标落实得很好。不足的是在"写出并解释ATP的结构简式"这个环节中监控有些琐碎。

吴江林:我从"情境创设的效度"这个角度来观察这节课学习目标的达成情况。我认为情境创设的有效性主要取决于以下要素(见观察表中的观察指标),将其与本节课创设的五个情境相结合后形成了我的观察表(如下表)。

情境创设的效度观察表

- 量表设计:吴江林
- 观察教师:吴江林
- 观察维度:教师与课程·手段与资源·情境创设
- 研究问题:情境创设的有效性

情境创设 观察指标	牛蛙腓肠肌收缩实验	能量在葡萄糖—ATP—主动运输利用中流动的图解	氰化物中毒与ATP药理功能	ATP功能的比喻	生命直接能源物质的猜想
情境与学习目标的切合度					
情境与课时的适合度	10 min	3 min	5 min	1 min	
情境与认知的挑战性和冲突性					
情境生成的问题指向是否明确,利于思考					
情境生成问题是否处最近发展区					
情境是否有利于构建知识体系					
情境是否体现了STS思想			无		无
情境是否有助于终身发展					

注:本表记录内容,一是各观察指标的判断,二是典型性的事例(如问题、学生回答、书写、表情等)。

问题:

1. 问题……

2. ……

3. ……

4. ……

从观察结果看,情境一使学生对"ATP是直接能源物质"有了感性的认识,很好!只是学生思考的时间不足,情境效度下降。情境二将细胞内不可直接观察的能量转移、释放、利用的过程图形化,使学生能在宏观的情境下进行观察、分析、比较,较好地解决了细胞内能量流动的难题。情境三很好地体现了"注重与现实生活的联系"的新课程理念。情境四能较好地检测了本节课的学习目标,还能较好地培养学生的发散性思维。情境五把这节课教"活"了,使学生形成一个开放的知识体系。总的来看,这节课创设的情境对促进教学目标的达成,改变学生的学习方式,激发学生的学习兴趣帮助很大。如果能在实施过程中把思考的权利更多地交给学生,情境的有效性将更高。情境创设和生物建模有可能成为彭老师教学的一大特色,多努力!

姜平:我和喻融合作,通过观察"学生活动创设与开展的有效性"来观察学习目标的达成情况。我们花了三天时间来设计观察表,设计了"教师对学生活动的设计能力"、"组织能力"、"学生在活动中参与的广度和深度"等指标,来观察不同类型的学生活动对学习目标达成的有效性(如下表)。

学生活动创设与开展的有效性观察量表（A）

- ◆ 量表设计：喻融、姜平
- ◆ 观察教师：喻融、姜平
- ◆ 观察维度：学生·达成·学生在课堂活动中对核心知识的掌握
- ◆ 研究问题：活动中学生的参与广度

有三个观察结果:(1)学生活动的方式丰富多样,有思考、实验探究、阅读、书写、讨论、打比方等。(2)学生活动的时间为21分钟,占整个教学时间的40%(本节课上了52分钟),4个活动的时间依次为5、6、5、5分钟,给学生的时间很充足,而且根据难易程度安排合理。(3)学生参与度和达成效果:前三个活动的参与度比例依次为100%、98%、34%(第四个活动只有定性观察,当时没有能够及时用定量方法记录下来)。(4)活动的参与态度可分别评定为A、B、C、D等级。这说明本节课的活动能充分激发学生的学习兴趣,发挥学生学习的自主性,学习目标也达成了。不足的是第三个活动的参与度不够好,主要原因是问题难度有点大,而且指向也不够明确。

喻融:我是从"课堂活动的有效性"这一角度观察学习目标的达成的。根据生物课程标准中的四个基本理念和本节课的特点,我从"活动时间"、"活动达成"和"参与度"这三个指标来观察学生活动对教学目标达成的有效性(如下表)。

学生活动创设与开展的有效性观察量表(B)

- 量表设计:喻融、姜平
- 观察教师:喻融、姜平
- 观察维度:学生·达成·学生在课堂活动中对核心知识的掌握
- 研究问题:活动中学生的参与深度

活动主题	活动类型	活动时间	活动预设	活动达成	参与度	分析
观看牛蛙腓肠肌收缩的探究实验	探究思考		通过观看录像,获得ATP功能的感性认识。引入ATP的结构。(2)	A	100% A+	
阅读课本,书写ATP结构简式、ATP水解反应式及能量的利用	阅读书写		通过阅读与思考,认识ATP的结构和特点。(1)	A	B	
讨论生成ATP能量来源的途径和形式,ATP与ADP相互转化特点	讨论		通过讨论、看图和分析形成ATP所需的能量来源与形式转化。(2)			
比喻ATP在能量代谢中的作用,猜想生命活动直接能源的种类	思考		通过打比喻的方法,检测及深化对ATP作用的理解。(5)	A	B	

注:1. 观察者需要预先了解开课者对活动的预设。
2. 衡量活动是否达成,需要对照活动的难度预评定,记为:A.达成 B.基本达成 C.未达成。
3. 活动的难度层次可依据【(1) 用自己的话去解释、表达所学的知识 (2) 对知识做出推论和预测,从而解决有关的问题 (3) 运用这一知识解决变式问题 (4) 综合几方面知识解决比较复杂的问题 (5) 将所学的知识迁移到实际问题中去。】

我综合了A、B表,给本节课四个活动的有效性从高到低排了个序:一是"观看牛蛙腓肠肌收缩的探究实验",该活动的创设牢牢抓住了学生们的注意力,让学生得到了关于ATP功能的感性认识。二是"阅读课本,书写ATP结构简式,ATP水解反应式及能量的利用"。三是"比喻ATP在能量代谢中的作用,猜想生命活动直接能源的种类"。该活动是这节课最有创意的活动,能很好地检测出学生对ATP功能的理解情况。我有个建议,若事先告诉学生,葡萄糖、脂肪和蛋白质氧化分解所释放的能量,只有储存在ATP中才能被生命活动所利用,否则会以热能的形式散失,学生可能会给我们更多精彩的比喻。四是"讨论生成ATP能量来源的途径和形式,

ATP与ADP相互转化特点"。彭老师采用讨论、学生汇报、讲评、学生看图分析、讲评五次重复学习过程,花费了15分钟。但学生的参与度却随着重复的次数增加而急剧下降,这说明过多的重复是导致活动有效性降低的重要原因。

钟慧:我和路雅琴合作,从"学生回答的类型"和"学生应答的方式"两个方面观察学习目标的达成,我们使用的观察表是经自己改编而成的(如下表)。

学生回答类型的观察表

◆ 量表设计:钟慧
◆ 观察教师:钟慧
◆ 观察维度:学生·互动·回答行为
◆ 研究问题:回答行为、水平、习惯、态度

学生回答类型		无回答	机械判断是否	认知、记忆性回答	推理性评价	创造、评价性回答
教学环节1 ——实验·探究 目的:感悟ATP是直接的能源物质	频次	一		下	丁	
	要点记录	引入:有哪些能源物质?主要的能源物质是什么?观察录像后提问:细胞吸收营养物质、肌肉收缩需要什么?蒋老师问较多:2次个别回答,推理性回答				
教学环节2 ——阅读·思考 目的:理解ATP的结构简式,能量的利用。	频次	下	下	丁	丁	一
	要点记录	齐同答,机械判断较多,ATP同是什么?ATP结构:学生板演,学生评价,教师评价,据词展开,有什么?彭老师对"写出ATP结构简式"的目标达成情况的判断				
教学环节3 ——讨论·小结 目的:理解ATP与ADP的相互转化,能量的转化。	频次			正一	正正	
	要点记录	出烙如何解决哺乳普及大和合营方法采用?				
教学环节3· ——应用·发展 目的:了解ATP在生产生活中的应用,形成发展的知识观。	频次					下
	要点记录	质出:学生创造性回答,"你折"→"战""电",食物:运动员食品→改造的食品→不同食物				
统计	总频次	4	4	11	13	5
	百分比	10.8	10.8	29.7	35.1	13.5
分析	1. 应答符合彭老师课堂,课堂预设较能照及不同知识目标学术,并能针对学生的问题进行较深入的引导。 2. 最后一环节设计的开放性问题,既是对本节课针对ATP功能与发展观的梳理,同时帮助体验特别的作用,体现亮点。					

注:"要点记录"可记录学生回答类型的典型例子,也可以是观察者的即时感受或想法。

学生应答方式观察表

◆ 量表设计：路雅琴
◆ 观察教师：路雅琴
◆ 观察维度：学生·互动·回答行为
◆ 研究问题：回答行为、水平、习惯、态度

学生回答类型		无回答	集体齐答	讨论后汇报	自由答	个别回答
教学环节1 ——实验·探究 目的：感悟ATP是直接的能源物质	频次	下	正		—	正
	要点记录	谁告诉你的？ 肌肉不再收缩？ 解释一下？				
教学环节2 ——阅读·思考 目的：理解ATP的结构简式及能量的利用。	频次	T			T	—
	要点记录	渗透能？ ATP与核糖核苷酸 AMP. Tri				
教学环节3 ——讨论·小结 目的：理解ATP与ADP的相互转化，能量的转化。	频次	下	正	T		正
	要点记录	来源消耗？ 转化？ 动态？ 能量？				
教学环节3 ——应用·发展 目的：了解ATP在生产生活中的应用，形成发展的知识观。	频次	—				正—
	要点记录	是可逆反应吗？ 消耗少量水？ VC病 食物？3个.				
统计	总频次	8	9	2	3	15
	百分比	21.6	24.3	5.4	8.1	40.5
分析		回答形式比例较为合理。 自由答较多，说明讨论汇报及后来话题不同知识目标要求。 无应答也多，为加强，说明……为什么应答。反思？ 创新回答，易后二回解，3个.				

我们共收集到了 37 次学生应答,其中无应答 21.6%、齐答 24.3%、讨论后回答 5.4%、自由答 8.1%、个别回答 40.5%。回答的类型有 5 种,其中认知记忆性回答 29.2%、推理性回答 35.1%、创造性和评价性回答 15.5%。应答方式和类型很丰富,学生回答的思维水平比较高。

我想着重说明四个环节的回答。一是实验,学生有 2 次正确的推理性回答,说明学生认识到了 ATP 的生理功能。二是 ATP 结构,学生出现了 3

次无应答和 3 次机械回答，说明这里的设问不能引发学生的有效思考。三是"通过讨论小结说明 ATP 和 ADP 的相互转化"，学生出现了 6 次正确的认知性回答和 9 次正确的推理性回答，说明这给学生呈现了一个完整清晰的正确的能量转变过程图。四是"让学生用生活中的例子来比喻 ATP"的开放性问题，学生共以 3 次个别回答的方式进行了创造性回答，说明这很好地检测了学生对 ATP 作为"能量中介"的理解。总的来看，问题设计层次性好，指向明确，针对学习目标。通过问题步步深入，很好地起到了引导学生学习的目的。

屠飞燕：我是从"教师理答的方式"观察学习目标的达成的，所使用的观察表是在改造的基础上完成的，我主要从 6 个方面观察了彭老师的理答方式（如下表）。

教师理答的方式观察表

- 量表设计：屠飞燕
- 观察教师：屠飞燕
- 观察维度：教师·活动·提问
- 研究问题：教师理答的手段、方式及对教学目标达成的意义。

核心问题 / 理答方式	教学环节1——实验·探究 目的：感悟 ATP 是直接的能源物质。 通过该实验能得出什么结论？（重复该问题）	教学环节2——阅读·思考 目的：理解 ATP 的结构简式，能量的利用。		教学环节3——讨论·小结 目的：理解 ATP 与 ADP 的相互转化，能量的转化。		课堂新生成的问题举例
		ATP 的结构简式及各符号含义？	ATP 水解的反应式？	合成 ATP 时能量来源的途径和形式？	分析 ATP 和 ADP 的转化是否可逆？	用生活例子比喻 ATP 在能量代谢中的作用？
1. 追问	✓ 针对性追问	结构式而且评价指正	举个事例而且有意识地引导	✓ 怎做的	✓	教你举出哪些物质能比 ATP？请将例子做些比比
2. 对学生回答的鼓励、称赞	✓ 表扬一个学生回答	✓	✓	✓	✓	
3. 重复自己问题或学生答案	✓ 重复后书写于黑板		多给点提示强调	✓ 总结画图时回答书于黑板		
4. 打断学生回答或自己代答		✓ 自述代答简明				
5. 鼓励学生提出问题		✓ 问学生有问题吗			✓ 询问总结问题有问题吗	
6. 其他		进行评价 提醒 教学价值				

我没有记录各种理答方式的次数，但从记录中可以看出，"追问"和"对学生回答鼓励、称赞"这两种理答方式贯穿于每个核心问题。这也是这堂课学生学习积极性高、目标落实得好的重要原因。"重复学生答案"这类方式在本课也多次采用，如在分析合成 ATP 所需能量来源的途径和形式时，采取了重复后书写于黑板的方式调动了学生多个感官，很好地落实了学习目标。"自己代答"主要体现在"书写 ATP 的结构简式，并标注各个符号含义"这一教学环节。虽然略显啰嗦，但彭老师对结构简式做适当的补充和

强调还是必不可少的，也为后面的学习打下了很好的基础。"鼓励学生提出问题"这类方式出现了两次，但这在本节课中的效果却不好，没有学生提出问题。我认为这是因为彭老师给学生的思考时间不够，而不是没有问题。这次观察让我对如何避免课堂中一些自答行为产生了兴趣，我以后想多研究这一行为。

曹晓卫：我是从"课堂教学资源的整合"的角度观察学习目标的达成的。我认为课堂教学资源可以从"教材已有的资源、教材取舍调整、教师增加资源、课堂生成（教学机智、学生疑问、学生应答）"四个方面来观察。结合本节课的教学环节，我设计了观察表（如下表）。

课堂教学资源的整合观察表

- ◆ 量表设计：曹晓卫
- ◆ 观察教师：曹晓卫
- ◆ 观察维度：教师、教学资源、教学资源整合
- ◆ 研究问题：课堂教学资源的整合如何促进教学目标的有效达成。

观察内容 \ 教学目标	1. 知道ATP是直接的能源物质	2. 简述ATP的化学组成、写出ATP的结构简式。	3. 解释ATP在能量代谢中的作用，ATP的能量的利用。	4. 理解ATP与ADP的相互转化，能量的转化。
教材已有资源	1.未设情景导入 2.直接呈现	直接呈现	1.萤火虫例子 2.图片语样性	1.图片 2.有关人体内合成ATP总数的资料
教材取舍调整	舍弃"引入"导入	无	1.舍弃萤火虫例子 2.问学生提到ATP的用途有哪些	答案相同
教师增加资源	1.以行课题引入作课题 2.肌肉收缩、脂肪、实验	无	1.补充图片处理呈现来更准确的合乎3.4目标的阐述点事	1.对"健康人体内合成ATP总数"的资料进行处理 2.增加"ATP的转化"的逻辑图 3.关于合理健身的讨论
课堂生成 — 教学机智	无	无	无	无
课堂生成 — 学生疑问	无	无	无	无
课堂生成 — 学生应答	无	无	无	无
学习目标达成情况分析	达成得较好	学生构建成功、描述流畅	较为成功	较为成功

我想说明四点观察结果：一是以"行课前礼"作导入，自然连贯。"牛蛙腓肠肌实验"能激发学生学习兴趣，但耗时较多，与学习目标要求不符，虽然能培养学生的实验能力，但偏离主题。二是 ATP 的结构式可以呈现在 PPT 上，这样教师问题指向较为明确，该知识点是重点也是难点，是否可以制作 PPT 结构模型等资源加以突破和强化。三是"萤火虫"例子是说明 ATP 中活跃的化学能转变成光能的较好素材，可以加以利用。对教材图片处理，并呈现在学案上，适合第 3、第 4 两个知识点的连贯教学。四是对"有关人体内 ATP 含量、转化等资料"补充强化较为成功，增加"ADP 与 ATP 的转化是否可逆"问题能深化学生对该知识点的认识，很有必要。总的来看，本节课运用了丰富的教学资源，对教材进行了二次开发，教学资源的整合较好，特别是以学案的形式呈现整合后的学习资源是一大特色。

（三）本次观察形成的结论

经过全组老师商议，形成以下结论。

（1）通过创设情境，将微观分子的结构和功能直观地展示出来，让学生在情境中体验 ATP 的功能，直观地感受到 ATP 作为直接能源物质的特征，从而生成知识。这充分体现了新课程自主、探究、合作的学习理念。

（2）设立"应用·发展"区块，设计材料 2 和 3，较好地体现"注重与现实生活的联系"的课程理念。创设问题 9 对提高学生的生物科学素养有很大的作用，该问题的创设使学生形成了一个开放的知识体系，对学生的终身发展和良好思维习惯的形成很有帮助。这是本节课的一个亮点。

（3）从本节课开发的学案可以看出，彭老师在利用情境教学，构建生物模型上颇有心得，很善于将微观的生物现象或生理过程通过宏观的情境表现出来。创设的问题链逻辑性强、层次丰富，为学习目标的达成提供了巨大的帮助。根据彭老师自身的特点，在这方面若继续深入研究，将成为她今后专业发展的一个重要方向，有助于她形成自己的教学风格。

（4）本节课的学习目标完成得很好，美中不足的是"ATP 的结构"讲解过多。原因是学习目标预设得高了些。在现阶段让学生准确地理解什么是"活跃的化学能"、"稳定的化学能"、"生命活动所需的能量"并不是很有必要。而为了讲清这些问题，在 ATP 的结构这里就必须多费口舌。同时，这个过程创设的情境也不够明确，应该突出远离腺苷的高能磷酸键所释放的能量。

（5）彭老师在本节课中数次表现出急于得到学生的答案,给学生思考时间不足,打断学生回答、思考。尽管比原来有了很大改进,但依然比较明显。这是彭老师今后一段时间内需要着力解决的问题。

建议进一步阅读的文献

1. 崔允漷:"听评课:一种新的范式",《教育发展研究》2007年第9B期。
2. 尤炜:"听评课的现存问题和范式转型——崔允漷教授答记者问",《基础教育课程》2007年第11期。
3. 崔允漷、沈毅:"课堂观察",《当代教育科学》2007年第24期。
4. 崔允漷、周文叶:"课堂观察:为何与何为",《上海教育科研》2008年第6期。
5. 周文叶、崔允漷:"教师应如何进行课堂观察?"《中小学管理》2008年第4期。
6. 顾泠沅、周卫:"课堂教学的观察与研究——学会观察",《上海教育》1999年第5期。
7. 郑金洲:《学校教育研究方法》,教育科学出版社2003年版。
8. 陈瑶:《课堂观察指导》,教育科学出版社2002年版。
9. 周勇:《新课程说课、听课与评课》,教育科学出版社2004年版。
10. 林存华:《听课的变革》,教育科学出版社2007年版。
11. 陈大伟:《怎样观课议课》,四川教育出版社2006年版。
12. [美]Thomas L. Good, Jere E. Brophy 著,陶志琼等译:《透视课堂》,中国轻工业出版社2002年版。
13. 言宏:听评课新范式引领课堂改革,见http://blog.sina.com.cn/s/reader_4742420601007rc5.html,2008/6/26。
14. 陈美玉:教室观察:一项被遗漏的教师专业能力,见http://203.71.239.11:8000/UploadFilePath//dissertation/l015_05_0606.htm,2007/10/17。
15. E. C. Wragg(1999). An introduction to classroom observation, New York:

Routledge.

16. Borich, G. D. (1994). *Observation skills for effective teaching*, N. Y. : Macmillan.

17. Ruth Wajnryb (1992), *Classroom Observation Tasks: A resource book for language teachers and trainers*, Cambridge University.

18. Clem Adelman, Roy Walker (1975), *A Guide to Classroom Observation*, New York : Routledge.